中国女性の20世紀

近現代家父長制研究

白水紀子 著

明石書店

◆もくじ◆

第Ⅱ部

文中に登場する人名や語句については、原則として当用漢字にない漢字や中国の人名などはひらがなで日本語読みのルビをつけた。ただし、例えば近現代文学の作中人物名や呼称など、中国読みが一般的であるものはカタカナでルビをふった。

序章

中国女性の二つのイメージ

1 「強い女」と「受け身の女」

中国の女性は「強い」という。確かに、中国女性の権力へのすさまじい執念と対立者を排除する際にみせる残虐さは漢代の呂后《りょこう》や唐代の女帝武則天《ぶそくてん》で早々に証明済みである。近代では秋瑾《しゅうきん》、向警予《こうけいよ》、蔡暢《さいちょう》などの女性革命家が、また社会主義中国では「天の半分を支える」無数の新しい女性たちが、中国女性の不屈の精神と強烈な闘争心を充分に示してくれた。そして文学や日常生活の中でも、喧嘩の強さではどの国の女性にも負けない、激しく逞しい女性たちにしばしば出会うことができる。「強い」という言葉が含む意味は様々だが、中国女性に対して抱く「強い女」のイメージは決して根も葉もない作り話から生まれたものではないようだ。だが一方で、中国の女性は「弱い」という人もいる。彼女たちの意思や性格が弱いというのではなく、それは伝統中国の中で苦難のみを強いられてきた「受け身の女」のイメージからくるものらしい。

この中国女性に対する二つの大きく異なるイメージを、いったいどのように理論的に説明したらよいのだろうか。本書は、こんな素朴な疑問から出発して書かれたものである。

2 中国の家父長制

本論に入る前に、議論の際に度々言及される家父長制（patriarchy＝ペイトリアーキィ）というタームの基本概念と、中国の家父長制の特色について、筆者の考えを簡単に述べておきたい。

家父長制とは、七〇年代以降のフェミニズムの理論構築の中から生まれた新しい概念で、それは

「性と世代に基づいて、権力が不均衡に、そして役割が固定的に配分されるような規範と関係の総体」[1]をいい、男性の支配に対する女性の従属（性による支配）と上位の世代による子の支配（世代による支配）を本質とする社会システムをいう。そのため家父長制概念は「家」や家族内での問題に限定して用いられるのではなく、広く社会全体の権力配分やジェンダーにまつわる問題に適用され、歴史的・空間的な違いによってそれぞれに特色を有している。

中国の家父長制を論じる場合、伝統的な家制度が民国時期まで存続していたために、家父長制と家制度の問題が重ねて論じられることがあるが、理論的枠組みはもちろん家父長制のほうが遥かに大きい。そして中国の家父長制は、筆者の考えによれば、性支配やジェンダーによる性別役割が強力に機能しているだけでなく、さらに西欧社会に比べて、世代による支配も大きな要素となっている点で特色があるように思われる。

今日の中国の家父長制研究は、性支配やジェンダーの問題に関しては活発な研究が行なわれているが、世代による支配の問題に関しては、筆者の知る限り、先行研究はきわめて少ない。上野千鶴子氏が、「世代間支配の問題は、フェミニズムの中ではまだ明示的になっていない。（中略）家父長制の抑圧の、もう一つの当事者である子供の問題と、それに対して女性が抑圧者になりうる可能性への考察を欠いては、フェミニズムの家父長制理解は一面的なものになるだろう」[2]と指摘している通りであり、この傾向は西欧や日本での研究にもほぼあてはまる。そこで本書はその試みとして、第I部で、世代による支配、特に母による支配に焦点をあてて考えてみることにした。この中には、母が娘や嫁を抑圧する女性間抑圧も含まれる。あるいは、性支配の問題でさえようやく研究が始まったばかりの段階で、女性間抑圧を持ち出すことは時期尚早、逆にフェミニストによる男性攻撃にうんざりしている人たちを「ほっとさせる」だけではないか、という危惧もあろう。しかし、本書で母による支配を問題にするのは、中国女性が男性による抑圧だけでなく、さらに上の世代の女性からも二重の抑圧を受けてきた現実を看過することができないからであり、中国女性の異なる二つのイメージはおそらくここから生まれているのではないかと思うからである。この女性抑圧の多層性を生み出している世代間支配の問題は中国の家父長制研究にとって避けて通れないテーマであろう。

支配権を握ったいわゆる「強い女」はどの国にも存在する。その理由として、一般にはその女性の強烈な個性や性格、特殊な環境やチャンスなどが指摘され、一つの個別的な現象としてとらえられることが多い。確かに、環境に恵まれた豊かな家の出身であったり、あるいはそのような家に嫁いだ女性には権力を握るチャンスは多いだろう。また同じような条件のもとで、一方は支配者に、一方は犠牲者に分かれた場合には、その女性の性格などが大きく原因しているだろう。しかし、本書で明らかにしようとしているのは、ある女性が、かりに権力欲を存分に満足させたいと望んだ時（男性のすべてが露骨な抑圧者ではないのと同様に、女性のすべてが権力欲が旺盛だとは限らない。だからあくまでもそれを望んだ時）、どの程度それは構造的に許されていたのか、そしてその条件とは何であったのか、という点である。それが構造的に不可能な社会であれば、偶然のチャンスや環境に恵まれたごく一部の女性だけしか権力を握ることができないが、中国社会では社会の基層にまで相応の権力を握る女性が存在し、それが必ずしも偶然によるものではないようなのだ。

近現代の西欧型家父長制および中国型家父長制を、権力配分の側面からみた場合、単純化の誹りを

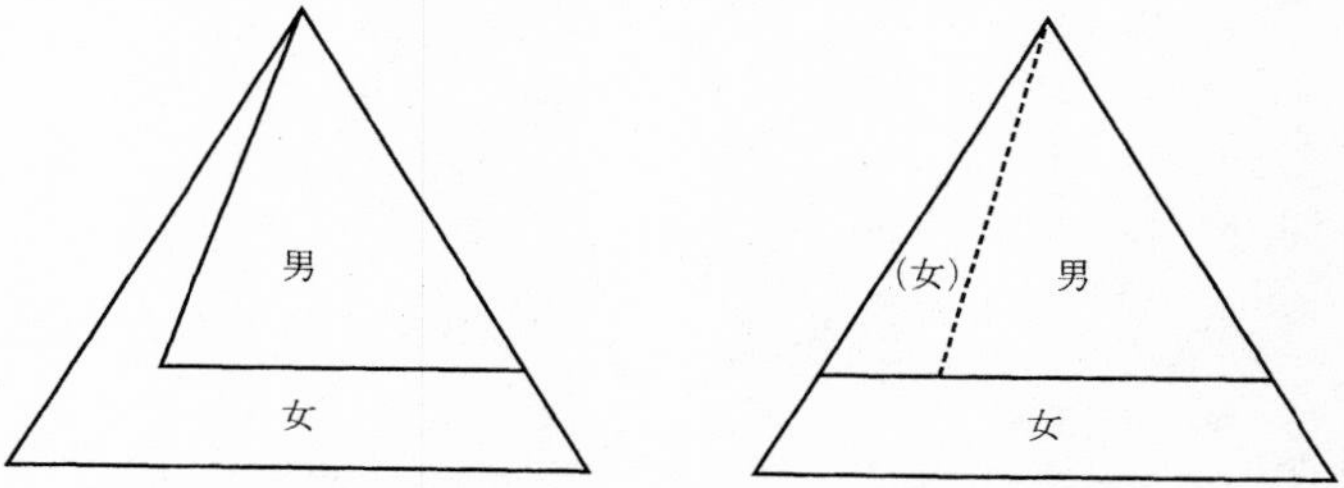

図2　中国型家父長制　　図1　西欧型家父長制

西欧型・中国型家父長制

覚悟で図式化してみると次のようになる。

これらの図式の根拠は、主として本書第一章で詳述されることになるが、さきに簡単な説明をしておきたい。

一般に西欧型家父長制（図1）では、無権利状態におかれた女性たちは、男性中心原理によって規定された「女」として、男性文化領域を示す大きな三角形の低層部を占めている。そして、権力を握った女性たちは、男権文化の共謀者あるいは代行者ととらえられ、彼女たちは女性の範疇から外されて、男性化した女として男性文化領域に実線ではなく点線で描かれる。また、この三角形の低層部に位置する多くの女性たち、特に母となった女性は娘との関係において、男性に従属したまま女性蔑視の思想を娘の中に再生産する、男権支配の手先となると考えられている。そのためこうした男権文化の共謀者となった抑圧的な女性たちに対する批判は、女性自身への批判ではなく、彼女たちの内部に潜む男性中心原理への批判として展開されることになる。

図1は近代と現代を分けずに一括して提示したが、周知のように西欧社会では、近代から現代へ女性を取り巻く状況の変化

はめざましいものがある。たとえばアメリカでは、既婚女性の就業率は一九五〇年に二三％だったのが、一九九九年には七二％（中間層だけでみると八〇％）まで上昇し、「父は家庭の外で働き、母は家事一切を行なう」という性別役割の枠組みが崩壊過程にあるといってよい。こうした新しい動きは当然のことながら家庭の内外の性支配構造に変化をもたらすはずであり、図1はいずれ書き換えが必要になってくるだろうが、大枠としての構造は今すぐに崩れそうにないところに、家父長制構造の強固さがある。

一方、中国型家父長制（図2）では、筆者の考えによれば、権力を握った一部の女性たちは、男性化せずに妻、母、或いは最年長の女性としてこの三角形の上層部に自らの位置を占めることが可能である。彼女たちは女の範疇から排除されることなく、つまりジェンダーを捨てずに男性文化領域の内部に実線で描かれ、一部はその頂点に届くこともできる。その主たる原因は、儒教的倫理規範が中国社会の隅々まで機能しているからだと推測されるが[3]、中国の家父長制がこうした一部の女性たちに一定の地位を与えた本来の目的は、おそらく、家父長制構造を彼女たちを通して内側から支えるためだったに違いない。だが、実際には、権力を握った女性たちのすべてが従順な協力者となるわけではなく、あるものは内部から家父長制に揺さぶりをかけ、これを破壊する行動に出る者もいた。また、三角形の底辺に位置する女性たち（童養媳《トンヤンシー》、子のない嫁や寡婦、未婚女性、妾など）は、彼女たちの上部に位置する男性から強力な男性中心原理による支配を受けるだけでなく、さらにこの権力を握った女性たちから同性による抑圧も受けることになるのである。

中国の家父長制は、近年では特に都市部において西欧型へと移りつつあると認識しているが、図2

は中国全土を対象とし、近代から現代までを概括するものとして提示してみた。

なお、日本の場合は、強力な「母性幻想」によって特に家庭内での権力作用がみえにくい構造になっているが、[4]権力配分においては西欧型家父長制に近いと考える。女性解放の最終目標は、いずれの型であろうとも、この権力配分を打破することであることはいうまでもない。

3　中国女性の二〇世紀

中国の家父長制下における女性抑圧の実態を論じる時、女性をひとまとめにして論じることに無理があるのは、たとえば同じ女性でも母と娘、姑と嫁、正妻と妾など身分によって両者の間に大きな地位の差があることをみれば明白である。そして一人の女性が一生のうちに、娘、妻、母、姑、祖母、また妾、寡婦などのいくつもの身分を体験し、時には一度に複数の身分を兼ねることもある。そのうえ、中国女性の地位はこうした身分だけでなく、祭祀を継承すべき男系子孫の出産にいかに貢献したかという、継嗣《けいし》の有無によっても大きく左右され、男子のない正妻が冷遇され、継嗣を産んだ妾との間で地位の逆転が生じた例は多い。しかしまた一方で、子の親に対する「孝」の実践が母である女性にも適用され、女性であっても（たとえ男子がなくとも）長生きをすれば上の世代の者として相応の敬意が払われる中国の慣習も考慮しなければならない。つまり、ある時代の中国女性の社会的家庭的位置づけについて論じる際には、出身や結婚後の所属階層、経済状況、地域差にとどまらず、以上のような複雑な側面にも対応した考察が必要であり、女性抑圧の実態はこうした各論の積み重ねによって総合的にとらえなければならないのである。

本書はこのような認識にもとづいて、第Ⅰ部では家父長制の本質の一つである世代間支配の問題を、母による支配にスポットをあてて考える。まず第一章において、民国時期（一九一二〜一九四九）に姑が自分よりも下位にある嫁を抑圧するケースをとりあげ、筆者が中国の家父長制の特色として注目する「母の権力」について理論的整理を試みる。続いて第二章では、母が子に旧式結婚を強要するケースをとりあげ、母の権力の行使のされかたを具体的に考える。そして第三章では、「母」の中でも実質的な家長権を握った寡婦に対象を絞り、中国文学が「悪魔となった母」をどのように描いてきたか、作家たちの「母の権力」に対する意識を探る。以上の作業によって、中国の「強い女」のイメージが生まれる背景・原因をまとめ、中国の家父長制が内包する女性抑圧の多層性を明らかにしていく。

第Ⅱ部では、家父長制のもう一つの本質である性支配の問題をとりあげる。その主要目的は男性による女性支配の実態を、文学だけでなく社会科学の分野の資料も活用してできる限り具体化することにある。まず第四章では守節と再婚という相反する社会の要求の犠牲となった寡婦の実態を、近代から現代まで概観する。そして不幸な寡婦が生まれる原因として、中国社会に依然として残る伝統的倫理規範と、それを支える宗族の存在に着目し、中国女性を縛る有形無形の抑圧構造について論じる。つづく第五、六章では、中国に有史以来続いてきた蓄妾制について、まず第五章で民国時期の正妻と妾をとりまく情況を、次に第六章で改革開放政策のもとで再び現れた蓄妾現象の実態を概観する。以上の作業を通して、中国における男権支配の実態とその問題の所在を探っていく。

中国の家父長制は、近代から現代にかけてどこが変わり、そしてどこが変わらなかったのか。そしてフェミニズムの視点から二〇世紀の中国女性を見直すと、何が新たに見えてくるのだろうか。二一世紀をむかえた今日、あらためて一〇〇年の中国を振り返ってみることにしたい。

［注］

［1］……瀬地山角『東アジアの家父長制』（勁草書房　一九九六）四五頁。フェミニズムにおける家父長制の概念規定については諸説あるが、引用は瀬地山氏がこれらの議論の最大公約数としてまとめたもの。家父長制の概念規定に関しては、その支配に物質的基礎が不可欠な要素とする上野千鶴子『家父長制と資本制』（岩波書店　一九九〇）などもある。

［2］……上野千鶴子『家父長制と資本制』（前掲注1）一〇五～六頁

［3］……本書では儒教という言葉を度々使うが、それは儒教という思想体系を四つのレベルに分けた場合の、第四のレベルを指して使用することが多い。佐藤慎一「儒教とナショナリズム」《中国――社会と文化》（一九八九―六）によれば、第一は経典そのものの解釈をめぐる議論のレベル、第二は世界観もしくは世界像のレベル、第三は制度のレベル、そして第四は儒教的制度のもとで、中国人に歴史的に蓄積された思考や行動の反応パターンのレベル、の四つに分けられ、本書では、この第四の「儒教的行動様式」のレベルで使うことが多い。また、中国の人々の行動や思想に影響を与えている行動・倫理規範の内容は、儒教の他に、さらに仏教・道教およびそれから派生した民間信仰・迷信なども考慮する必要があるだろうが、これは非常に大きな問題であるため、本書ではひとまず「伝統的倫理規範」「伝統的思想」等の言葉でそれを表現するにとどめた。

［4］……日本の家父長制は西欧社会よりも性別役割が強く固定化されている点で特色がある。たとえば、女性の労働力率のグラフがM字型を描くことでもよく知られているように、母役割に対する際立った強調が早くから指摘されている。このために、私的領域においては母の権力が、いかにも強そうな

印象を受けるが、現実にはそうではなく、こうした「母性幻想」ゆえに、私的領域における性支配・性抑圧・世代間支配がみえにくくなっているにすぎないという。家庭内では、子供や夫の「甘え」や「わがまま」という裏の権力回路（イノセント権力）によって、家族内の権力作用が不明瞭になっているというのである。こうした点を考えると、日本の母は中国の母のように、上位から下位へ一方的な支配・服従関係を保障する権力をもっているとはいいがたく、本書では日本を西欧型家父長制とほぼ同じ範疇に入れて考えている。ただし、日本女性がこのイノセント権力を利用して母性を振りかざし、子供や夫を抑圧している場合もあり得るだろうから、その場合の母の権力の「内容」や「範囲」がいかなるものなのか、ぜひとも知りたいものである。近現代日本の家族に関しては江原由美子編『フェミニズム論争——七〇年代から九〇年代へ』（勁草書房　一九九〇）所収の論文のうち、浅井美智子「〈近代家族幻想〉からの解放をめざして」が、また西欧と日本の母のとらえ方の違いについては、クリステヴァ理論を通して論じた鈴木由美「クリステヴァ理論の可能性」が参考になる。この他、日本の母性に関する研究書は多いが、参考文献としては、加納実紀代編『女性と天皇制』（思想の科学社　一九七九）、青木やよひ『母性とは何か』（金子書房　一九八六）、脇田晴子編『母性を問う』上・下（人文書院　一九八五）などがある。

第Ⅰ部

第1章

中国の家父長制

――民国時期の「母の権力」――

1 問題の所在

民国時期（一九一二～一九四九）の中国女性の経済的地位は当時の世界的基準に照らしても著しく低く、たとえば趙鳳喈『中国婦女の法律上の地位』（一九二八年）は妻の財産権について次のように述べていた。

民国が成立し、大理院は初めて妻の私有財産を認め、かつ妻の財産は離婚によって喪失しないことを認めた。（中略）妻の財産権については萌芽時期に入ったばかりである。妻が私有財産に対して権利を行使する場合、未だ夫権の制限を受け、名義上財産所有権を有するものの、実際には完全な処分権はない。（中略）夫の財産においては、夫の死後、息子の有無に係わらず継承することはできない。[1]

つまり妻の私有財産（結婚時の持参財）の処分権でさえ、一九一二年に公布された暫定的な法律によって、ようやくその一部権利が認められたのである（民律草案第一三五八条）。また、夫の死後の寡婦の財産継承権についても、さらに滋賀秀三『中国家族法の原理』[2]によると、息子が成人に達するまで、息子がいない場合には亡夫側から継嗣をたてるまで、「信託的に妻の手に保たれる」にすぎなかったといい、妻の経済的権利とその基盤の弱さが指摘されていた。

一九三〇年、国民党政府により公布された新民法によって、妻の相続権の保護が明文化され、娘にも相続権が認められた。しかし、オルカ・ラングの『中国の家族と社会』[3]によれば、この新民法を利用できたのは国際貿易の行われる大都会に生活する一部分の家族であり、農民はその存在すら知らなかっただろうと記されている。

しかしながら、このように中国の女性は経済上の権利を長い間ほとんど有さなかったにもかかわらず、滋賀氏をはじめ多くの研究者が指摘するように、儒教的家族制度に正式に組み込まれた女性とくに妻の座にある女性は、家族の人間関係を規定する礼教、とりわけ子の親に対する「孝」の思想によって、「充分安定した」地位を占めることができたといわれている。[4]つまり、中国の母の地位にある女性は、「物質的基礎」がなくとも、息子に伝統的忠孝思想を教育することを通して男性中心の家父長制を支え、家長たる男性（義父、夫、夫方の男性年長者など）の権力の制約をうけながら、「母の権威」を保つことができたと考えられているのである。[5]

このような中国の家父長制がもつ特色に注目して、これまでの苦難のみ強いられている受け身の女性像を修正しようとする試みが、はやくも七〇年代はじめに文化人類学者のメジャーリー・ウルフ[6]によってはじめられ、最近は女性史の分野でも研究がすすんでいる。その中の一人秦玲子氏は宋代の皇室に於ける嫡妻《ちゃくさい》と妾の地位を巡って論じた文章の中で次のように述べている。この見方は、本書において、世代間抑圧の問題を考え、母の権力のありかたを論証していく際の基本認識と一致するので引用してみたい。

女性が抑圧されているのが常態で、たまに出現した前漢の呂太后や唐の武則天といった女傑は例外であるという見方に異論を唱えたい。（中略）前近代中国で少数の女性が政治的権力を握った例は例外なのではなく、大抵の場合、常態として与えられていた権威を、少数の女性が特にフル活用した場合であると言ったほうが適切なのである。前近代中国社会は、嫡妻たる女性には単なる同情ではなく、夫を代弁する権利を与え、逆に嫡妻の側からみれば、夫の意志を代弁・代行しているという理由をつけることさえできれば、かなりのことができる社会であったといえる。[7]

このような視点は、前近代だけでなく近現代中国においても、またあらゆる階層においても、男性から委託された権力を名目にして他者を抑圧した女性たちを考察する上で有効である。例えば中国近代文学において、視野を民衆のレベルまで広げれば、こうした相応の権力を持つ女性による嫁・妾・娘そして使用人に対する虐待、子女への旧式結婚（包辦婚姻《バオバン》）の強制およびそれにともなう監禁や暴力行為など、抑圧者としての女性はたびたび作品に登場する。このような女性たちの行為を西欧社会のように家父長の代理行為、家父長制下での代理戦争だととらえるのは、確かに彼女たちの権力が男性中心原理から生まれたものであり、それが男性から委託されたものである、という理由では正しいが、しかしながら、それだけでは「夫の意志を代弁・代行しているという理由をつけ」て「かなりのこと」をした彼女たちの行為の自発性を見逃すことになりかねないのである。

本章では、キリスト教を思想的背景にもち、抑圧者としての男性と被抑圧者としての女性の構図がかなり明確な西欧の家父長制概念を、そのまま中国に普遍概念としてあてはめることの当否も含めて、中国の家父長制構造のなかで、被害者と加害者の二つの側面を持ち、さらに家父長制構造を内部から解体していく起爆剤ともなりうる女性（とくに母）の存在とその有する権力をどのようにとらえるべきか、まずその理論的な整理からはいっていくことにしたい。

2　姑による童養媳の虐待――蕭紅「呼蘭河の物語」

死までも含む肉体的懲罰が社会の末端まで許容された例として嫁とりわけ童養媳《トンヤンシー》に対する虐待があげられる。この童養媳の風習は、将来の息子の嫁として、娘を幼くて安いうちに買い取っておくもので、その起源は古く、すでに宋元の時代の記録にみることができる。早々に嫁を確保することで家の存続と安定を保障し、さらに労働力確保という利点をもつこの風習は、「夫家としては、成人した女を娶るに要する高額の聘財を回避し、女家としては女の養育の負担を免れるという、主として経済的理由に基づく方便であり、当然多くは中流以下の家庭において行なわれる。かつその頻度については地方差が大きく、局地的にこの風習の特に盛んな地方があるらしく思われる」[8]というものだった。民国時期には若い娘の四割が童養媳であるとするもの、また江西省や福建省のある県では一時期に八〜九割に達したという報告もみられる。[9]童養媳の境遇は、例えば沈従文《しんじゅうぶん》の小説『蕭蕭《シャオシャオ》』（一九三〇年）[10]のように、よい姑にめぐりあえた運のよい童養媳もいたが、早くも元の時代に童養媳虐待に関する罰則があったほど彼女たちに対する虐待は目に余るものがあり、[11]その童養媳が最も恐れた抑圧者とは疑いもなく姑であった。

謝冰瑩《しゃひょうえい》『ある女兵士の自伝』（一九三六年）[12]によると、湖南省の彼女の故郷では茶摘みをしている女の子の大半が童養媳で、食事も充分にあたえられずに骸骨のように痩せ細っている娘、姑から鉄の焼きゴテで全身を焼かれた娘、顔に鞭打たれてみみず腫れができた娘など、彼女たちが語る童養媳の悲惨な生活は、作者にとって人生の苦しみを知った最初の授業だったと記されている。

こうした童養媳の不幸な境遇を伝えるものは多いが、そもそも虐待を行なう姑の心理はどういうものだったのだろうか。

蕭紅《しょうこう》（一九一一～四二）の『呼蘭河《こらんが》の物語』（一九四二年）[13]は、彼女が生まれ故郷の黒龍江省呼蘭県で体験したこと、見聞きしたことを追想風に書きつづったもので、フィクションではあるけれども、また自伝的要素の濃い作品である。その山場ともいえる第五章は、主人公の「わたし」の家の前庭に住む胡《フー》家に、新しくやって来た一二歳の団円媳婦つまり童養媳のことが書かれている。馬方《うまかた》の胡家は親・子・孫の三代が一緒に住む大家族で、この嫁は孫（長男の息子）のために買われてきたのである。

嫁にきて二、三日も経たないうちに姑の嫁への折檻が始まった。理由は、彼女が人前でも恥ずかしがらないこと、嫁に来た日に遠慮もせずにご飯を三杯食べたこと、だけである。これらの批評は前庭の住人たちから出たものだった。姑は「嫁らしくない」というこの「世論」に押され、またこれをバックに得意気に折檻をはじめた。

お姑さんは自分で茶碗をこわしても、団円媳婦をつかまえてぶん殴った。針一本なくしても、団円媳婦をつかまえてぶん殴った。転んでズボンの膝頭に穴をあけても、団円媳婦をつかまえてぶん殴った。要するに、気に入らないことがあると、かの女は手がむずむずしてくるのだった。誰を打とうか、誰が手頃か。そこで団円媳婦ということになるのだ。

嫁は日毎の折檻のために病気になる。家族の者は物の怪がついたと信じ込み、近所の人たちが勧める神おろしや怪しげな療法をはじめた。以下の引用は、神おろしのために「おみくじ師」を呼び、姑がこれまでの経過を語る場面である。姑は、折檻はあくまで嫁らしく躾けるためだと弁解した。

どこの団円媳婦だって、日に八回は打たれ、三度はどやされるものです。それはわたしだってあれを折檻したことはありますが、初めにしっかりしつけておこうとしただけです。（中略）いくら泣きわめこうとあれのためを思ってやったんですからね。なまぬるいやりかたでは、あれもロクなものになれませんからね。梁に吊り下げて、あれの叔父に皮の鞭で思い切り叩いてもらったことも何度かあります。きつくやったので、気が遠くなりましたが、しばらくそのままにしておいて、水をかけ息を吹きかえさせました。（中略）誰だってカッとなったら見境いがなくなりますからね、それでわたしはまっ赤になった焼きごてを、あの子の足の裏に押しつけてやったのです。ところが、わたしがあんまり折檻したので気が変になってしまったのか、それともおどしすぎて気が変になってしまったのか、口を開けば家に帰りたい、叩いてはいやだの一点張りになったので、今度は、帰れるものなら帰ってみろ、鎖で縛ってやるからといってやりました。

一方、近所の人達の勧める民間療法も嫁にとっては全てが折檻として受け止められ、病気はますます悪化していく。蕭紅はここで迷信に頼る人々の心理を実に鋭く描いている。ある人が、羽をつけた

ままの鶏を食べさせたらよい、曽祖母はこれで効果があったと話すと、

ひとりが口を入れた。

「それをあんた見たのかね」

彼女はいった。

「まったくさ……まあおききよ。（中略）」

そのひとがかさねてきいた。

「あんた見たのかね」

彼女はいった。

「おや、あんた変なことというね。聞いた話にきまってるじゃないか。（中略）みんな聞いて覚えてゆくのさ」

彼女はいささか不機嫌な顔をした。

彼らの勧める民間療法はこのように不確かで、薬の処方に書かれた薬草の名もいい加減、おみくじ師のやる呪いもまた怪しげである。それらを姑も人々も確かに気づいているのだが、止めるどころかむしろますます盛んにやり続けたのである。

結局、嫁は神おろしのために熱い湯をはった大きなかめに繰り返しつけられ、昏睡したのちに死んでしまった。この間、男性が登場するのは、最初のころ、「叔父」（姑の夫の弟）が嫁を梁に吊り下げ

て鞭で叩いた時と、嫁の死後、墓を掘って埋めるために姑の夫が「わたし」の屋敷に許可をもらいに来た時の二度だけである。一連の虐待を中心となって行ったのは疑いもなく同性である姑だった。姑は叔父に男権の代表として嫁に手をあげさせることでそれ以降の自らの虐待行為を正当化し、つまり家父長の代理行為であるという承認を得、社会の慣習や迷信によってさらに自身の行為を正当化し、近所の人々の暗黙の支持を得ながら、「手がむずむずする」時には躊躇なく嫁を打ったのである。一度家父長の代理権と地域社会の承認を得られれば、女性でも（望めば）抑圧者として存分に権力を振るうことができたのである。中国の家父長制は、儒教思想や土着の慣習・信仰を非常に巧みに構造内に組み込み、これらによって家父長制を補強してきた。母はその被害者であると同時に、このように儒教倫理の規定する母の権威と慣習的に与えられた権力を行使することによって、自分より下位にある嫁に対し抑圧者となることも可能だったのである。この童養媳の命を奪ったものは、魯迅《ろじん》が小説『祝福』（一九二四年）[14]で描いたような、祥林嫂《シャンリンサオ》に対する善意の人々の「無意識の殺人」、随筆「私の節烈感」（一九一八年）でいうところの「名もなく自覚もない殺人者集団」[15]なのであろうが、異なるのは、この殺人劇にはさらに姑という目に見える主犯がいたことである。

　では、童養媳の側からみた場合、なぜ彼女たちは抵抗もせずに姑の虐待を受けつづけていたのだろうか。たとえば、台湾の共産党創立者の一人である謝雪紅《しゃせっこう》の『私の半生記』（一九九七年）[16]には自らの童養媳だった体験が生々しく綴られている。五年間（一九一三～一八年）に及んだ彼女の童養媳の生活は、過酷な労働と姑の折檻によってうめつくされ、彼女は自殺未遂の後、近所の若い嫁たちの手引きによって、ようやく婚家を脱出した。彼女は男性不在の中で、姑一人に虐待の限りをつくされ、舅は陰で彼女をいたわることはあっても、目の前で行われる姑の暴力行為を制止することはなかったのである。

謝雪紅は姑の暴力に抵抗しなかった理由について、まず自分が買われた身であったことを挙げるが、さらにその内的要因として、「小さい頃から封建的道徳と礼教の影響をうけていたので（中略）目上の人たちに対しても尊敬すべきだと思い（中略）それで姑にも孝を尽くしたのだ」と記している。確かに、上の世代を敬い、親への服従と奉仕を本質とする「孝」の思想が庶民の日常生活のすみずみまで浸透していなかったならば、嫁が黙って暴力をうけつづけることは考えられないことである。だがしかし、この嫁と姑の上下関係を規定していたのは、嫁の側からの自発的な「孝」の思想だけでなく、さらに下位にある嫁に対して絶対的優位を誇りながら「孝」の実践を強要する「母の権力」の存在も忘れてはならないだろう。謝雪紅が姑に対して愛情よりも「恐怖」を感じていたことが何よりも明白に両者の力関係を物語っている。

家庭内で常に虐待行為が行われることほど不幸なことはない。単純に考えれば、折り合いの悪い童養媳ならばすぐにでも実家に返せばよいはずだ。しかし貧しい家では金で買った嫁（童養媳は正式に結婚する前でも、すでに嫁の身分を有した）をそうやすやすと手放すはずもなく、童養媳の側でも逃げ出せば処罰されたため、自殺以外にこの苦しみから逃れる道はなかった。謝雪紅の場合も、兄の家に逃げ帰ったものの、「身請け金」が払えないために、今度は金持ちの妾として売られていったのである。かつて国民革命時期に、革命軍が通過した各地に婦女協会ができると、童養媳たちが続々とこれに加入して、姑の不当な暴力を牽制した時期があった。[17] また童養媳の悲惨な実態は誰もが周知のことであったため、一九三一年、共産党による中華ソビエト臨時中央政府が決議した「中華ソビエト共和国婚姻条例」では、その第一章第一条に童養媳の禁止が明文化された[18]。しかし、革命勢力の及ぶ範囲と時期は限られていたために、結局は一九五〇年の新婚姻法とその後の大衆運動によってようやく長い歴史に終止符が打たれたのだった[19]。

3　姑による強制離婚

一般に、嫁姑問題とは、習慣的行為の違いからくるトラブルないしは二人の女性と一人の男性の三角関係のようなものと思われており、どの時代、どの国でも永遠に解決しがたい問題だといわれている。だが、中国のように姑が嫁に対して抑圧的行動をとり、日常的に暴力を振るった例は世界中でもめずらしく[20]、文学作品だけでもその事例には事欠かない。本書で、中国における常態化した「母の権力」の強大さを論じるには、この誰もが知っている嫁姑問題が最適のサンプルとなる。

いうまでもなく、かつて姑に散々いじめられたことのある嫁が姑になった時、今度は自分が嫁をいじめる側に立つという抑圧の世代連鎖はなにも女の世界だけにみられるものではない。昔の日本の軍隊における初年兵と古参兵、あるいは職人的世界の新人と古参など、同じような現象は性別を越えて存在する。よって女の世界のこうした現象をただ事例を集めて列挙したり、またこれを個人の性格等の問題として処理したり、遅れた意識に対する啓蒙の問題へと議論を発展させたりしても、おそらくこの抑圧の鎖は断ち切れないだろう。やはりまず、こういう抑圧の回路になぜ中国では多くの母たちが直接参入し、かつ強力にかかわるのかを構造的に解明することから始めねばならない。

日中戦争が終結し、共産主義勢力が中国全土の統一に向けて大きく動き出した一九四八年当時、ヒントン『翻身』[21]には、新政権によって土地分配法や婚姻法が大衆に徹底されていく過程で生じた、姑たちの戸惑いと不満が描かれている。姑たちは新しい法律が嫁にも土地所有権を与え、婚約・結婚・離婚をすべて当事者の意思によるものとしたことに戸惑いを覚え、これが「姑に挑戦するような権利を嫁に与えることになり」、「自分たちの唯一の安全、すなわち息子を子どもとして親に従わせ、息子の嫁を完全に牛耳るという立場を脅かすものであると解し」て大いに不満を抱いたのだという。嘗て嫁だった時に夫や姑から受けた「抑圧のつけ」は、自分が姑になった時に息子の嫁に払われるのが慣例だった。この姑から嫁へと断えることなく続く抑圧の連鎖構造は、苦難を生きた女性の精神的救済としても機能していたのである。

『翻身』と同じような話は、五〇年代後半の大躍進時、女性を大量に農業生産に投入して同一賃金制を奨励した際、この政策に対する姑たちの抵抗を紹介した、J・ステイシー『フェミニズムは中国をどう見るか』[22]にも見ることができる。「大躍進政策に反対した女たちも多かった。その大部分は、中国近代史の中で、最も犠牲になった世代の女、四〇代を越えた女たちだった。彼女たちは抑圧と解放のサイクルの中で、繰り返し貧乏くじを引いた。今や大部分の者が姑と祖母の地位を獲得した時になって――それは社会主義以前の中国においては休息と家庭における権威の拡大を保証するものだった――娘や嫁を集団労働にむけて解放するために、彼女たちは余分の家事の重荷と家族内での権威の低下を受け入れることを期待された」とある。これについて瀬知山角氏は「どんなに女性に関して抑圧的に見えるような制度でも、必ず受益者としての女性は存在する。あるいはそうでなければそうした制度が制度として存続することは難しいとさえいえるだろう。『女性を解放する』というもの言いの難しさがここにある」[23]と指摘している。確かに、どのような抑圧的制度でも、抑圧される側の中にその制度の受益者は存在し、権力者の「手先」となる者は存在する。姑の虐待行為を許容したのも家父長制を維持しその手先として利用するために密かに用意された姑への「報酬」とみることもできる。しかし本書の関心は、抑圧的制度下の受益者やその権力の代行者が一般には常に権力者の下部に置かれるのに対して、中国の母はかならずしも常に夫の下位にあり、その権力の代行者として登場するとは限らず、時として「父の権力」に食い込むことがあるところにある。それでは一体、どのような要素や条件がそろった時、中国の母にそれが可能になるのだろうか。

一九二二年、《婦女雑誌》に寄せられた山西省のある男性読者からの投書には、母親によって強引に妻と離婚させられた友人の話が紹介されている。[24]

この男性読者が帰省すると、離婚のショックで病気になってしまった親友の士勉《シーミエン》を救うために村長と近所の友人が相談にやってきた。彼らの語るところによれば、士勉の母親は日頃から嫁を嫌って事あるごとに難癖をつけていた。ある日、士勉が上の学校に行きたいと両親に申し出たところ、父親は大いに賛成したが、母親が反対し、さらにこの進学の話を勧めたのが嫁だと分かると、

彼の母はすぐに嫁を呼び、厳しく叱責した。そのあと着ているものを脱がせて存分に殴打した。士勉はただ傍らに立ち尽くして涙を流すばかりで、近所の者が彼の母をなだめてようやくおさまった。これ以降、母親の嫁に対する態度はさらに暴虐になり、打ったり罵ったり、ひどいときには一日に

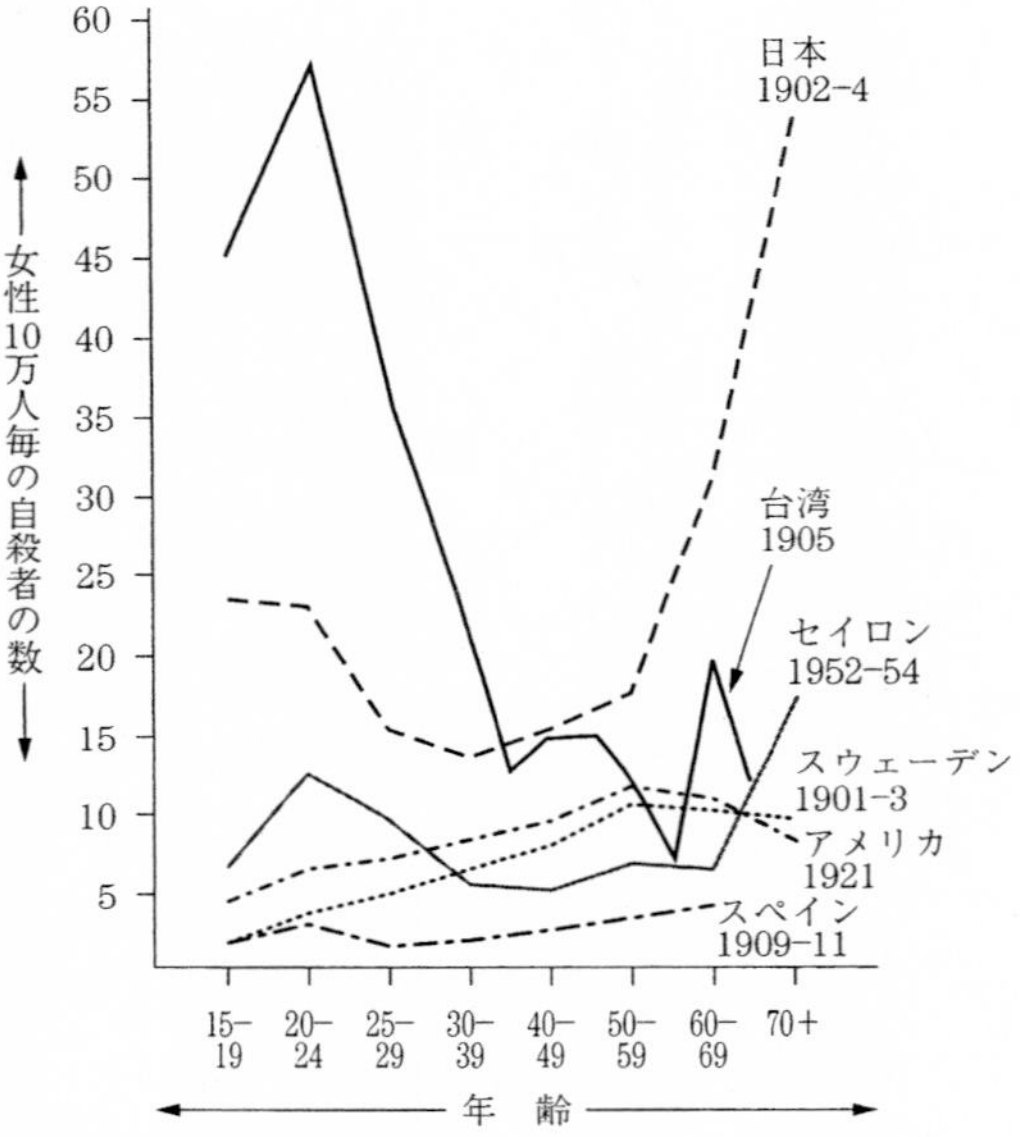

図3　世界各国の女性の自殺に関する分析表

一度しか食事を与えなかった。我々がしかたなく士勉にしばらく彼女を実家に避難させてはどうかと勧めたところ、なんと彼の母親は士勉が嫁のかたをもったと思いこみ、（中略）離婚をするように命じた。士勉は何度も母をなだめたが、意思は固く彼の言葉を受け付けなかったので、士勉はどうにもできず、ただ母親のなすがままになるしかなかった。

この後、士勉は病気になり、離婚させられた妻は、彼らが訪ねて行った時にはすでに亡くなっていたのだった。

メジャリー・ウルフが作成した中国女性の自殺に関するデータ（図3）[25]をみてみよう。諸外国に比べ、二十代前半の中国女性に自殺者が目立って多いことがわかる。ウルフは考えられる原因として、中国の女性は結婚後、子どもとくに男子を産むまでの期間、かなり孤立した状態におかれていることを指摘し、その原因の一つに姑による虐待をあげている。正規の家族員のなかで、子のない嫁や童養媳は最下位の身分にあり、女性抑圧による悲劇の大半がこの層から生まれているのである。

『呼蘭河の物語』の童養媳や謝雪紅の場合もそうであったが、士勉の妻の場合にも、周囲の男性たち、とくに姑の上位にいる、家長である舅がなぜ姑を諫めたり、制止したりしなかったのだろうか。本来ならば、主婚権（結婚・離婚を決定する権利）は父母、とくに家長である父にあり、さらに妻を離婚するにはその夫の同意も法的には不可欠であったのだが、士勉の父親はまったくこの一連の「事件」に姿をみせず、また夫の士勉は妻が殴打された時も、離縁された時も、ただ涙をこぼすばかりだったのである。つまり以上の三つのケース──『呼蘭河の物語』の童養媳、謝雪紅、士勉の妻の場合は、たとえば舅や夫に女性蔑視の思想が濃厚で、嫁を庇う必要を感じなかったというよりも、また気性の激しい姑が起こした個別的で例外的なケースとみるよりも、やはり姑が何らかの形で家長から代行者としての了解を得、その名分のもとで、母の権力を自発的にフル活用した結果だとみるほうがわかりやすく、姑は嫁との関係に於いて、夫や息子の干渉を受けることなく、嫁に対して強力な支配権を有していたことを示している。

一九三〇年、国民党による新民法に、嫁が同居に耐えられないほどの虐待を受けた場合には離婚を承認するという、画期的な条項が盛り込まれた。しかし小野和子氏の論考[26]によれば、当時の大理院の解釈例には、「姑が嫁を虐待し、手足を骨折し、あるいは残廃の重傷を負わせたのでなければ、離婚を請求できなかった。しかもその場合でも夫が姑の行為に関与しているのでなければ、離婚理由を構成するに足りない」とされていたという。当時は嫁の側からの離婚請求などそもそも不可能に近かったが、それでもとにかく、嫁が自らの命を守るための最後の手段として付加されたこの離婚請求権でさえ、この解釈にあるように、姑一人による虐待であれば、離婚理由として認定されなかったのである。この条項がいかに形骸化した有名無実のものであったかがわかるだろう。現実の問題として、虐待が原因で嫁が自殺した時、嫁の実家から賠償金を求められることはあっても、裁判に訴えられることはきわめて少なく、また虐待によって死亡した場合でも、夫側がこれを病死だと言えば事は片づいたため、姑の嫁に対する虐待行為に歯止めをかける法的規制が存在しなかったことが、まず姑の暴走を許した背景として指摘できる。そしてさらに、一人の女性が従順な嫁からやがて残虐な姑へと変身することを可能ならしめているものは、儒教社会が容認し奨励していた、親が子を、夫が妻を体罰によって教育し懲らしめる生活規範ぬきには考えられないが、[27]この本来は家父長に与えられていた子に対する教令権や懲戒権の一部を、中国の家父長制が母に「嫁の監督権」として委託し、それがすでに習慣化して母の権利として一人歩きしていることが一番の原因にあげられるだろう。こうして、伝統的に男性原理が強力に働いている中国社会に、夫や息子の干渉を受けずに思うままに権力を行使できる女の空間が出来上がり、嫁は姑の直接の支配下に置かれることになったのである。[28]

ところで、林語堂《りんごどう》は、『我が国、我が民』（一九三五年）の第五章「女性生活」で、西洋人は中国女性が抑圧されていると批判するが、それは中国人の生活をよく知らないために生じた独断であり、中国では家庭内では女性が主であって、実際の女性の抑圧者は男性ではなく女性とくに姑である、と主張している。

これまでの三つの事例からみると、林語堂のこの指摘は一見正しいように思えるが、しかしながら、彼が妻の地位の高さや姑による嫁の支配に関心を向けているのは、彼の女性論が、女性は社会に出て労働力の搾取を受けるよりも家庭にとどまり、母となるほうが女性の地位の向上につながるという、現状肯定の上に組み立てられている為であった。だが、中国の女性抑圧は単に男性による女性抑圧だけでも、また女性間抑圧だけでもない。しかし林語堂は、夫の妻への暴力を単に夫の性格による個別的なケースとして捉えたり、母と妻の間で板挟みになる男を同情的に捉えるなど、家父長制構造全体の中で女性抑圧の多層性を考察する視点に欠けている。林語堂だけでなく、こうした中国女性の「強さ」を指摘する文章の多くに、蕭紅や謝冰瑩のように、男性からも、また同性である女性からも抑圧を受ける女性の側への深い同情と、このような悲劇を生み出している女性抑圧の多層性を追求する視点が希薄であるために、非常に表面的な議論に流れる傾向がみられるのである。

4 「彼女自身」である母

ではいわゆる「強い女性たち」(母、姑)を、どのように家父長制構造の中に位置づけたらよいのだろうか。以下、女性作家黄白薇の体験とその作品に描かれる母と姑の形象について論じた文章から考えてみたい。

黄白薇《こうはくび》(一八九四~八七)は、父母によって旧式結婚を強要され、姑と夫から虐待を受けて、命からがら嫁ぎ先を脱出した体験を持つ。

白薇の婚約は彼女が六、七歳のころ、母が一人で決めたものだった。父は日本留学のために長期不在だった。母は観劇のあと立ち寄った李《リー》家で卵スープをごちそうになりながら白薇の婚約を決め、李家を後にしていくらも行かないうちにまた一軒の家に呼ばれて卵スープをごちそうになると、今度は四女の婚約も決めてしまったのである。

家の者は皆この二つの取決めは余りに軽率だと思ったが、母はずっと家の主として家の内外をきりもりすることに慣れており、また黄家の再建に貢献した功臣だったために、誰も余計なことは一言も言わなかった。母はやり手で、とても独断的だった。彼女は娘何人かを彼女の一存で童養媳にやってしまい、三番目の妹などは三か月でもう他家にやられてしまった。後にはまた、一人息子と兄弟の孫息子にそれぞれ不釣り合いな嫁をとらせ、いくつもの婚姻の悲劇を作りだしたのである。[29]

そして、白薇は一六の時、花嫁轎の回りに護衛を付けられて、無理やり李家に嫁がされた。長編小説『爆弾と渡り鳥』（一九二八年）[30]には作者の分身と思われるヒロイン玥《ユエ》の地獄のような新婚生活が描かれている。

夫との性生活を拒み続けた玥は姑と夫から殴る蹴るの暴行をうけ、逃げ出さないように鍵がかけられた部屋に閉じ込められていた。そこで彼女は下級娼婦にも及ばない扱いをうけ、夫から暴力的に性交を強要されていた。「女は、結婚し、子どもを産み、夫に従う、これだけでしょうが。嫁に子どもを産んで欲しいと思う、私が間違ってますかね？」[31]こう信じて疑わない姑にとって、嫁は息子の性の玩具に過ぎず、家の跡取りを作る子産みの道具でしかなかったのである。ある日、殴られて全身血だらけになった彼女は、さらに斧を振り上げて切りかかってきた姑と夫から逃れるために谷に身を投げる。

だが、奇蹟的に一命をとりとめ、革命に身を投じるために南へと逃げて行くという話である。劉思謙『「ノラ」言説』[32]は、婚約を勝手に取り決めた黄白薇の母と小説『爆弾と渡り鳥』の姑をつぎのように論じている。

彼女の母と姑は同じ女性であるが、社会権力構造の中で父の法の代表者、執行者にあたる。(中略)彼女たちが代表する権力と社会の権力構造の中に占める地位からいえば、彼女たちと娘・嫁との関係は、もはや女性の女性に対する抑圧ではなく、女性の身で、予め決められている「父の形象」を演じているのであり、父権の位置に立った「異性」に対する抑圧である。

欧米では権力をほしいままにした女性に対しては、「男根をもつ女性」「女性の男性化」などと呼んでこれらの女性を男性権力の側へ移動させるのが一般的である。男性の視点と同一化し、その中心的原理が女性蔑視である男性の価値システムを正当なものとして受け入れている女性をこう呼ぶのである。J・クリステヴァ『中国の女たち』[33]は、中国の家父長制の特色である母の権威の強さを認めながらも、それは父権の「代役」を演じているにすぎないと指摘し、「自分自身の裡にその権威をもたず、かの女はけっして《彼女自身》ではない」として、男性の権力に同化したものとしてとらえている。また、J・スティシーも「例外的な中国女性がいかなる権力をふるったにせよ、その権力は彼女自身に権利があるのではなく、男や情況によって委託されたものであった」[34]と述べている。これらと同じような見解は中国の文学研究にもみられ、孟悦・戴錦華『歴史の地表に浮び出る』[35]では、歴史はただ父の歴史であって、母の歴史ではないため、封建家長式の「母」は決して母ではなく、単に父権意思の化身である。もし父の意思の内容を抜き取ると、「母」はただ意味を付与されるための空っぽの器でしかない。

とあり、先の劉思謙の文章もこれと軌を一にする。ボーヴォワールが『第二の性』（一九四九年）で「男は主体であり、絶対であるが、女は客体にすぎない」と指摘していた「他者としての女性」論がこれらに共通する認識となっている。

しかしながら、中国の儒教的家父長制のもとで抑圧的行動をとった女性とくに母（姑）に対してこの論理を使うと、これだけではカバーしきれない部分があることに気づく。権力を振るう母や姑たちは本当に「彼女自身ではない」のだろうか。

黄白薇の母の例でいえば、留学のために不在の夫に代わって（家父長の代理として社会の承認を得て）家の内外の活動を主体的に行ったのは、母の職分であったし、また子の結婚を彼女の一存で取り決めたのも、父母の有していた主婚権が、夫の不在により妻一人に委託付与された結果に過ぎない。黄白薇の母はこの常態として与えられていた権利・義務を母の権力として行使したのであり、その行動の内容は、夫の指示によらない、母自身の考えに基づいたものと考えるべきであろう。また、小説に登場する寡婦である姑は慣習として姑に与えられていた「嫁の監督権」を行使したのであり、具体的な行為である嫁への暴力や監禁などは彼女自身の性格と意思に基づいてなされ、公法上の家長である自分の息子に一々指示を仰いではいない。つまり、この二つのケースは夫の不在によって自動的に与えられた権力を行使したにすぎず、中国の母は彼女自身の意志で行動を行なうことができたのである。

さらに、すでに述べたように、黄白薇の母や小説中の姑の行為を「父の形象」を演じたものであるとか、家父長の代行者としてとらえるのは、そもそもこれらの母の権力が男性中心原理から生まれたものである、という意味では正しい。しかしながら、実際には、母たちが常に家父長の代行者として「期待される行為」をしているとは限らないのである。たとえば、姑が嫁を躾け、正妻が妾を監督することは家父長制を強化する働きをしているとみなされるが、虐待がこうじて相手の命まで奪ってしまうのは、経済的側面からはもちろんのこと、家の体面にとっても明らかにマイナスになる。また、「七出」に挙げられているような理由（子を産まない、盗み癖がある、舅姑によく仕えないなど）で嫁を離婚することは、家の存続という観点からは家父長制を維持するために大切なことだとされていた。しかし、単に相性があわないという理由で嫁を虐待し離婚してしまうのは、必ずしも家父長制の強化にはつながらないはずだ。中国では権力を振るう母のすべてが「利用されて」家父長の手先になっているわけではないのである。

以上をまとめると、冒頭で紹介したように、そもそも家父長制下における母は、目上の世代に対する敬愛と親への服従・奉仕を本質とする「孝」の思想によって支えられた「母の権威」を有している。それゆえ妻が夫から何らかの理由で権力を委託されたとき、その権力の行使を受け入れる素地がすでに家族や社会にできており、それは建前としては「父の権力」の下位にあって家父長制を揺るがせない範囲内とされていた。しかし注目すべきは、嫁の監督権や主婚権などのように、夫から委託される権力の中には、男たちの不在・黙認・不干渉・無関心による権力の委託も含まれ、それらが長い歴史の中で慣習化され、すでに実質的に常態化した母の権力として一人歩きをしているものがあることであった。そしてその行為の内容は、かならずしも家父長の代行者として「期待される行為」であるとは限らないということである。

このように、中国と西欧社会では母の有する権力に大きな開きがあり、この違いを無視して欧米の理論をそのまま普遍原理として中国にあてはめ、西欧社会のように抑圧的行動をとる母を「男性化」し、「父の権力」の中に吸収してしまうことは、むしろ中国の家父長制の問題の所在をうやむやにしてしまうことになりかねないのである。

5　常態としての「母の権力」

権力をほしいままにした女性たち、たとえば歴史上の女傑や小説『紅楼夢《こうろうむ》』に登場する最高権力者の賈母《かぼ》などの事例は、たしかにJ・ステイシーがいうように、上層階級のごく一部の女性たちの話であり、数としては少ないだろう。しかし、視野を民衆のレベルまで広げてみれば、誰もがその酷さを知っている姑の嫁いびりのように、やはりここにも自らに与えられた権力を存分に行使する女性たちはいるのである。よって中国の家父長制研究に必要なことは、理論の整合性にこだわるよりも、現実の世界で、「一時的に委託された権力」が「常態としての権力」に転化している母の権力の、その機能する「時と空間」がどれくらいあるのか、まず実態を明らかにし、家父長制の中に一つの権力構造として組み込まれている「母の権力」を正しくみつめることではなかろうか。男性から積極的に「父の権力」の委託を勝ち取った女性たち、あるいは寡婦となって自動的に権力を委託された女性たちの行為の「自由」の幅と内容を具体的に検証し、それによって中国の家父長制が内包する、男性だけでなく同性である一部の女性もその中に巧妙に組み込んで作用した、女性抑圧の多層性を明らかにしていかねばならないのだ。

本章では、中国の家父長制における世代間抑圧とくに女性間抑圧の問題に事例をしぼり「母の権力」について理論的な整理を試みた。ここで取り上げた「母の権力」に焦点をあてて民国時期の文学作品を改めて読みなおすと、女性間抑圧だけでなく、たとえば、旧式結婚を強要する母と子（息子や娘）の関係にも、常態化した母の権力を思うままに行使する抑圧者としての母の形象が浮かび上がってくる。新旧思想の混在する民国時期に、多くの知識人が旧思想の体現者である父に戦いを挑んだが、では、愛する者の顔を以て現れた母の、その抑圧的側面にどの程度自覚的であり得たか。母と子の関係性の問題は、近代的な思想を受容した彼らにとって、自らの存立の基盤を掘りくずしかねないほど大きな問題であったはずである。また、母娘関係についても、中国の近現代文学には、欧米のように精神的な葛藤を乗り越えて女の連帯を形成していくというパターンではなく、むしろ父と息子の対立の構図に類似する母娘関係を描く作品が数多くうみだされている。このように考えると、「母の権力」に関する考察は、中国の家父長制研究における一つの視点として、世代間支配の問題を考える上で有効であるだけでなく、文学研究にも跳ね返ってくる興味ある問題を多く含んでいるように思われる。次章では、旧式結婚を描いた文学作品を通して、引き続き中国における母の権力のありかたをみていくことにしたい。

［注］

［1］……趙鳳喈『中国婦女在法律上之地位』（上海商務印書館　一九二八年初版、一九三四年再版）七六〜七七頁。

［2］……滋賀秀三『中国家族法の原理』（創文社　一九六七年初版、一九七六年第二版）「第四章　婦女の地位」四一五〜四一六頁。

［3］……オルカ・ラング／小川修訳『中国の家族と社会』（岩波書店　一九五四）一五三頁。

［4］……滋賀秀三『中国家族法の原理』（前掲注2）四八二〜三頁。

［5］……下見隆雄『孝と母性のメカニズム』（研文出版　一九九七）は、孝の観念が自然的な感情に発するかのように子に植えつけることに、母性が決定的な役割を果たしていると述べている。ただ、下見氏は父性的なものを、「厳然たる命令を背景とするちからの抑圧を実質とする」（一六七頁）、と多分に行動的側面から捉えているのに対して、母性的なものはユングの説に基づいて、母性は子を慈しみ育てる側面と、すべてを包み込む太母（グレートマザー）の側面を有し、儒教社会では太母は子にとって乗り越えるべき精神的対象ではなく、むしろ積極的に受け入れるもの（孝の実践）として認識されている、として人や社会に対する母性の威力を精神的側面から論じている。同書に啓発されるところは多かったが、母の威力について「ちからの抑圧」の側面からの考察がないところに不満が残った。また、母性原理の強く働く中国社会が、「男尊は女卑に支えられてはじめて存立しうる」（つまり男尊というタテマエの深層に、表面では卑として差別される女性によって支えられる構造が存在している）社会である、という氏の基本的着想にも違和感をもった。なぜならば、たとえ内面

で母性原理が強く作用していても、表面で卑として差別される女性が存在する社会は、小林義廣氏がその書評（「儒教社会の深層心理を探る」《東方》一九九八―六）で述べているように、「従来の儒教社会像を単に反転させただけではないのか」と思うからである。

[6]……Margery Wolf『Women and the Family in Rural Taiwan』Stanford University Press, 1972.ウルフの野心的な試みに対する評価は、橋本萬太郎編『漢民族と中国社会』（山川出版社　一九八三年初版、一九八七年第三版）三一二～三一三頁、王政「美国女性主義対中国婦女史研究的新角度」（鮑暁蘭主編『西方女性主義研究評介』三聯書店　一九九五）二六〇～二六一頁などで言及されている。

[7]……秦玲子「宋代の皇后制からみた中国家父長制」（『アジア女性史――比較史の試み』明石書店　一九九七）二九九頁

[8]……滋賀秀三『中国家族法の原理』（前掲注2）四七一頁。ほかに修訂法律館編「調査婚姻底習慣」《婦女評論》九二号（一九二三―五―二三）に詳しい。

[9]……費孝通／戴可景訳『江村経済』（江蘇人民出版社　一九八六）三九頁。一九三六年、長江下流域（太湖東南岸）での調査記録。原書はfei Hsiao-tung『Peasant Life in China』Routledge & Kegan Paul, 1939. および滋賀秀三『中国家族法の原理』（前掲注2）四九一頁の注（五二）に引く資料による。

[10]……沈従文「蕭蕭」《小説月報》二一＝一（一九三〇―一）

[11]……趙鳳喈『中国婦女在法律上之地位』（前掲注1）九六頁

[12]……謝冰瑩『一個女兵的自傳』（上海良友図書印刷公司　一九三六年初版、一九三七年再版）二一～二四頁。姑の童養媳虐待をあつかった作品には、謝冰心「最後的安息」（二〇）、馮嶺梅（馮鏗）「一個可怜的女子」（二五）などがある。

[13]……蕭紅『呼蘭河傳』《星島日報》副刊「星座」第六九三～八一〇号（一九四〇―九―一～一二―二七）、引用は立間祥介訳「呼蘭河の物語」『中国現代文学選集七』（平凡社　一九六二）三〇三、二九二、二八八頁。

[14]……魯迅「祝福」《東方雑誌》二一＝六（一九二四―三―二五）、『彷徨』所収。

[15]……唐俟（魯迅）「我之節烈感」《新青年》五＝二（一九一八―八）、『墳』所収。

[16]……謝雪紅『我的半生記』（謝雪紅口述、楊克煌筆録、楊翠華自費出版、台北、一九九七）九七～一一七頁。なお、陳芳明『謝雪紅評伝』（台北、前衛出版社　一九九一）およびその邦訳『謝雪紅　野の花は枯れず――ある台湾人女性革命家の生涯』（森幹夫訳・志賀勝監修、社会評論社　一九九八）で紹介される彼女の結婚に関しては、『我的半生記』出版前に書かれているために事実関係に多少の食い違いがある。

[17]……胡蘭畦『胡蘭畦回憶録一九〇一～一九三六』（四川人民出版社　一九八五）一六八頁

[18]……一九三四年には「中華蘇維埃共和国婚姻法」が公布された。『江西蘇区婦女運動史料選編』（江西人民出版社、一九八二）三三、一七六頁

[19]……潘充康／岡田茂人監訳『変貌する中国の家族』（岩波書店　一九九四）四八、八八頁によれば、最近また山東省や福建省で童養媳がみられるようになり、社会問題化しているという。ただし、正確には、童養媳の風習は建国後も「乾女儿」など呼び名を変えて存在していた。小説では朱暁平「桑樹坪紀事」（本書第四章）が参考になる。

[20]……同じく儒教思想の影響を強く受けている韓国の場合、姑の権力は夫や長男など家父長の権力を越えない範囲で行使されていたようである。また、主婦権は姑にあり、老後あるいは死後になってようやく嫁に譲渡された。嫁は姑の指示・監督のもとに衣食住に関する実務にあたり、嫁の生活環境は過酷な労働と粗末な食事のために劣悪であったが、姑による体罰は習慣化していなかったように見受けられる。朝鮮半島の儒教受容は、中国よりもかなり「正統的」であるという印象が強い。専門外のことなのでご教示いただきたい。武田旦「韓国家族における嫁と姑」（『縁組と女性――家と家のはざまで』、早稲田大学出版部　一九九四）、李効再「韓国の家父長制と女性」（『アジア女性史――比較史の試み』前掲注7）を参考にした。

[21]……W・ヒントン／加藤祐三他訳『翻身』（平凡社　一九七二）六二頁。

[22]……J・ステイシー／秋山洋子訳『フェミニズムは中国をどう見るか』（勁草書房　一九九〇）一九六頁

[23]……瀬地山角『東アジアの家父長制』（勁草書房　一九九六）三三三頁

[24]……喬思廉「専制家庭的強迫離婚」《婦女雑誌》八＝四（一九二二―四、専集「関於離婚的事実及其批評」の中の一編）

[25]……Margery Wolf「Women and Suicide in China」『Women and Chinese Society』（Margery Wolf and Roxanne Witke, Stanford University Press, 1975）P. 118. 台湾のデータは一九〇五年のものであるが、台湾の一九〇五～三五年まで一〇年ごとの調査（同書一二五頁）でも傾向はほぼ変わらない。一九一七年の北京のデータ（自殺未遂を含む、同書一三九頁）においても同様のグラフ曲線を描いている。ほかに、中国で若い女性の自殺の数が他国に較べ異常に多い点を指摘したものに橘樸「支那家族制度の破綻」（《我等》九＝二、一九二七―二）がある。

[26]……小野和子「婚姻法貫徹運動をめぐって」《東方学報》四九（一九七七―二）二六五頁

[27]……瞿同祖『中国法律與中国社会』（商務印書館　一九四七）八二～八八頁

[28]……林語堂『吾国与吾人』『林語堂名著全集二〇』（東北師範大学出版社　一九九四）所収、一三七～一四〇頁。原書は『My country and My People』Reynal & Hickcook, Inc. (1935-9).

[29]……黄白薇の体験が綴られた自伝小説『悲劇生涯』（文学出版社　一九三六）が入手困難なため、これにかなり忠実に基づいて書かれたと思われる白舒栄・何由『白薇評伝』（湖南人民出版社、一九八三）によった。本書での引用はその二一頁。なお、婚家を逃げ出した黄白薇は、南方の親戚の家に身を寄せたが、父に居所を知られてしまい、追っ手から逃れるために日本に渡った。貧困・病気と戦いながらアルバイトをして東京高等女子師範（現お茶の水女子大学）に入学、詩人楊騒との苦しい恋愛を体験して、二六年に帰国し、左翼作家として活躍した。

[30]……白薇「炸弾與征鳥」《奔流》一＝六～一〇、二＝二～四（一九二八―六～一〇、一九二九―二～四）。

のち『白薇作品選』（湖南人民出版社　一九八五）所収。ただし、二＝三、四号掲載分が削除されている。

［31］……白薇「炸弾與征鳥」（前掲注30、《奔流》一＝六）一〇五九頁

［32］……劉思謙『「娜拉」言説――中国現代女作家心路紀程』（上海文芸出版社　一九九三）二〇九頁

［33］……ジュリア・クリステヴァ／丸山静他訳『中国の女たち』（せりか書房　一九八八）一二八〜一二九頁

［34］……J・ステイシー『フェミニズムは中国をどう見るか』（前掲注22）引用は三六、四〇、四八頁

［35］……孟悦・戴錦華『浮出歴史地表』（河南人民出版社　一九八九）一九頁

第2章

民国時期の旧式結婚にみる母の権力

前章で、民国時期の家父長制のもとでの母の権力について理論的整理を試み、抑圧者としての側面をもつ母の位置づけについて論じた。ここでは、そのケース・スタディとして、旧式結婚（包辦婚姻）にテーマを絞り、旧式結婚を強要する母の抑圧的側面に子の側がどの程度自覚的であり得たか、その対応の違いから大きく三つのケースに分けて、自伝あるいはそれに近い文学作品を通して具体的に考察を進めたい。

1　旧式結婚が生んだ悲劇

中国では、婚姻は当事者よりも家のため、家族のためにするという考えが強く、子供の結婚を取り仕切るのは親の子に対する義務だと考えられていたため、一九一一年のいわゆる旧民法でも結婚の決定権（主婚権）は依然として父母にあった（民律草案第一三三八条）[1]。しかし時代の流れを反映して、すでに一九一六年四月には当事者の同意を得ない婚約は解消できるとする判例がみられ、さらに一九三〇年の国民党による新民法ではようやく当事者双方の合意による結婚の締結および相互の同意による離婚が認められるようになった[2]。しかし、多くの研究者が指摘するように、現実の社会では古い伝統的な規範意識が支配的であり、たとえ法的に可能であっても、婚約解消は離婚と同じに受け止められ、家（家族）の名誉を傷つけるものとして極力避けられるのが常だった[3]。

潘光旦が一九二七年六月に《時事新報・学灯》を通して行った主婚権に関するアンケート調査[4]によると、父母の命による旧式結婚に反対のものが九九・三%、また本人が決めるが父母の同意は必要と考える者が八〇・六%と、主婚権を当事者に求める意見が圧倒的に多い。しかし新旧思想の混在する民国時期は、実際には父母の命による結婚は二〇年代では都市部においても八〇～九〇％を占め、潘光旦の意向調査の結果とは大きな隔たりが生じている。三〇年代になると旧式結婚の占める割合は五五％に落ち（しかし、恋愛による結婚は一％）[5]、事前に子の承諾を取るなど、親の側にも変化がみられるようになったが、民国時期の著名な知識人の殆どは清末から一九二〇年代にかけて結婚しているため、その多くが旧式結婚の体験者である。第一次世界大戦終結後、雑誌《新青年》を中心に始まった五四新文化運動の高まりの中で、当時の雑誌や新聞に旧式結婚の悲劇を伝える体験記が溢れ、結婚・離婚の自由をめぐる議論が活発になされたのは、それが彼らの切迫した深刻な問題であったからに他ならない。

こうした親の決めた相手と望まない結婚を強制された青年たちの場合、離婚は父母の面子を潰す恥ずべきことと考えられていたために、特に都会での現実的な婚姻パターンは、旧式結婚をした妻を田舎の家に残したまま、本人は都会で自由恋愛によるパートナーを見つける、というものであった。だが、社会主義中国以前の中国は基本的に一夫一妻多妾制をとり、重婚は禁止されていたため、正妻はあくまで旧式結婚によって妻となった女性であった。そのため、かりにのちに本人が決めたパートナーを「妻」としても、彼女は法律上は妾として位置づけられることになった。魯迅、郭沫若《かくまつじゃく》、郁達《いくたつ》夫《ぶ》、張聞天《ちょうぶんてん》などはこの形を選択した例であり、こうした不自然な婚姻形態をとる人々が増えるにつれ、当然さまざまな悲劇がうまれてきた。

この旧式結婚が生む不幸を女性の側からみれば、たとえば黄廬隠《こうろいん》の最初の夫である郭夢良《かくぼうりょう》には、旧式結婚による妻がいたために、当時廬隠の恋愛と「結婚」は周囲の批判をあび、このことで彼女はかなり傷ついたといわれている。許広平《きょこうへい》と魯迅の場合も、二人の間が師弟関係にあり、かつ魯迅が著名人であったために世間の風圧はかなり強かったようである。また、茅盾『虹』の主人公のモデルになった胡蘭畦《こらんけい》は、母がきめた旧式結婚をしたのち、まもなく婚家を飛び出したものの、その彼女が選んだ結婚相手の陳夢雲《ちんぼううん》にも旧式結婚による妻がいた。ふたりは相談の上、陳夢雲の財産相続分をすべて妻に譲渡することで（離婚はしていない）、自分たちの「結婚」を実現させた。だが、法律の上で妾の地位にある彼女は正妻の前では弱者であり、正妻が怒鳴り込んできて、髪をつかんで引きずり回されるような不愉快な体験をしている。さらに、石評梅《せきひょうばい》の場合は、最初の恋人に旧式結婚による妻がいて、その妻から二人の結婚を反対されたために別れざるを得なかったという過去をもつ。次の恋人である高君宇《こうくんう》が彼女と結婚するために田舎の妻（旧式結婚による）と離婚すると、石評梅は一人の女性を犠牲にした自分達の結婚に不安を感じ、迷っている間に高君宇は病死してしまうのである[6]。のちに彼女は短編小説『棄てられた妻』（一九二五年）[7]において、旧式結婚によって結ばれた夫に恋人が出来たために離婚を迫られ自殺した正妻の話をとりあげて、自由恋愛の名のもとに多くの哀れな妻たちの心が踏みにじられている、と女性の側から旧式結婚の悲劇を訴えている。立場をかえれば、田舎で姑に仕える名目だけの妻たちも、また妾の地位におかれた「妻」たちも、ともに旧式結婚の犠牲者であることに変わりはないのである。

2　ケース①◆：「母殺し」の物語——謝冰瑩「ある女兵士の自伝」／張聞天「青春の夢」

旧式結婚を迫られた女性の場合はどのような解決策があるのだろうか。男性は、すくなくとも身体的な自由は拘束されなかったので、家を出たり、あるいは一夫一妻多妾制を逆に利用して別に新しいパートナーをみつける「逃げ道」があった。しかし、旧式結婚を拒む女性には、親による監禁、嫁ぎ先での逃亡防止のための舅姑らの監視、そして花嫁轎の中での自殺防止策など、さまざまな「工夫」によって身体の自由さえ奪われたのである。

謝冰瑩《しゃひょうえい》(一九〇六~二〇〇〇)の『ある女兵士の自伝』(一九三六年)[8]の前半には、彼女の故郷である湖南省を舞台に、彼女が物心がついてから一九二七年に旧式結婚から抜け出すまでのおよそ一〇年間の体験が綴られている。この作品は自伝ではあるが、自らの旧式結婚の体験を単に個人的な不幸として記述するにとどまらず、さらにそれを娘による母の権力に対する反抗の物語として書き上げた、作者の創作当時の思想が反映したフィクションでもあり、民国時期の母を描いた作品の中では、その問題意識の深さに於いてとりわけ異彩を放っている。

謝冰瑩の父親は県城の中学校の校長をしており、年に二度ほど春と冬の休みに家に帰ってくるだけだったので、彼女は祖母、母、兄嫁の女ばかり四人の家庭で育った。「父母は天よりも尊い」と信じる彼女の母は家庭内においても「まるで君主が奴隷をあしらうのと同じで、その命令には絶対服従が求められた」。教師をしていた長兄が母の同意を得ずに赴任地に妻を伴って行くと、「親に逆らって妻に従った」と兄に体罰を加え、次兄が親の決めた結婚に不満で離婚を言いだした時には、「道にもとる、ご先祖様の体面汚しだ」と罵り、「離婚するのなら、私を殺してからにせよ」と迫ったために、次兄は苦痛を忍んで不幸な結婚生活を続けなければならなかった(一三頁)。そして謝冰瑩に対しても母は暴君として君臨したのである。

彼女の婚約は三歳の時、すでに両親によって、父の友人の息子である蕭明《シャオミン》とのあいだで成立していた。一九二六年、目前に迫った結婚から逃れるために、彼女は次兄の協力のもと、母の目を盗んで中央軍事政治学校に入り、翌年、北伐軍に参加、この時発表した「従軍日記」[9]によって一躍時代の脚光を浴びた。しかし、国民革命の挫折によって所属する軍隊が解散すると、婚約解消のために困難を覚悟で帰郷する。はたして母の怒りは想像を絶するものだった。その上、これまで彼女にやさしく、勉学の面でも理解を示してくれた父でさえも、この時は母の側につき、婚約解消が父母の体面を損なうものであり、礼教に反するものであると言って彼女を批判した。しかし、彼女の決意は固く、「帰ってくるべきではなかった、帰ってきた以上はこの旧式結婚を受け入れるべきだ」と自嘲ぎみに諭す長兄に彼女は、「礼教に反対し、封建制度を覆すためなら命を犠牲にしても構わないけれど、でも決して旧社会の暴威の下に屈伏するわけにはいかないの」（一三八頁）と反論する。

だが、彼女は母から部屋に監禁され、郵便物を検査・没収されて外との連絡を断たれてしまう。それ以降、結婚式の日まで囚人同様の生活を強いられたのである。彼女が絶対に屈伏したくないと言った「旧社会の暴威」は具体的には母の姿をして彼女の前に現れたのだった。娘の「反乱」を力でおさえつけておきながら、一方で訪ねてくる近所の人たちには、素知らぬ顔で、自分の娘が父母の命に素直に従う利口な娘だと自慢する母を見て、彼女は苦笑する。「私は本当に彼女のために悲しみました。母の権威と権力が私一人によって覆されようとしているのですから。」（一五二頁）こうして彼女は攻撃目標を母に絞り、母の権力との戦いを宣言したのである。

その後、彼女は三度の逃亡を企てるが、その度に母の機転と素早い行動によって家に強制的に連れ戻され、ますます母との対立を深めていく。だが、彼女が二度目の逃走に失敗して連れ戻された時、それまで母と同じ意見だった父親の態度に少し変化が現れていた。

父の前で、私はもう何度も正直に言いました。

「たとえ無理やり私を蕭家へ担ぎ込んでみたところで、やっぱりただ二つの道しかありません。自殺するか、でなけりゃ家出して、永遠に帰って来はしないんです。」

聞くところによれば、これらのことは父も前に母に言ってきかせたことがあり、さらに私の幾度かの家出の事実から、父もまた私が確かに蕭明さんとは結ばれないと信じていたらしいのですが、それでも母は自分の見解を頑強に通したのでした。

「自殺ですって？　あの娘はわざとそんなことを言ってあなたを脅かしたのですよ。家出だなんて、あの娘がお嫁に行って、こんな沢山のお支度を自分のものにしてごらんなさい、きっと離れられなくなるにきまってます。まして女なんて男の人の手に渡ってしまいさえすれば、どんなにきつい性格だって、小羊みたいにおとなしくなるものです。（中略）」

ああ、母は小賢しさによって物が見えなくなっていたのです。彼女はまったく自分の娘の思想や性格を理解していませんでした。（三〇五頁）

父親は彼女の思想を正しいと認めたわけではなかったものの、それでも娘の感情を尊重する気持ちになってきたのだ。だが、母親は夫の忠告を無視し、自分の考えを改めようとはしなかった。彼女の結婚を中心となって強引に推し進めたのは、明らかに母だったのである。謝冰瑩の悲しみと怒りは、母が娘の思想や性格を理解しようとせず、自信と信念に満ちて自分の旧い生き方を強引に娘に押しつけ支配しようとする所にあった。娘は母を抑圧者として位置づけ、全力で母の生き方に反発した。

しかし、三度目の逃亡にも失敗して連れ戻された彼女は、監禁されたままとうとう結婚式の日を迎える。護衛つきの花嫁轎のなかで四度目の逃走について思いをめぐらせる彼女だったが、結婚後、最終的に彼女がこの旧式結婚から逃れ、離婚をかち得たのは、婚家の夫に理解があり（彼もまた旧式結婚の被害者だった）、さらに娘の反抗の気持ちが固いことを見て取った父親が教師の職を探してきて彼女が婚家から出る口実をつくってくれ、経済上の問題を解決してくれたからだった。しかし、母とは最後まで抑圧と被抑圧の関係から抜け出ることはなかったのである。

母は非常に頭のよい、そして又物事を取りしきる才能に多く恵まれていました。母の頭は言うまでもなく柔順の美徳だとか男尊女卑の観念で一杯で、古い礼教を重要視するにかけては、自分の命より以上でした。母は故郷の謝鐸山のムッソリーニで、家庭にあっても、社会にあっても、完全に支配的地位に立っていました。村の老幼は、ほとんど皆母の言うことに従い、地方としての共有財産も母によって保管されました。というのも頭をはねたりせず、公益事業に熱心だったからです。村政上では尚更母は無くてはならず、一つ何か事が起こって、村長会議の解決出来ないものは、ただ母に頼んで何とか言って貰いさえすれば、それでもう片がついたものでした。（一一二〜一一三頁）

中国の家父長制は男性中心原理が非常に強く働いているため、女性が権力を振るうには男性から「権力を委託されている」という名目が不可欠だったが、一度この名目さえ手にすることができれば、家庭内だけでなく、さらに社会に対しても権力を行使することが可能だった。謝冰瑩の母が子供の進学、結婚など家庭内の問題に絶対的な権力を振るっただけでなく、さらに村の行政に関わることができたのは、単に彼女が個人的な資質に恵まれていただけではない。それは、夫の社会的地位が高く、さらに夫が不在がちであったため、家父長の代理として村民から「公認」されていたからである。

権力者あるいは成功者の家族や親戚が就職や昇進などで特別な便宜を得るという根強い血統観念は、社会主義中国になってからも依然として強く残っている。そして、親族の正規の一員として認められた正妻もまた、この親族ネットワークに正当に組み込まれ、「夫貴妻栄《フーグイチーロン》」と呼ばれるように、夫の地位に見合ったそれ相当の社会的地位を得ることができたのである。こうして、中国における母の権力は階級が上にいくほど大きく社会に対しても開かれた状態で、家庭内では父母への服従と奉仕を本質とする孝の思想を背景に、下位にある子に対して絶対的優位を誇りながら、子の身体と精神を強く拘束することができたのである。そのため、娘が母と本気で対立した時、いきおいそれが父と子の対立の構図に類似したものになるのは必至だった。

謝冰瑩の『ある女兵士の自伝』は、母を独立した一人の女性として捉え、単なる「父の法」の代理として処理していない所に特色がある。母の権力が時として家父長である父の権力の及ばない程に強力に作用し、女性抑圧の当事者となりうることを謝冰瑩の自伝小説は鋭く指摘しているのである。[10]
「五四」の作家たちの戦いが旧秩序の象徴である「父の権威」を否定する「父殺し」であったのならば、

謝冰瑩のこの自伝は娘による「母殺し」の物語だといえるだろう。

謝冰瑩と同じ様な動きは、男性作家の事例としては、張聞天（一九〇〇〜七六）の場合にもみることができる。一九一八年、張聞天は親の決めた結婚を余儀なくされ、耐えられずに家を出た。彼にこの結婚を強く迫ったのは、謝冰瑩の場合と同様、父よりもむしろ母だった。長男だった張聞天は、「自分を育ててくれた母を捨てられるのか」という母の厳しい言葉に屈伏してこの旧式結婚を受け入れた。しかし母に対する反発は相当強く、張聞天研究者の程中原氏は、張聞天のその後の社会活動の原点となったのは明らかにこの旧式結婚およびこの時の母との対立だったと指摘している。[11]その後、張聞天は家との関係を絶ち、中国と日本、アメリカ、ソ連の間を行き来しながら、一九二五年にはソ連の女性と同棲して一児をもうけ、帰国後しばらくして中国女性と結婚した。郷里に残した最初の妻との間には女児が一人いたというが、この妻にとって張聞天との「結婚生活」は式を上げてから一月にも満たない短いものであった。張聞天は自らの旧式結婚の体験を『旅の途上で』、『青春の夢』（一九二四年）、『舞い落ちる枯葉――母に宛てた長虹の手紙』（一九二五年）などに投影しているが、[12]そのうち戯曲『青春の夢』は、旧式結婚をした後、妻と幼い娘を残して家を離れていた主人公の明心《ミンシン》が、久しぶりに郷里に戻り、やがて幼なじみの蘭芳《ランファン》と恋仲になって、再び家を飛び出していく話が描かれている。以下の引用は、母に旧式結婚を迫られていた蘭芳を明心が説得する場面である。

明心：君はいつだって母さん母さんだ。蘭妹！この世に母のいない人はいない。もしみんなが母親に服従したら、世の中の抵抗運動は誰がやる？（中略）

明心：母さんに背けないだって！母親とは、旧社会が残した毒の結晶だ、僕等が彼女たちに反抗しなければ、どんな自由もないんだよ。（中略）

蘭芳：でもあなたは母と娘の間の感情的なしがらみも知るべきだわ。

明心：感情的しがらみ？この世のすべての悪はみなこのような浅薄な感情を断ち切れないために生まれている。明らかに彼らと僕等の間で根本から衝突が生じているのに、「面子」のため、他のいろんな「関係」のために、互いになんとかその場を取り繕うから、とうとう虚偽が蔓延してしまったのだ。僕等が狂飆《きょうひょう》運動を提唱するのはまさにこうした面子や関係を打ち破るため、言い換えれば、このような感情的しがらみを断ち切るためなんだ。それを断ち切らなければ、僕等の勝利に希望は持てず、光明も自由も実現の見込みはないのだよ。

蘭芳：私も光明を愛し、自由を愛するわ。でも私は母への感情も大切だと思うの。

物語は、離婚を迫られた明心の妻が入水自殺をしたという報が入り、家の者が大騒ぎをしている中を、明心が蘭芳を半ば強引に連れて出ていく所で終わる。蘭芳の母への執着は残されたままである。張聞天は明心と蘭芳の、母への異なる対応を描きながら、現実にはこれらが一人の人間の中で起こりうることを見抜いていた。翌年、はたして彼は『舞い落ちる枯葉――母に宛てた長虹の手紙』において、母への変わらぬ愛を表明しているのである。

僕は母さんに対して、誓ってもいい、一度だって少しも怨んだり憎んだりする気持ちは持ちませんでした。僕はいつも自分に言っていた、「母さんがこんなことをするのは決して僕を愛していないからではない、母さんは僕のことをあまりにも愛してくれているから、それでこんな事をしたのだ。母さんが幼い時に旧い社会思想と礼教の毒にやられたからといって、僕にどうして、母さんを恨むことなどできようか」と。

張聞天は謝冰瑩と同じように実生活においても母と正面から対立し訣別したが、二人が描く母の形象の違いは、謝冰瑩が母に対する憎しみも描いているのに比べ、張聞天は母への怒りを憎しみには転じていないところにある。張聞天は右の作品のように、母の中から旧い思想をとりだし、その思想を徹底的に批判しながらも、一方で母への愛情を無傷に保とうとしている。母との対立そして絶縁という形をとっても、母と子の間にある肉親ゆえの愛まで断ち切ることはできず、むしろ問題を思想の問題に限定することで、否定しがたい母への愛情を素直に認めようとしたのであろう。もちろん謝冰瑩も張聞天と同じように母に対して肉親ゆえの断ちがたい愛情は抱いていた。しかし謝冰瑩の場合には、かつて母から纏足《てんそく》を強要され、ピアスをするために耳に穴を開けられた時、これは母の自分に対する「愛」からなのだと理解しながらも、母の誤った愛の使い方に怒りと憎しみをストレートに表現している。そして、監禁された時には、「母の愛は何よりも尊いという哲学は覆され、私の心は痛みにもうはちきれんばかりです。一番愛しい自分の母がこのように私を愛してくれず、私に同情してくれないのなら、いまさら何を思い残すことがありましょう」(二四五頁)と言って、自殺を考えるほど母の愛の喪失を悲しんでいるが、しかし、この彼女の悲しみは、子に対する母の絶対的愛の喪失にあるのではなかった。彼女は「まったく自分の娘の思想や性格を理解」しようとしない母が注ぐ娘への「愛」を愛と思うことができず、それゆえ母から「愛されていない」と悲しんでいるのである。母の愛が決して無条件ではなかったこと、母の愛が子の人格や思想まで無条件に受け入れるものではなかったことを身を持って体験した彼女は母娘間の愛の問題と自らの思想の問題を切り離さずに、愛の名のもとに旧い思想をおしつけてくる母を権力の総体として正面から批判していったのである。この二つの「母殺し」の物語が色合いを異にする原因について、それが母の抑圧行為の程度の差によるのか、作者の性別の違いによるのか、それとも個人の資質の違いによるのか判断は難しいが、いずれにせよ、この二つの事例は、作品に母の抑圧的側面を正面から捉え批判的に描いたケースとして、また実生活でも母との訣別を体験した、数少ない事例として注目すべきものだと思われる。

3　ケース②◆：孝の実践と対立の回避——馮沅君「隔絶」「隔絶の後」

日本ではプロレタリア文学に傾斜した作家たちの多くが父を早く亡くし、母子家庭であった者が多いと言われているが、中国でも幼い時に父をなくした進歩的知識人は多い。[13] そして寡婦となった母に旧式結婚を強制されたケースとして、胡適《こてき》、魯迅、郁達夫、茅盾《ぼうじゅん》、老舎《ろうしゃ》などが挙げられる。本来なら、実質的な家父長権を握った母は、もはや上位にある夫の影響を受けることなく、本人の意思次第で、子への愛情を優先させることも可能なはずだったが、実際には、寡婦となった母は父と同じように子に対して旧い思想を強引に押しつけてきたのである。そして子のほうも、この時当然生じるであろう「母と子の対立」を回避し、彼らの多くは母が一方的に決めた結婚に黙って従ったのだった。

当時、一方的な婚約破棄は一九一六年ころまでは違法とされており、相手方から訴えられることもあり得、また違法でなくとも多額の金品をその代償として要求されるのが常だった。そのため母との対立は単なる家庭内の問題ではなく、その土地や一族内での母の立場を悪くすることにもなりかねず、たとえば婚約を破棄した老舎は、そのことのために病気になった程である。しかし、彼らの多くがこの意に沿わぬ結婚を受け入れたのはこのような外的要因だけではなかった。胡適が結婚直後に語った次の言葉はもっともよく当時の男性知識人の気持ちを伝えている。

私の今回の結婚は、すべて私の母のためですから、それで一度もけちをつけて困らせたりしませんでした。（もしそうでなかったならば、私は絶対にこの結婚はしていません（中略））今すでに結婚し、私はできるだけ妥協して、母の歓心をかうことに努めています。[14] 私が極力妻に対して愛情を示しているのは、ただ母を喜ばせたいからです。（一九一八年五月二日）

胡適が母に対して試みた抵抗は、結婚をできるだけ遅らせることだけだった。彼には留学先のアメリカで知り合った恋人がいたために、すでに母によって決められていた許嫁の存在はひどく彼を悩ませた。しかし彼は、子の自由意思を認めず思い通りにこの結婚話を進めた母の行為に対して、直接的な批判の言葉を避けている。たとえば彼の留学中、母が業を煮やして許嫁を家に入れてしまった時にも、胡適は、母には身辺の世話をする人が必要なのだと、自分自身の感情よりも、寡婦である母をいたわる気持ちを優先させているのである。彼のこのような態度は、一般に母・息子関係で指摘されるような、母への執着や母子融合的なまどろみを求める気持ちからというよりも、おそらく、母に対する「孝」の実践が第一に考えられていたからではないかと思われる。

一般に中国社会では、「典型的な孝行息子はだいたいにおいて父親ではなく母親に対して[15]」孝を尽くす傾向にあったといわれている。とりわけ幼い時から寡婦となった母の苦労を見て育った彼らには母に対する労りの気持ちが人一倍強かっただろうことは想像でき、その母の抑圧的行為に対する批判や反抗や屈伏はかなり複雑なものにならざるをえなかったのも事実である。胡適に限らず旧式結婚をした中国の知識人の多くが、実生活において、またそれを題材にした作品においても、自身の感情を犠牲にする自己放棄の道を選び、これまでの慈愛に満ちた母、苦しい生活に耐えながら息子の成長を唯一の楽しみに生きてきた忍従の母が、突如として旧思想の権化となり暴君に変わった時、彼らは母への「孝」を優先させて、母との戦いを初めから放棄してしまったのである。

こうした選択は、理屈からいえば、西洋の近代思想を受容した者にとって自己の思想の存立に関わる問題となった。中島長文氏が魯迅と朱安の結婚について論じた中で指摘しているように、「近代の思想と旧式の結婚とは当然矛盾を来すはずであり、時によってはその矛盾は自己の存立の基盤さえ堀りくずしかねない問題となるはず」であり、彼らにとって旧式結婚を受け入れることは「根柢的な思想的論理をつかんだけれども、それはまだ日常的な生活的論理に拮抗しうる体のものではなかった[16]」のではないかという深刻な苦悩をもたらすものであったからだ。

よって今ここで検討すべきことは、この体験を通して仮に彼らが「母の愛とは何か」という問いかけをしたとすれば、その問いかけの内容であり、その過程で彼らが何を自らの問題として自覚的に受け止め、そしてそれをいかに作品の中に表現したか、であるだろう。以下、事例としては最も多いと考えられるこの第二のケースを、女性作家馮沅君《ふうげんくん》（一九〇〇～七四）の短編小説『隔絶』及び『隔絶の後』（一九二四年）[17]を例にとって具体的にみてみたい。

馮沅君のこれら初期の作品は、彼女の従姉の旧式結婚にまつわる体験がもとになっている[18]。それは、既婚（旧式結婚による妻をもつ）男性を好きになったヒロインが目前に迫った自分自身の旧式結婚を破談にするために帰省し、寡婦である母の同意を得られずに監禁されてしまい（以上『隔絶』）、結婚式の前夜に家を脱出して恋人と逃げるはずの計画も、思わぬハプニングによってつぶれてしまったために、ヒロインが毒を飲んで自殺し、駆けつけた恋人も後を追うという（以上『隔絶の後』）、旧式結婚を批判して情死した若者の物語である。本来ならば、この物語は慈母から暴君に突如として変わってしまった母に対する失望と怒りを描いた「母の裏切りにあった娘」の反抗の物語として書かれることも可能であったが、馮沅君にはもともとそのような意図はない。ヒロインはすでに帰省する前から、母の理解を得られない場合の「死」を考え、監禁された時点で「黒衣をまとった神がすでに私の近くにやってきました」と間近に迫る死を予感しているからである。監禁されている部屋から脱出して恋人と逃げようとしたのも、いわゆる新しい世界を求めての駆け落ちではなく、二人で一緒に死ぬためであった。「神様に感謝します。従妹が私たちの間の連絡をとってくれました。そうでなかったら、私たちは共に死ぬという希望さえなくなるところでしたから。」

『隔絶』のヒロインの自殺は、「恋愛の神聖」と「意思の自由」を守るための抗議の一表現だとされる。確かに、戦う意志さえ抑圧されて自殺しか手段がない女性を描き、読者に同情の気持ちを呼び起こしたところに、不合理な社会に対する作者の反抗のメッセージを読み取ることは可能である。しかし、ここで問うているのは、作者である馮沅君がヒロインとその母の関係性をいかに捉えているかである。そもそもなぜ馮沅君は、旧思想を体現する母に対してはじめから戦う意志が欠落した娘を描いたのだろうか。

服毒後、意識が薄れるなかで書いたヒロインの母への手紙には、

お母さん、あなたは私が一生のうちで最も愛した、最も敬慕する人です。幼い私を育てあげてくれた恩義に報いることもなく、どうしてあなたを捨てていけましょうか。でも（中略）今、あなたの愛は私に、意思の自由を犠牲にして私が一番愛したくない人と最も親密な関係をもたせようとするのです、私には死しかないではありませんか。（中略）お母さん、私を怨まないでください。私もあなたを怨みません。私たちの間の愛情を壊したのは、二つの相いれない思想の衝突だったのです。

と、さきの張聞天と同じように、母の身体からひとまず旧い思想を抜き取り、そして本来の「あるべき母」に変わらぬ愛情を抱き続けている。しかしながら、馮沅君は張聞天のようにその旧い思想を徹底的に検証する方向にではなく、反対に母への愛を貫く方向にヒロインを導き、その結果、権威としての母に対する批判は影をひそめていく。結婚問題を契機に表面化した新旧思想の対立が、いつのまにか母への愛の問題にすりかわっているのである。たとえば、ヒロインは最初、「母のこれまでの慈愛に満ちた性格が、この時なぜかとても残忍になり、私を慰めに来ないばかりか、隣の部屋で兄に

私の罪状を数えあげ、私たちの愛が大逆不道だと言ったのです。私はこれを聞いてますます腹を立て、さらに激しく泣きました」と、母の無理解に腹をたてた。しかし、「私は人類は利己的だということがわかりました。母と娘はこの世で最も親密な関係にありますが、彼女たちでもこの公式から逃れられないのです」と、母だけでなく、母の希望に応えられない自分をも「利己的」だとみなすことで、母への怒りを人間関係一般の問題に解消し、「人と人との関係は、いちど誰かの世話になれば、その人の干渉も受けねばならないものなのです」と、母に育てられた娘が母の干渉を受けるのは避けられないのだという宿命論的な見方に収斂していくのである。これより一年前の『慈母』（一九二三年）という作品で、娘の婚約解消に理解を示し、すべての困難を一人で引き受けようとする自己犠牲の心と慈愛に満ちた母を描き、さらに『延着』（一九二四年）では恋人よりも母への愛を優先させた娘を描く馮沅君であれば、『隔絶』『隔絶の後』で、抑圧的な母を前にして戦わずに自殺の道を選ぶ娘が登場するのは、むしろ自然な流れだったといえるだろう。

巴金《はきん》『霧』（一九三一年）[19]は、旧式結婚によって一緒になった妻と離婚する勇気がないために、新しくできた恋人と別れてしまう男性の物語であるが、父母への愛情表現が「孝」という形でのみ強制される青年の苦悩がテーマになっている。主人公の男性は両親に反抗できない自分を「良心」をもつ「孝」の実践者として正当化することで自分の弱さを隠そうとする。『隔絶』『隔絶の後』もまた同じように、旧思想を日常的な行為の中に体現している実態としての母には目をつむり、母への孝の実践と、それが困難な場合は自己犠牲――『霧』では恋人との別れ、『隔絶の後』では死――によって、母への絶対的な愛を表現しようとしているように思われる。

女性作家でも母に情緒的絆を強く求めたり、母に対する報謝の感情が人一倍強い者、また礼教の影響が濃厚な者も多いだろうが、それでもこれらを乗り越えて、母が正しいと信じて疑わない旧い女性の生き方に全力を挙げて反抗する以外、娘の自己実現の道はないだろう。しかし馮沅君の描く母と娘の関係は、第二のケースにあてはまる他の多くの作家と同じく孝を最優先させたものであり、謝冰瑩などの第一のケースとは質的に異なるものになっている。その違いは、おそらく、母の抑圧的側面にどれだけ自覚的であり得たか、その違いにあるのではなかろうか。

4　ケース③◆：母・息子・妻の関係——郁達夫「蔦蘿行」

旧式結婚を描いた作品の多くは、第二のケースでみたように母への直接的な批判を回避する傾向にあるが、ここで取り上げる郁達夫『蔦蘿行《ちょうらこう》』（一九二三年）[20]は、郁達夫の分身と思われる「僕」が、母の抑圧的な側面に気づきながらも、それを表面化できずに屈折した表現をみせる姿を描いたユニークな作品である。

郁達夫（一八九六～一九四五）は四歳の時に父を亡くし、母の陸氏は三六歳で寡婦となった。残された僅かな田畑から上がる小作料によって三男一女と義母の生活を維持しなければならなかった母の苦労は相当なものだった。郁達夫の姉は六歳で童養媳にやられ、彼自身の幼年期の思い出は「飢餓の恐怖」[21]だったと綴られている。郁達夫は幼いころから母の苦労を見、息子三人に対する母の強い期待を直接肌に感じながら育った。

一家の経済状況がやや好転するのは長兄と次兄が就職した一九一〇年頃だとされるが、その長兄郁《いく》曼陀《まんだ》に連れられて日本に留学した郁達夫は、医科につながる理科専攻を途中から文科専攻に変更したために、先代からの医者の家系を継ぐことを望んでいた母の期待を裏切ってしまう。興味深いのは、郁達夫がこの時当然予想された母との直接の対立をうまく避けたことである。それはまず長兄との絶交という形で現れた。郁達夫の言い分は、長兄に経済的援助を求める手紙を出したが、返事がないためにやむを得ず学費の安い文科に転科したのであるから、この事に関する兄の叱責には承服しかねるというものだった。郁達夫研究者の袁慶豊氏はこの件について、

郁達夫は母親に孝を尽くしていたので、母親の苦しい胸の内を推し量ることができた。(中略)それはむしろ、兄弟間の衝突の爆発によってうまく彼と母親との直接の衝突を回避したと言ったほうがよい。母親の自尊心と感情を傷つけるよりはむしろ自分自身を傷つける方を願い、(中略)それで長兄と対立する形をとったのだ。[22]

と指摘する。郁達夫は母子間の直接の衝突を避けるためにこれを兄弟間の衝突にすりかえたというのである。そしてさらに、母親の郁達夫に対する不満、彼自身の抑圧された不満は、ことごとく彼の妻孫荃にむけて発散されたのだった。

郁達夫は母の決めた旧式結婚に対して、結婚を何年も遅らせ、婚礼の儀式を極端に簡略化することでこの望まない結婚に抵抗したが、結局一九二〇年頃、孫荃と結婚した。彼女は纏足をした旧式の女性だったらしく、郁達夫と暮らしたのは合わせて二年に満たないといわれている。郁達夫が東京大学

を卒業して帰国した一九二二年夏から翌年春までの「新婚生活」を、妻に呼びかける形式で描いた私小説『蔦蘿行』には、嫁を罵る母の姿、妻を虐待しては自責の念に駆られる「僕」、そしてひたすら耐え忍ぶ妻の姿がある。

結婚式のあと慌ただしく日本へ引き返した「僕」は、二年後、留学を終え帰国すると、A地で不本意ながら英語教員をすることになる。彼が久しぶりに故郷の家に足を踏み入れた途端、まず酒を飲んでいる母の姿が目に映った。しかし上海での職探しが思うように運ばなかった彼は、母に合わせる顔がないと思ったのだろう、挨拶もせずに二階の部屋に上がっていく。するとそこでは妻が顔を汗と涙で濡らして啜り泣いていた。彼も思わず涙を流していると、階下から母が「僕」を罵り、厭味を言う声が響いてきた。

「上海で一ヵ月余りも遊んでおいて、家に戻ってきたのに、声もかけずに、トランクを思いっきり私の前に投げ捨てて……これはどういう態度だね……王様になって戻ってきても、こんな態度はなかろうよ。……夫婦二人でこそこそ手紙をやり取りし、相談して……私を謀って殺す気かい……」

僕は母の怒鳴る声を聞いて、反対に泣くのをやめた。「王様になって戻って来る」という言葉を聞いて、全身の血が逆流したように感じた。灼熱の暑い盛りだったが、厳冬の真夜中のように手足が震え出した。あぁ、あの時もし君が止めてくれなかったら、僕は大不孝の罪を犯し、永遠にあの年老いた母と訣別してしまっていただろう。

そして主人公はようやく妻が泣いていた理由を理解した。

僕が上海に長く滞在して家に帰らないでいたことで、母が癇癪《かんしゃく》をおこして君にあたっていたのだと知った。あぁ、君が僕のために、叱られたり小言を言われたりしたのはおそらく今回だけではないのだろう。（中略）反抗、反抗。僕も社会に対して反抗することを知らないわけではないし、君も自分の身に加えられる虐待に対して反抗することを知らないことはあるまい。しかし、臆病な僕ら、能力のない僕らに、どこから反抗せよというのだ？

「僕」が東京に留学していた間、妻は気性の激しい母のもとで辛い日々を送っていたのだった。右の引用には、母が妻を虐待するのは母の自分に対する不満が原因だと知りながら、自分の反抗の対象は社会であり、母はあくまで妻の反抗の対象だと記して、母との対立を回避しようとする「僕」の心の動きが早くもみてとれる。

その夜、やせ細った妻の足を見て胸を痛めた「僕」は妻をA地に連れていく決心をする。二人は母の反対を恐れて出発間際までこのことは秘密にしておくことにした。

ところが、妻を伴ってA地に赴任した「僕」は教師の仕事に苦痛を覚え、加えて文壇で面白くないことが続いたために、「家庭では凶悪な暴君だった」。外で腹の立つことがあると、家で妻を罵り、悪態をついてうさ晴らしをするのである。それは一日に一度、さらに一日に数回とひどくなっていった。彼は自分たちの強制された結婚について「もともと君の間違いでも、僕の間違いでもない。罪を作ったのは君の両親と僕の母だ」と言い、二人は古い風習の犠牲者だと考えていた。ところが何か嫌なことがあると、旧式結婚に不満な多くの男性がそうするように、妻に対してその不満をぶつけてしまうのだった。

半年ほどで教職を辞め、再就職がうまくいかない彼は出産後間もない妻に、彼女が望まないのを知っていながら、息子を連れて母のもとへ帰れと言いだした。妻はその晩、入水自殺を図る。運よく助けられた妻の流す涙を見て、

あぁ、僕は知っている、君はあの時、心では僕を恨んではいなかった。僕を恨んではいなかった。
僕は君の涙を見て、すぐに君の気持ちがわかった。

妻の自殺の動機は母との同居を苦にしてのものだった、と彼は理解した。彼は妻が「僕を恨んでいない」と思い、自分が毎日のように妻を虐待し、彼女を孤立無援の絶望の境地へと追いやったことについては思いが及ばない。失業してますます母の期待から遠ざかってしまった「僕」自身も、妻の苦しみを思いやる余裕がないほどに母の影に脅えていたのだろう。

結局、妻の体の回復を待って「僕」も一緒に故郷に戻ることになるが、途中立ち寄った上海で昔の友人と合流した彼は帰郷を躊躇《ためら》うようになる。それを見た妻は、自分の方から子どもと二人で故郷に戻ると言いだした。妻子を見送った後の彼の独白に耳を傾けてみよう。

僕は日頃しばしば君を虐待したけれども、しかし心の中では君を哀れみ、むしろとても愛していた。しかし、僕が社会から受けた数々の苦しみ、抑圧、侮辱を、もし君に向けて発散しなかったならば、他の誰に発散せよというのだ。あぁ、僕の最愛の妻よ、このひそかな苦衷を知ったならば、君はきっと許してくれるはずだ。

このように、「僕」は妻を、彼女が死ぬほど恐れている母のもとへ送り返しながら、自分の日頃の彼女への虐待に対して許しを乞うている。しかしながら、妻へのこの愛の表明には、自分だけ母から遠ざかろうとする後ろめたさや自己保存の意識、さらには妻に対する自分の仕打ちを正当化するための言い逃れも混じっているように思われる。袁慶豊氏（前出）は郁達夫が私生活において、また作品創作においてみせる自虐的な行為や言動は、母子間の錯綜した複雑な心の葛藤によると指摘している。おそらくこの作品も、社会からも母からも認められない惨めな「僕」の姿、妻に八つ当たりしてしまう情けない「僕」の姿を描こうとしたものだったのだろうが、結果的には郁の意に反して、母の抑圧的側面と主人公である「僕」の女性抑圧行為をも描いてしまい、夫と姑から二重の苦しみを味あわされ、黙々と自己犠牲の生を生きた妻の不幸がひときわ強く読者に伝わってくる。この作品は、母の権力に対する自覚という点では前の第二のケースに近く弱いが、内面の感情をむしろ積極的に、時にはやや増幅して表出しようとする郁達夫という作家の個性によって、母の影に怯える息子の姿が実にうまく描かれており、男性作家が描いた抑圧的な母の形象の数少ない例として、また中国における母と息子と妻、三者の関係性を考える上でも興味深い作品だといえるだろう。

5　慈母の毒で死ぬこと

家父長制社会において父が全て暴君ではなかったように、母の全てが慈母でも、またその反対に全てが抑圧者でもなかったのは明白だが、母のもつ自己犠牲と慈愛に満ちたイメージは、とりわけ日本では強い。こうした日本の風土の中で育った者が、中国の母の形象を論じる際には当然、中国の家父長制における母の権力についての理論的な理解が不可欠である。本章では特に旧式結婚にかかわって母の権力が最大限に行使された場合に注目し、「五四」の進歩的知識人といわれている作家たちの、母の権力に対する認識のありようについて三つのケースに分けて考察を試みた。事例としては、母に対する「孝」の実践を優先させ、母との対立を回避する胡適や馮沅君など第二のケースが多数を占めると考えられるが、このことは、抑圧者としての母の側面を捉えることを妨げ、文学作品に描かれる母の形象のステレオタイプ化を招く原因にもなっているように思われる。ところが、民国時期になると第一のケースでみたように、事例としては少ないが、謝冰瑩や張聞天のように、ただ抑圧的な母を描くだけにとどまらず、そのような母への怒りや失望を母の権力の問題として自覚的に表現する作品が現れてきた。仁井田陞氏は『中国の農村家族』において、家長の強い発言権や最終決定権に触れ、「〈強い〉とか〈最終的〉とかいっても、権力はいつもむき出しになっているわけではない。飼いならされた環境の内にあって、家族は抵抗するどころか、殆ど無抵抗であり服従を別段気にしないか、気にしたところで〈あきらめ〉があるばかりである。従って権力も必ずしもむき出しになることを要しないのである。かくて父乃至家長は何等相手方に承諾らしい承諾を求めることなしに、然も相手方に服従義務を生ぜしめるのである」[23]と述べているが、このような父の権力と同じように、母の権力もまた常にむき出しになっているわけではない。自らも旧式結婚を余儀なくされた魯迅が言うように「最も悲しいのは、慈母や愛する者が誤って投じた毒薬（中略）のために死ぬこと」[24]なのである。中国の家父長制下における母の権力を正しく認識し、その抑圧的側面を自覚的に批判していくことは、女性抑圧構造に組み込まれてきた女性の負の歴史を断ち切るための一つの戦略である同時に、近代の進歩的知識人にとって、自らが獲得した近代の思想の存立をかけた旧い価値体系との戦いを意味したのである。

［注］

［1］……民国初期、民律草案は第三次草案まで作成されたがいずれも施行されず、大理院は一九一二年の第一次民律草案を基本的に援用して民事案件を処理していた。これを一般に旧民法と呼んでいる。具体的な内容については、喬峯（周建人）「中国的離婚法」《婦女雑誌》八＝四（一九二二―四）、望道「中国民律草案與俄国婚姻律底比較」《婦女評論》新年増刊号（一九二一―一―一）、廖温音「中国民法上関於〈親属〉〈継承〉應革新之商榷」《婦女週刊》五～六号（一九二六―五―四、一八）などに詳しい。また参考文献としては小野和子『五四時期家族論の背景』（同朋舎　一九九二）がある。

［2］……中華民国民法親属承継編（一九三〇年一二月公布、一九三一年五月施行）第九七二条以下及び第一〇四九条以下。詳しくは大塚勝美『中国家族法論』（御茶の水書房　一九八五）、陳令儀「我国婦女在法律上地位之今昔観」《新中華》三＝五（一九三五―三―一〇）、戴炎輝「中華民国婚姻法」『新比較婚姻法』（宮崎孝治郎編　勁草書房　一九六〇）など。

[3]……当事者の同意を得ない婚約は解消できるとする判例が示されたのは、筆者が知る限りでは一九一六年四月が最も早い（潘筠「一個女士因被迫婚脱離家庭」《婦女評論》第六七期、一九二二―一一―一五）。他に、一九二〇年九月にも同様の判例（大理院九年九月一八日上字一〇九七号判例）が見られる（狄山「現行法対於訂婚結婚離婚的規定」《婦女評論》第一〇三期、一九二三―八―八）。また、伴梅女士「我抗婚的経過」《婦女週刊》一七、一八号（一九二六―八―三、八―一〇）によれば、彼女は監禁されていた家から脱出して恩師のもとに身を寄せ、裁判に訴えたところ、本人の同意のない婚約は無効であるとして勝訴したが、それでも家族や周囲はこれを不名誉なこととみなして彼女に冷たくあたっている。潘筠（上述）の場合は、この判例を示して家族に説明しても婚約解消の同意を得られず、家を出る以外に道がなかったという。世間の風当たりは予想以上に強かったことが伺える。

[4]……潘光旦『中国家庭問題』（新月書店　一九二八）、『潘光旦文集』第一巻（北京大学出版社　一九九三）所収、一一三～一一五頁。

[5]……陳鶴琴「学生婚姻問題的研究」《東方雑誌》一八＝四、五、六（一九二一―二―二五、三―一〇、三―二五）、潘充康／岡田茂人監訳『変貌する中国の家族』（岩波書店　一九九四）三六～三七、四二頁。この他、一九四六～四九年の間に結婚した夫婦のうち、五一・七％が旧式結婚であったというデータもある（胡運芳主編『中国婦女問題調査報告与論文選集』中国社会出版社　一九九六、二三二頁）。

[6]……参考文献としては、黄廬隠『廬隠自傳』（第一出版社　一九三四）、胡蘭畦『胡蘭畦回憶録　一九〇一～一九三六』（四川人民出版社　一九八五）、白舒栄『十位女作家』（群衆出版社　一九八六）、黄英『現代中国女作家』（北新書局　一九三一）、閻純徳『作者的足跡』〔正〕〔続〕（知識出版社　一九八三、一九八八）など。

[7]……湫雪（石評梅）「棄婦」原載《京報副刊・婦女周刊》一九二五―一二―二〇、『石評梅作品集（詩歌

小説)』(書目文献出版社　一九八四)所収、一六二頁

[8]……謝冰瑩『一個女兵的自傳』(上海良友図書印刷公司　一九三六年初版　一九三七年再版)。引用は初版本に基づく諸星あきこ訳『女兵士の自傳』(青年書房　一九三九)を一部修正して使用した。同書部分訳には近藤龍哉訳「ある女兵士の自伝」『中国現代文学珠玉選　小説3〈女性作家集〉』(丸山昇監修　二玄社　二〇〇一)がある。訳者の近藤氏によれば、同作品はのちに著者による修正が加えられており、その多くが母への批判をさらに強める方向に手直しされているという。

[9]……謝冰瑩「従軍日記」《中央日報》副刊(一九二七―五―一四～六―一二)

[10]……孟悦・戴錦華『浮出歴史地表』(河南人民出版社　一九八九)第一章第一節「弑父時代」

[11]……程中原『張聞天傳』(当代中国出版社　一九九三)一三～一四頁および同書三四頁注七。

[12]……ともに『張聞天早年文学作品選』(人民文学出版社　一九八三)所収。原載は、「旅途」《小説月報》一五＝五～七、九～一二(一九二四―五～一二)、「青春的夢」《少年中国》四＝一二(一九二四―五)、本書での引用は上掲書二二三～二二四頁。「飄零的黄葉――長虹給他母親的一封信」《東方雑誌》二二＝一二(一九二五―六)、引用は上掲書一六〇頁。

[13]……熊秉貞「明清家庭中的母子関係――性別、感情及其他」『性別与中国』(李小江他編　三聯書店　一九九四)五四二頁の注二〇。

[14]……胡適「胡近仁宛書信・一九一八年五月二日」『胡適書信集　一九〇七～一九三三』(上)(北京大学出版社　一九九六)一五五～一五六頁

[15]……費孝通『生育制度』第五章「夫婦的配合」『郷土中国　生育制度』(北京大学出版社　一九九八)所収、一四九頁

[16]……中島長文「ふくろうの声――朱安と魯迅」《文学》第五五号(岩波書店　一九八七―八)二六～二七頁

[17]……淦女士(馮沅君)「隔絶」《創造月刊》二＝二(一九二四―一一)、「隔絶之後」《創造週報》四九号

（一九二四—四—九）。引用は『馮沅君小説　春痕』（紅影叢書　上海古籍出版社　一九九七）一一、一三、三、一〇頁。

[18]……創作背景については孫瑞珍「和封建伝統戦闘的馮沅君」《新文学史料》一九八一—四（人民文学出版社）に詳しい。

[19]……巴金「霧」《東方雑誌》二八＝二〇〜二三（一九三一—一〇〜一二）『巴金全集六』（人民文学出版社一九八八）所収。

[20]……郁達夫「蔦蘿行」《創造》季刊二＝一（一九二三—五）。引用は拙訳「蔦蘿行」『中国現代文学珠玉選小説1』（丸山昇監修・芦田肇主編　二玄社　二〇〇〇）、三七、三八、四一、三〇頁。この作品は小説ではあるが、研究者の多くが主人公を郁達夫と重ねて読んでいるので、筆者もこれにならった。郁達夫はその後、北京大学講師となり、北京に妻子を呼び寄せたが、まもなく国民革命に身を投じるべく広東へ赴き、一九二七年に王映霞と同居を始めた。一方、妻の孫荃は、北京から子供を連れて田舎に戻ると姑に仕え、仏教に帰依して一生を終えたという（『郁達夫及其家族女性』浙江文芸出版社　一九九三）。

[21]……郁達夫「悲劇的出生——自伝之一」《人間世》一七（一九三四—一二）、『郁達夫文集』第三巻（花城出版社　一九八二）所収、三五三頁。ほかに、郁風「郁達夫的出生家庭和他的少年時期」《新文学史料》一九七九—五、一三八頁、馮雪峰「郁達夫生平事略」《新文学史料》一九七八—一など。

[22]……袁慶豊「郁達夫早年家庭経済状況及成員関係」『現代中国文学研究叢刊』九七—三（上海文芸出版社一九九七）二九〇頁

[23]……仁井田陞『中国の農村家族』（東京大学東洋文化研究所　一九五二）一七〇頁

[24]……魯迅「雑感」《莽原》週刊第三期（一九二五—五—八）『華蓋集』所収。

第3章

「母の神話」の解体

——女性作家が描く母の形象——

民国時期
〜
1990年代

これまで、中国の母の権力を論じる際に使用した事例の中には、寡婦の身分を同時に有している母の例が多く含まれていたが、論の煩雑さを避けるためにこれらを一括して「母」として処理してきた。しかしながら言うまでもなく、有夫の母と寡婦である母とではその権力のありかたに大きな違いがある。なぜならば、寡婦となった母は本来有していた母の権威や権力に加え、家長となった息子の上にあって実質的な家長権も握ることができ、子や嫁に対する影響力は有夫の母よりも更に大きくなると考えられるからである。よってここで改めて対象を寡婦に絞り、その両極にある二つの系譜——権力を握った寡婦の系譜と男子のない若い寡婦の系譜——に分けて考察をすすめたいと考えた。後者については次章で論じることとし、ここでは前者の、最高権力者として現れた寡婦の系譜を、二〇年代から九〇年代にいたる文学作品を通して概観してみたい。

1 民国時期の寡婦の権力

近現代中国の家族規模はその大半が直系家族（二世代それぞれ一組の夫婦および未婚の子女からなる三世代同居家族）あるいは核家族（一組の夫婦と未婚の子女）であり、権力を握った女性はその第一世代に属する寡婦である場合が多い。

たとえば民国時期の寡婦の権力のありかたを知るために、「当家（的）《ダンジャーダ》」と呼ばれる女性の家庭内での役割についてみてみよう。

中国では家庭内における家事は、普通、家長が担当する家務管理（家政）と主婦（母あるいは嫁）が担当する日常家事に分けられ、これらの担当者はともに「当家（的）」と呼ばれていた。そして夫が死亡あるいは不在の場合、長子が成人していても、寡婦となった母が本来の日常家事以外に家務管理も引き受け、実質的な家長として家の内外の家事にあたるのが一般的であった。

このことを少し詳しく説明すれば、そもそも家長と家務管理を担当する「当家（的）」は別のものであり、場合によっては二人の男性がそれぞれを担当することもあったという。ただ、多くは家長が家務管理を担当する「当家（的）」を兼ねていたために、家長と「当家（的）」の区別をそれほど問題にする必要がなかっただけである。しかし、厳密に言えば、家長独自の任務は家産の管理を主とし（家長は精神的側面から家の統率者として君臨し、実務としては家産の管理があった。しかし、家産のない家では家長は戸主としての名目を有するだけとなる）、むしろ生産・消費生活の総括、外界との取引など家務管理を担当する「当家（的）」のほうが実務の統率者として大きな役割を担っていたといわれている。よって「当家（的）」として日常家事を担当していた母は、夫亡き後、滋賀秀三氏が言うように[1]、さらに「私法上における家務管理の機能、これはしばしば母に帰せられる。すなわち母が当家となることは決して珍しいことではなかった」とすれば、寡婦となった母は日常家事と家務管理の両方の統率者となって強力な権力を握ることができたと推測されるのである。また寡婦の財産権は、すでに第一章で少し述べたように、一九三〇年の新民法で認められるようになったものの、この法律はごく限られた都市部のみに有効であったため、民国時期には寡婦の財産権はほとんどなかったと考えるほうが現実的である。しかし、一方で息子（たち）は母の同意を得ないで土地の売却など家産の処分はできないのが一般的であったといわれており、寡婦が公法上の家長となることはなかったものの、「当家（的）」として日常家事と家務管理を行う母は、家族の意識においては、実質上の家長でもあった。つまり「家父死亡後の母子同居の家における〈家のあるじ〉の問題において、（中略）〈家長〉は誰かと問えば、母が家長であると答えるのが、人々の常識」だったのである。このように、母は寡婦となることによって、公法上の家長である息子の上位にたち、家の実質的支配権を握ることができたと考えられるのである。

夫が死亡すると、日本では一般に、家長は名実ともに長子が引き継ぎ、寡婦となった母の権力は、自身の経済的な力（財産の多寡）に正比例する。ところが中国では、経済的要因がすべてに優先される貧困層（つまり孝の実践が本人の意志とは無関係に不可能な状態にある人々）を除き、どの階層の母もその経済力に関係なく相応の権力を保持し続け、寡婦となれば、日本とは反対に、さらにその権力は増大するのである。本章で紹介する文学作品には、貧しくとも子との関係において強力な発言権を有する寡婦が登場し、次章では、特に近年の傾向として、それほど貧しくない家庭でも子が寡婦を冷遇する話がでてくるが、この変化が生じた主たる原因は、やはりまず第一に親子関係を規定していた孝の思想が全般的に希薄になっていることがあげられる。言い換えれば、寡婦となった母は、この旧い伝統的倫理規範が、社会や家族の中に作用している限りにおいて、相応の権力を有することが可能であったといえるのである。

また、寡婦の地位を論じる際には、寡婦となった妾についても言及しておく必要があるだろう。本来、社会的な地位が低かった妾も、とくに男子を産んだ妾の場合、家庭内での地位は年齢が高くなるほど好転してくるのも事実であるからだ。最年長者となった妾の地位の高さを知ることができる事例に、カルプが一九二三年に潮州鳳凰村でおこなった農村調査[2]がある。

カルプによれば、ある四世代同居の家族は、第一世代は祖父の妾(I—60)、第二世代(祖父と正妻との間に出来た長男およびその妻)は死亡により不在、第三世代は長孫で家長をつとめる男性(Ⅲ—45)とその妻、そして第四世代はその子どもたちで構成され、彼等は先祖代々の屋敷に一緒に住んでいた。妾(I—60)には祖父との間にできた一人息子がおり、結婚して別に家を構えていたが、彼女はその家族とは同居せずに、あくまでこの本家を守っていた。また現在の家長である長孫(Ⅲ—45)は別宅に妾を二人もっていて、常にこの屋敷にいるとは限らない。さて、カルプがこの家族を訪問したとき、応対に出たのは祖父の妾であり、「家長(Ⅲ—45)が屋敷に不在の時は、この祖父の妾(I—60)が屋敷内で実際の家長であった。彼女は厳格な孝順と儀礼の対象として皆から最大級の扱いをうけていた」と記されている。家長が不在の場合、「家長の妻およびその長男の上に祖父の妾が位置し、家庭内の細事については権威をもっていた」のである。

あるいは文学では巴金《はきん》『家』[3](一九三三年)の陳姨太《チェンイータイ》が参考になるかもしれない。彼女は祖父の妾で、覚新《ジュエシン》の妻のお産に口を出し、死に追いやる悪玉として登場する。この妾は常に祖父の傍に仕えて高家の人間関係を知り尽くしており、日頃から祖父の言いつけに従順でない覚新兄弟をこころよく思っていなかった。そして祖父が亡くなり服喪期に入ると、妾は覚新の妻が屋敷内でお産をするのは不吉だと言って辺鄙な城外に移させ、そのため覚新の妻は体に異常が起った時、適切な治療をうけられないまま難産のために死んでしまう。

また、張愛玲《ちょうあいれい》『ジャスミンティー』[4](一九四三年)の主人公の母は、意中の人と結婚できず、意に沿わぬ結婚をしていたが、この悲劇の原因を作ったのが祖父の妾だった。昔、母(碧落《ビールオ》)の恋人の家から結婚の申し出に人が訪れたとき、「碧落の母親がまだ口を開く前に」、この祖父の妾が、「身分違いも甚だしい」と先方を侮辱して追い返してしまったのだ。祖父とその妻が死亡したあと、この妾は最年長者として一家で強い発言力をもっていたのである。結局、母はその好きな人と結婚できず、愛のない夫との間に生まれた主人公の青年はどこか精神的に不安定で、常に欠落感に悩まされていた。

中国の妾は一夫一妻多妾制の中で、不正規とはいえ家族の一員として認められていたため（本書第五章参照）、寡婦となった時、これらの事例のように状況によっては、とくに正妻亡きあとこれに代位したり、あるいは長生きをして最年長者として敬意を表される年齢に達した時、それなりの発言権を持つことが可能だったのである。

日本では明治を挟んで「家」の構造に大きな変化がみられ、中世においては、家の内部を統括するのは貴族から庶民に至るまで正妻の役割であり、正妻が家という小宇宙の権力者になることができたという。[5]ところが移行期の近世を経て近代にはいると正妻は主婦と呼ばれて、これまでの嫁や使用人を指揮監督する責任者というイメージは薄れ、家庭内での唯一の家事担当者となっていく。この流れに沿えば、近代中国の母の権力のありかたは中世日本の正妻に近い印象をうける。だが日本との違いは、こうした近代中国の母に与えられる家庭内での子に対する世代的優位性と対社会的権力の大きさであろう。

一般に前近代は、身分差のほうが男女差よりも大きく、男女差は同一身分・同一世代内で特に顕在化するといわれており、近代に入っても前近代を引きずっていた中国社会では、当然上位にある女性が下位にある男女を抑圧することは容易であったはずだ。さらに、夫の身分的地位に応じて妻に相応のポストが与えられ、夫の社会的地位や名誉をバックに社会において一定の地位を確保することができるという中国の慣習も、既婚女性が社会的活動に加わり社会に対して一定の権力を行使することを可能にした要因だと考えられる。民国時期の寡婦の公的空間における活動状況について論じたものがないため、参考として明清時期のものを紹介すれば、[6]その中で論者は、たとえば明末の『金瓶梅』(第九二回)の呉月娘《ごげつじょう》や明末清初の『醒世姻縁伝《せいせいいんえんでん》』(第二一、二二、三二回)の晁夫人《ちょう》などの例を挙げて、寡婦となった彼女たちが親戚間のトラブルの解決にあたったり、慈善事業に積極的に加わりその土地の有力者と広く交際をするなど、寡婦の対外的な行動に社会的承認が得られていたことを論証し、こうした事例から「男は外、女は内」というパターンは現実の生活においては絶対的ではなかったと指摘している。ただしこの論者は、女性の多くは男性社会で従属的地位におかれ、妻が家族や地域の中で重要な地位を占めることは少なく、「それは家長の死後にようやく手に入れることができた」と述べている。有夫の母の地位に関するこの解釈の当否はひとまず保留して、寡婦の問題に絞れば、以上のことから中国の伝統社会では有夫の母よりも寡婦のほうが家庭内だけでなく社会に対する活動においてもより多くの権力を有していたと考えられ、この状況は民国時期以降も基本的に変わらなかったのではないかと推測されるのである。

2　中国における「母の神話」の解体

寡婦となり強い支配力をもった女性が、息子や娘そして嫁に対して暴力的あるいは精神的抑圧行動をとる話は、中国文学の世界では珍しいことではない。近代文学でも、前章で紹介した馮沅君『隔絶』『隔絶の後』や郁達夫『蔦蘿行』をはじめ、謝冰心《しゃひょうしん》『最後の安息』（一九二〇年）、張愛玲『金鎖記』（一九四三年）などには、しばしばこのタイプの女性が登場する。そして現代文学においてもこの系譜は絶えず書き継がれている。たとえば、鉄凝《てつぎょう》『薔薇の門』（一九八八年）、池莉《ちり》『あなたは一条の河』（一九九一年）、徐坤《じょこん》『女媧《じょか》』（一九九四年）などがそうである。中国女性がもつ二つの正反対のイメージのうちのひとつ、「強い女」のイメージは、これらの作品によってますます補強されているのである。

盛英はその著書『中国女性文学新探』（一九九九年）[7]で、寡婦を含むこうした「強い女」とくに権力を握った母を描く女性作家たちの創作意図について、「女性作家たちは母親を男権社会の協力者、共謀者とみなし、その〈転覆〉を狙っている。また、母親の形象の異変を通して女性の負の側面と負の効果を暴き、その〈解体〉を企図している。こうした女性文化の視点は四十年代の張愛玲ときわめて似ている」と述べ、女性作家たちによる男性中心主義の転覆と母の神話の解体の目論見がすでに近代文学からみられることを指摘している。そして、さらに鉄凝の『薔薇の門』の評価をめぐってドイツのある中国文学者との会話をつぎのように紹介している。

> 彼女は私にこう言った。「アメリカの一部のフェミニストは鉄凝の『薔薇の門』が好きではありません。」その理由は、「彼女はどうして女性をあんなに悪く書けるのか」にあるらしい。欧米のフェミニストが〈母の神話〉を覆す主な矛先は（中略）結果として母親が男権社会の〈協力者〉や〈共謀者〉になっているところに向けられる。男権文化への攻撃に精力を傾け、大いに〈姉妹愛的な関

係〉を提唱しているアメリカのフェミニストは、当然のことながら女性自身の内部から〈母の神話〉を解体することは望まないのである。だが（中略）私は鉄凝が『薔薇の門』の主人公である司《スー》猗文《イーウェン》の〈人性悪〉を真実に描き、深く掘り下げたことを高く評価する。この芸術形象が私に与える啓示は少なくとも二点ある。一つは、女性の表現欲、権力欲がいったん膨らむと、〈母親〉も〈悪魔〉に変わるということ、二つは、女性自身による自己審査は、当然女性文化の重要な構成部分であるべきだ、という点である。（中略）鉄凝の『薔薇の門』は司猗文の解体を通して、女性自身に対する審判を見事に行ったのである。女性文学の独特の魅力は、往々にして女性作家のこのような自己審査と、母に対する審査の中にあるのだ。

話題になった鉄凝の長編小説『薔薇の門』（一九八八年）[8]は、愛情のない不幸な結婚生活を送った女性が寡婦となって後、家庭や社会に対して可能な限りその支配力を拡張し続けた一生を、ヒロインである司猗文と孫の「私」の二人の視点を交差させながら描いたもので、自己顕示欲が強く、何事に対しても攻撃的な司猗文は、夫の放蕩と死によって婚家が傾き、実家から得た財産によって婚家を維持するようになると、まず舅や義妹に復讐をし、息子の死後はその嫁を陥れ、さらに孫娘の行動まで干渉する狡猾で悪辣な寡婦として描かれている。そして彼女は家庭内だけでなく社会活動においても「積極分子」になるために様々な計略を巡らせるが、家族はいくら傷つけられても彼女の言葉に従い、嫁は再婚後も彼女に仕えて老後の世話をし、孫娘もまた関係を断ち切れずにいるという話である。

盛英は、これまで彼女自身が抱いていた疑問――中国文学に登場する母親たちはなぜ男性だけでなく同性である女性にたいしても虐待、抑圧をおこなうのか――に対して、女性にも表現欲、権力欲があり、悪魔に変わることもあり得るのだと認めることで一つの回答を示している。そして『薔薇の門』など悪魔に変わった母を描いた作品の意義を、周縁文化の解体と再生、さらに男性中心文化への揺さぶり、という点で認めているのである。同じ抑圧的な母を描くにしても、謝冰瑩と馮沅君とでは大きな違いがみられたように、作家の意識の違いによって「母の神話」の解体にも消極的解体から積極的解体まで幅があるが、盛英はこれらすべてに対して高い評価を与えているようである。

ところが西欧社会では、娘は一方で母とつながりたいという欲求をもちながらも、家父長制に順応するために自己犠牲を美徳として生きた母の姿は、娘にとっては反面教師にしかならず、自らと同じ生き方を強要する母を家父長制の殉教者、共謀者として嫌悪し否定した。そのために、西欧の女性作家の文学の中に母が描かれることは少なく、描かれたとしても作品の最初のところですでに死亡しているか、遥か遠くに住んで娘とは交流がないような存在として描かれていることが多く、むしろ文学における「母の沈黙と不在」がその特色であったといわれている。そして七〇年代以降の女性文学においてようやく「母親探し」が盛んに行われ始め、消えた母を求め、抹消されてしまった母の復権を試みる作品が現れるようになる。母の負の側面を描き（母の神話の崩壊）、それを理解し、乗り越えることで新たな母娘関係を模索しようとするもので、文学のテーマも「母と娘の断絶」から「母と娘の創造的関係の追求」へと変化している。[9] それは母娘の関係の中に女同士の創造的な関係を模索し、これによって家父長制に対抗しようとする戦略でもある。この背景には、フェミニズムにおける母性神話の崩壊（母性の呪縛からの解放）や作られた女性像の解体など理論面での深化によって、制度としての母性の否定と創造的力の源泉としての母性に関心が集まってきたことが考えられる。

この西欧での流れと、「母の神話」の解体（つまり母の負の側面を描き、悪魔に変わった母を描くこと）が盛んに描かれ続ける中国の女性文学の流れとを比較すると、以下のような疑問が当然湧いてくるだろう。つまり、母娘関係を描く文学のテーマが、西欧では「母と娘の創造的関係の追求」へと変化し、母娘の相互理解が求められるようになったのに、中国ではなぜ今も「母の神話」の解体そのものに強い関心が向けられ、母と娘の「対立」あるいは「服従」が描き続けられるのか、また、西欧で母の抑圧行為の対象は主として娘であり、文学には両者の精神的葛藤が多く描かれるが、中国ではなぜその対象が娘、嫁、息子、孫など広い範囲に及び、またそれが時に力の抑圧を伴うのか、という疑問である。これに対する答えとして盛英は「女性の表現欲、権力欲がいったん膨らむと母親も悪魔に変わる」というが、こうした一般論あるいは精神分析的アプローチだけでは以上のような疑問に十分答えることはできないだろう。まず、現実社会における母の権力や母娘関係のあり方が中国と西欧社会ではどのように異なっているのか、歴史的、社会構造的な側面からのアプローチも不可欠なのである。

これまで中国文学は、一方で慈愛・犠牲・忍従などの言葉で修飾された慈母の像を描くことで「母の神話」を作り出しながら、同時にこのイメージとはおよそかけ離れた悪魔に変わった母を繰り返し描くことで、「母の神話」の解体が行われてきた。中国ではそもそも母は文学から「消えた」ことはなく、よってあらためて「母の復権」を試みる必要もなかったといってよい。この西欧社会とは様相を異にする中国における「母の神話」の創造と解体をどのように捉えるべきか、以下、具体的な作品の分析を通して考えていくことにしたい。

3　母と娘の関係——黄廬隠「廬隠自伝」

黄廬隠《こうろいん》（一八九八〜一九三四）は、この世に生まれ落ちたその日から母の愛情を知らずに育った。『廬隠自伝』[10]（一九三四年）によると、「よりによって私が生まれたその日に、外祖母が亡くなり、母はそのために私を不吉な子だとみなして、母乳をやる気持ちにもなれず、乳母をやとって遠く私を退けてしまった」（二頁）のである。

病気がちでよく泣き、そのうえ頑固な性格だった彼女は、母の愛を失った途端に兄たちからも疎んじられ、後に妹が生まれてからはますます冷遇されるようになる。

二才の時、体じゅうにおできができて終日泣いていると、母は怒りのあまりもう少しで私を殴り殺すところだった。私を哀れに思った乳母が、私を彼女の田舎に連れていき、回復すればまた送り返すが、死んだらそれでまでということにしようと母に掛け合ってくれた。母はこの提案に、すこしの躊躇いもなく同意した。（三頁）

半年後、田舎の空気にふれて体が丈夫になり体のおできも消えたころ、清朝の挙人（科挙の試験で郷試に合格した者）だった父が湖南省長沙に知事として赴任することになった。生まれ故郷の福建省から長沙への船上で、彼女が田舎の乳母やその子供たちを恋しがって泣いていると、それをうるさく思った父が彼女を抱きあげて川に投げ捨てようとした。この時はボーイが体当たりで難を救ってくれて一命をとりとめることができたが、この出来事は彼女の心に大きな傷を残してしまった。

六歳の時、父が急死した。だが一家にとって幸運だったのは、北京にいる叔父（母の兄）が快く自分の屋敷に彼らを呼び寄せてくれたことだった。ところが廬隠にはこの美しい花園のある、総勢二〇人を越える大きなお屋敷の生活は何の幸福ももたらすものではなかった。文字を教えようとする叔母に覚えが悪いといって打たれ、さらに母の叱責も日常となった。彼女は母や叔母に打たれるたびになぜ自分がこうも虐待されねばならないのか理解できなかった。ちょっとしたいたずらのために、母に暗い部屋に閉じ込められて以降、「私はおどおどした鼠に変わり、人を見るとすぐ避けるようになった」（一五頁）と彼女は記している。

このような虐待のもとで、私は泣く以外、他の方法を思いつかなかった。（中略）また二年がすぎ、九歳になったが、母は相変わらず私に対して氷のように冷たい顔をしていた。彼女は心底私を嫌い、私は母がとても怖かったので、夜は女中と一緒に汚い部屋に眠り、昼間は花園に隠れていた。その時の私の心には愛も、希望もなく、あるのはただ恨みと憎しみだけだった。

叔父の家で何か祝い事があったり、客を招いたりする時、母はきまって私を別の中庭に連れて行って出入り口に鍵をかけ、人前に出るのを許さなかった。私のようなろくでなしは、彼女たちの面汚しだというのである。兄や妹たちが小さな天使のようにおめかしをして、人々の間を飛び回っていたとき、はじめはこの事でとても傷ついたが、のちには慣れっこになってしまった。（一四〜一六

頁）

このような境遇の彼女にようやく転機が訪れた。キリスト教系の学校に入ることになったのだ。母や叔母たちからすれば、全寮制で学費は要らず、わずかな食費を払えばよかったので厄介払いのつもりだった。叔母に連れられて校長に面接した廬隠は「父親をなくした可哀相な娘」として紹介され、入学年齢に達していなかったために年齢を二歳偽って入学を許可された。彼女はそこの粗末な食事が原因で栄養不良に陥り病気にかかるが、半年で手紙が書けるようになり（母に窮状を訴える手紙だった）、彼女のことをばかだとばかり思っていた母たちを驚かした。

その後、彼女は長兄の理解と支持をえて、高等小学校を受験して合格し、ようやく辛かった教会学校を去ることができた。そしてこの「快挙」は母の彼女に対する認識を変えることに成功し、周囲の人たちの彼女を見る目が変われば変わる程、彼女は懸命に勉学に励んだのである。十三歳で高等小学校を卒業すると、母は彼女を再び教会学校に入れようとした。しかし彼女は母に内緒で女子師範学校（中学・五年間）を受験して合格した。この時も母に直に相談することができず、合格の知らせが届くと、かわりに兄が母に伝えて了解をとりつけてくれた。

一九一六年、師範学校を卒業すると、母はさっそく中学校の教師の職を探してきた。廬隠の一家は父が死去した際に家産を処分して得た二万元を預金し、その利子収入で生活していたが、この頃は兄弟の留学費用などで元金を取り崩していたため、母は彼女に経済的援助を期待したのである。だが彼女はうまく教えられずに半年でそこを辞めてしまい、友人の紹介で安慶の小学校へ行くことになる。

母は話を聞くと、驚いて私のほうを見ながら言った。「兄さんたちはまだ学校を卒業していないし、家での物入りも多いんだよ、何年かあんたに助けてもらおうと思っていたのに。あんたの性格がひねくれて強情なところがあるのは知っていたけれど、少しの忍耐もないのかえ。」私は母の叱責を受けて返す言葉もなく、それで安慶に行ったら毎月お金を送る約束をした。（中略）汽車が動き出したとき、（中略）心の中には別離の悲しみも、別れの感情もなく、たださっぱりした感情が心を満たしていた。この十余年来の籠の中の鳥のような生活には本当にうんざりしていたので、いつも家を出て、漂泊の生活をしたいと思っていたのだ（五〇頁）。

この後、彼女はさらに二カ所職場を変え、母の叱責を浴びながらも、進学の夢を捨てず、一九一九年にとうとう念願の北京女子高等師範（二三年に大学と改称）への入学を果たした。

以上のように『廬隠自伝』の前半は、彼女が母の虐待を受けながらも、強い意志をもって自らの道を切り開き、母娘間の支配／従属関係から自力で抜け出していった過程が描かれている。大学進学に際しては働いて入学金を貯めるなど、彼女の歩いた足跡は当時の女性の中ではまさしく快挙であった。廬隠の母が彼女の大学進学に反対した理由は、ひとつは経済上の理由から、彼女に働いて家計を助けて欲しかったからだが、もうひとつは、「女は中学を卒業していればもう充分だ。このうえさらに勉強して、何になる」（五六頁）という、女子教育に対する旧い考えによっていた。だが彼女は、こうした母の無理解に涙しながらも、「母が許してくれなくても、絶対に受験して見せるわ、母さんは私をどうすることもできはしないんだから」、と心に誓う。彼女には母の旧い思想を批判して母と対立する勇気はなかったが、自力で経済上の問題を解決することによって自分の意志を通そうとしたのだ。しかし、不思議なことに、彼女の自伝にはこれらをなし遂げたあとの自信や明るさがあまり感じられないのはなぜだろう。

この時期、勉強のほうは順調だったが、心はいつも悲しかった。最大の原因は、母が大学進学に不賛成だったので、学費の援助をしてくれなかったばかりか、いつも私を責め続けたからである。毎週土曜日、家に帰る度に私は涙を流していた。(六一頁)

進学や就職でいくら頑張っても、その度に母から叱責され、いつ終わるともしれない小言が彼女を苦しめていたのだ。こうして、彼女は週末の帰宅を避け、大学の寮で一人寂しく週末を過ごすようになる。彼女の場合、母からの身体的解放が精神的解放に繋がらなかったのである。

大学を卒業した後も、彼女が心に受けた傷は癒えず、それは『海べの旧友たち』(一九二三年)をはじめ彼女の創作の大半に人生の悲哀・厭世観となって繰り返し顔を出すことになる。彼女がひとまずこの悲哀から抜け出すのは一九三〇年に年下の李唯建《りいけん》と再婚して幸せな結婚生活を送るようになってからだと言われており、小説の題材が個人の問題から社会の問題へと広がりをみせはじめるのもこの頃である。しかしそれも束の間、彼女は難産のために一九三四年、三七歳の短い生涯を閉じたのだった。

遺作となった『廬隠自伝』の、出生から母の死去までの二六年間が、常に母の視線や反応を軸にして語られているのは、自分語りの根幹にいかに母と娘の関係が大きな位置を占めているかを示唆している。彼女の人生には他に、すでに妻のある男性と結婚したために周囲の冷たい視線にさらされたこと、結婚後、家事の負担によって執筆時間がとれなくなったこと、夫の死後、夫の田舎に戻った時、姑との関係がうまくいかなかったことなど、母との関係以外にたくさんの綴るべき出来事があった。しかし、これらがきわめて短く、かつ感情をセーブして書かれているのに比べると、母との関係を綴った部分がひときわ感情的なのが目立つ。

近代文学の中で、女性作家の描く作品には自伝的要素の強いものが多いが、そのなかでも自伝あるいは自伝小説と呼ばれるものには、この『廬隠自伝』の他に、謝冰瑩『ある女兵士の自伝』（一九三六年）、黄白薇《こうはくび》『悲劇の生涯』（一九三六年）、関露《かんろ》『新旧時代』（一九四〇年）、楊剛《ようごう》『挑戦』（一九四八年）、王瑩《おうえい》『宝姑《バオグー》』（一九五二年）などがある。これらの作品は自分自身の成長を語るなかで、特に年少の頃の思い出には、当然のことながら母との関わりが大半を占めている。たとえば関露は『新旧時代』において、寡婦となった母がただ躾けに厳しい怖いだけの存在に思われた幼い頃の印象を忠実に記しているが、さらに今日の視点から、当時の母の気持ちを理解できなかった自身の未熟さと、母の生き方に対する共感をやさしく包みこむように描いている。同じように謝冰瑩も、すでに第二章で述べたように、幼い頃に母からひどい仕打ちをされた時あるいは後に旧式結婚を強制された時の怒りや恐怖心を、自伝執筆時にあらためて振り返り、これを感情のレベルではなく思想の問題として厳しく批判している。また黄白薇は、初めは専制的で気性の激しかった母を批判的に捉えていたが、後に母が旧式結婚を強いた誤りを認め彼女の不幸な結婚生活に同情を示したころから、母への批判は影をひそめ、批判の対象が父を代表とする男権社会へと向けられるようになる。このように彼女たちの描く母の形象は様々であるが、共通しているのは、過去の母との関わりを今日の視点で再検討することで母を客観化し、母との連続あるいは断絶をみることでそれぞれ自分の中に一つの母親像を作り上げていることである。ところが廬隠の場合は違う。かつて母に抱いた憎しみの感情を執筆時までそのまま引きずり、あらためて母の歴史や思想を批判することはない、あるいはそのような余裕がみられないのである。

そして興味深いのは、以下の引用のように、それまで描いてきた抑圧的な母とは全く異なる母の姿を描いて、慈母のイメージをも作りだそうとしたことである。それは、母が亡くなる少し前（一九二四年頃）、年末に手紙が来て彼女が急用で出かけようとした時、やさしい言葉をかけて彼女を引き止めた場面である。

その手紙を母にみせると、母は別れるのがつらそうな顔をして、おだやかな声で言った「あと五、六日もすれば新年なのに、今出かけたら家で年を越せなくなるじゃないか。」私はこの言葉を聞き、また母のやさしい顔を見て、出かけるのはよそう、と思った。
しかし……　（九二頁）

この描写がにわかに書き加えられたことによって、それまで綴られてきた悪魔の母のイメージは大きく揺らぎ、結果として『廬隠自伝』の中には、母のイメージが二つに分裂したまま残されることになった。廬隠はなぜこの部分をあえて挿入したのか、そんなにもこの時の母のやさしさが嬉しかったのだろうか。

彼女の母はこのあと間もなくして亡くなり、この時交わした会話が母との最後の別れとなった。『廬隠自伝』によれば、この数年前から母の態度が穏やかになっていたと記されている。彼女がすでに大学を卒業して中学の教師となり、さらに小説の原稿料の一部を母に仕送りするようになったからであろう。廬隠はこの母の歩み寄りが、母娘の相互理解の始まりではなく、あくまで金銭的な要素が強く介在したものであることに気づきながらも、それでも母の死を語る場面で、母への愛情を次のように表現している。

子供のころ母に愛されなかったけれども、この数年間、私の努力によって、母は少しづつ私に穏やかになり、それと同時に私は理性よりも感情が強い人間なので、母に対してはやはり深い眷恋の情を抱いていた。（九二頁）

廬隠と母の関係は、彼女の側から言えば、いみじくも彼女が文中で述べているように、彼女の努力、具体的には学業に於いてよい成績をとり、仕事をして母に金銭を手渡すことによって、自己の存在を認めてもらおうとするものであった。内向的で強固な意思を持っていた廬隠は母を批判することも、かといって母に屈伏することもできず、むしろ自らの努力の成果を母の前に提示することで母への接近をはかったのである。こうすることによって母への憎しみの感情を希釈するのも、彼女が知らず知らずのうちに身につけた一つの精神救済法だったのであろうが、彼女はこれを娘の母に対する「孝」であり、母への愛だと信じたのである。自明なものとしてあるはずの肉親愛を、まず自らの手で勝ち取ることから始めねばならなかった彼女は、ひたすら母に向かい、母との関係を切望した。そして晩年のやさしい母にその最後のチャンスをみたのであろう。

一つの比較として、たとえば幼児期に廬隠と類似する体験をもつ蕭紅《しょうこう》の事例をみてみよう。彼女もまた自覚的に二つに分裂した母のイメージを持ち続けた一人だった。蕭紅は男の子を望む両親の期待に反してこの世に生を受け、その上その日が縁起の悪い日だったために、母のやさしさを知らずに育ったといわれている。『呼蘭河《こらんが》の物語』（一九四〇年）には「私の誕生は、まず第一に祖父を限りなく喜ばせ、私が育つと、祖父は私をこよなく愛してくれた。（中略）父の冷淡さも、母の悪罵も、祖母の口やかましさも、祖母に針で指先を刺されたことも、さほど悲しくなかった」（第三章）と、両親の愛を得られなかった彼女は、むしろ祖父との交流に心のよりどころを求めている。

蕭紅の母は、彼女が八歳のときに病死した。それから一五年ほど経ったころ、蕭紅は小説『家族以外の人』（一九三六年）[11]において、幼い時に母から受けた仕打ち、たとえばマントウや卵を盗んで食べた時、あるいはズボンにお漏らしをした時に母から受けた体罰の思い出を綴り、躾けのために日常的に暴力を振るい、口うるさく叱るばかりだった母への強い恐怖心と憎しみの感情を包み隠さずこの作品の中に描いている。ところが、その翌年には母が死ぬ間際の様子を、散文「感情のかけら」（一九三七年）[12]でつぎのように記している。

母は決して私を充分に愛してくれなかったけれども、やはりそれでも母は母だった。（中略）

「母さんはもうすぐ死ぬのだろうか」私は思った。

おそらく彼女の意識が戻ったほんの短い間だったのだろう、

「……泣いてるの？　大丈夫よ、母さん、死ぬもんですか」

私が俯いて、襟元を掴《つか》んで引っ張ると、母も泣いた。

それから私は部屋の奥の花鉢を並べた棚のところまで歩いていき、ポケットから母が買ってくれた小さなナイフをとりだした。

「この小さなナイフをなくしたら、もう二度と手にはいらないのだわ」そして涙がまたこみ上げてきた。


「やはりそれでも母は母だった」という言葉は、母との情緒的絆、肉親ゆえに絶ちがたい愛を表現したものであろう。蕭紅は母の形見になろうとしている小さなナイフを見た時、母を初めて身近に感じ、母との距離を一気に縮めることができた。彼女は『家族以外の人』において母への怒りを露にした文章を書きながら、またほぼ同時期にこのように母と娘の絆を慈しむ文章を書いて、廬隠と同じように、強大な母を持った娘の複雑な胸の内を表現している。その後、『家族以外の人』はリライトされて『呼蘭河の物語』に再び登場するが、この母から受けた体罰の場面はすっかり削除されている。あるいは蕭紅も廬隠も、「悪魔のような母」に、一度だけ見た「慈母」のイメージを付加することで亡き母を許し、こうすることで母から受けた自らの心の傷を癒そうとしたのかもしれない。分裂した母のイメージを持ち続ける二人の共通点はここにある。ただ、蕭紅の場合には、幼い時に母を亡くしているため、母のイメージが分裂したままであるのは無理からぬところがあるだろう。しかし廬隠が描く慈母のイメージは、大人になっても母との連続も断絶もなしえずに母の呪縛に苦しまねばならなかった娘が、精神的自立を求めて半ば意図的に作り上げた母の偶像であるように思えてならない。廬隠は自伝を書くという行為を通して少しずつ母の一元的支配から抜け出し、母の最後を慈母のイメージで飾ることでその完成を望んだのではなかろうか。寡婦となり家族の頂点にたった強大な母の存在は、かくも娘の心を萎縮させ、苦しみを残すものだったのである。

4　失敗した「母の反乱」——袁昌英「孔雀は東南へ飛ぶ」

次に、中国近代文学に描かれるさまざまな寡婦の形象のなかから、「悪魔に変わった母」を描き、かつ新たな寡婦像の創造に挑戦した作品を二つ——『孔雀は東南へ飛ぶ』と『金鎖記』を紹介したい。まず袁昌英《えんしょうえい》（一八九四～一九七三）の『孔雀は東南へ飛ぶ』（一九二九年）[13]に描かれた寡婦の形象からみていこう。

『孔雀は東南へ飛ぶ』は古楽府「焦仲卿の妻《しょうちゅうけい》」に題材をとったもので、民間ではその首句をかりて「孔雀東南飛」とよばれているもっともポピュラーな長編叙事詩である。この詩の作者は不明、制作年代にも漢朝説、六朝説と諸説ある。[14]

ストーリーは、漢末の建安年間に、盧江府の小役人焦仲卿の妻劉蘭芝《りゅうらんし》が、仲卿の母に嫌われて実家に戻され、家族に再婚を強制されたために水に身を投げ、これを聞いた焦仲卿も樹に首を吊って自殺するというもの。その後、二人は華山《かざん》の傍らに合葬され、墓の東西に松と柏、左右に梧と桐が植えられると、やがて枝と枝が互いに覆いかぶさり、葉と葉が交わりあい、その中でひとつがいの鴛鴦《えんおう》が向かい合って鳴いているという話である。

　これはのちに様々なジャンルで作品化され、主題も夫婦の情愛の深さを讃えたもの、相愛の二人をひきさいた封建的礼教を批判したもの、自由のない女性の生の苦難を訴えたもの、など作者たちはこの詩に対する自分の読みと解釈に基づいて作品を仕上げてきた。民国時期の作品、たとえば熊佛西《ゆうふつさい》『蘭芝と仲卿』（独幕劇）（一九二九年）[15]、袁昌英『孔雀は東南へ飛ぶ』（三幕劇）（一九二九年）、欧陽《おうよう》予倩《よせん》『同』（京劇）（一九四六年）[16]、また一九五〇年に民間より採集した『同』（越劇）[17]などをみると、仲卿の母と蘭芝の兄の「悪玉」としての役割は不変であるが、二人の仲を引き裂くに至る原因を何に求めるかによって、登場人物たちの性格や両家の経済状況などは多様である。ここで寡婦の形象に絞って言及すれば、袁昌英『孔雀は東南へ飛ぶ』の描く仲卿の母の形象は、民国時期のこれらの作品だけでなく、おそらくそれまでの多数の「孔雀東南飛」物語があまり重きを置いてこなかった、あるいは自明のこととして取り立てて注目することのなかった、寡婦の精神的孤独と一人息子に対する異常な執着心を前面に押し出して描いている点で特色がある。[18]

　まず、袁昌英自身が語る創作の意図からみてみよう。

　中国では姑は昔から絶対的な権威を持って嫁を扱ったので、焦仲卿の母が蘭芝を追い出したのは、確かにこの権威を執行したにすぎない。しかし、この回答は私を満足させなかった。私は人と人の関係は、常に一種の心理作用がその背景にあると思うからだ。焦仲卿の母が蘭芝を嫌ったのも一種の心理作用である。私個人の経験と日頃の見聞によれば、嫁姑がうまくいかないのは、その大半が〈やきもち〉にあると推測する。(中略) 母親は一人で苦労して息子を育てあげたのに、息子がまったく関係のない女性に奪われてしまうと、心中いくらかの憤懣と不平の感情が涌いてくるものである。ある程度の年齢に達していたり、さっぱりした性格の人なら、この苦痛を黙って飲み込んでしまう。しかし、仮にまだ若くて、気性が激しく、不幸にもまた寡婦である人にあたったならば、仲卿と蘭芝の悲劇が生まれるのは避けがたいのである。

袁昌英から脚本完成時にこの作品に対する意見を求められ、またのちに武漢で舞台上演を見た蘇雪《そせつ》林《りん》は、その時の観客の反応を次のように伝えている[19]。

しかし残念ながら、その夜の観客は悪い家庭制度に反対する五四以来の問題劇の観念にしがみついてこの心理劇を見ており、最後まで焦母のことを息子の嫁を欲しいままに抑圧する気性の激しい婦人とみなし、彼女に同情の片鱗さえ示すことを知らなかった。それで、彼らは役者が胸を掻きむしり血を吐くように発した悲痛な言葉を聞いても、感動しないばかりか、反対にどっと大笑いしたのである。明らかに極めて厳粛な悲劇が、あの夜の劇場の雰囲気から言えば、人を楽しみ笑わせる喜劇に変わってしまった。これは決して役者の失敗ではなく、遠慮なく言えば、あの夜の観客のレベルが余りに低く、まだ高尚な悲劇を鑑賞できなかったためである。(中略) しかし本紙の批評を連日見ていると（中略）この上演をけなすだけではまだ足りないらしく、脚本にまで累を及ぼしていた。（中略）『孔雀は東南へ飛ぶ』のような脚本が、〈陳腐〉とか〈低級趣味〉などの嘲りを受けたことに私は驚かないではいられない。

袁昌英『孔雀は東南へ飛ぶ』の上演には、技術的な問題（服装、言語）も含んでおり、失敗の原因に関しては様々な角度から言及されるべきであるが、今は袁昌英の焦母（焦仲卿の母）の描き方について考えてみたい。[20]

第三幕で、息子が嫁の後を追って水に身を投げたという知らせを聞いた焦母が気絶したり、精神錯乱状態で地面の草の束を息子に見立てて抱きしめ愛撫する場面はこの劇のクライマックスにあたった。しかし、観客の涙を誘うどころか大笑いされてしまったのである。この場面は、もちろん、一人息子を失った寡婦のショックの大きさを表現しようとしたものだった。しかし振り返ってみれば、嫉妬で何も見えなくなった姑が嫁を苛めて家から追い出し、さらに息子を精神的に追い詰めておきながら、自分のこれまでの行為に対する反省の言葉は一言もなく、ひたすら息子への愛が語られるのである。これでは観客の涙を誘い、彼らの中に浸透している抑圧的な寡婦のイメージを突き崩すことは難しかったと言わざるを得ない。

焦母の年齢は三六、七歳。夫が亡くなった一〇年前、この若い寡婦のその後の長い一生は、残された遺産を息子のために管理し、息子を成人させ、孫を抱くことだと決められてしまう。そして、病弱だった息子との間に生じた心地よい母子融合の時期は短く、母性愛、異性愛……愛と名のつくものは全て注いだはずの息子は別に愛の対象を見つけて離れていく。焦母は息子を嫁に取られるのは「不公平」だと天に向かって訴える。

「もし天地の間に公道があるのならば、どうしてこの苦痛の中から手に入れた少しばかりの幸せを保証してくれないのですか。（中略）この世の母親がどうして造反を知らないことがありましょう。私は、私は天に背く反逆者になります！」[21]

中国の伝統的社会で寡婦は服装や髪形から感情生活まで、暗黙のうちに定められた窮屈な枠の中で生きることを求められていた。やがて息子が成人し、嫁をもらい、自分も姑となってようやく一家の長としての地位を確保した時、家父長制の下でこれまで抑圧されてきた寡婦の心は大きく揺れて、一気に嫁への嫉妬という形をとって爆発したのである。

だが、袁昌英が思い描いた「母の造反」とは、残念ながら家父長制に対する反乱ではなく、ただ嫁を追い出すことに向けられた。焦母は蘭芝を追い出したあとに、自分に従順で、息子にも慎ましく接する別の女性をあてがおうと考えていたのである。ために焦母は嫁をひたすらいじめ抜き、同時に息子に対しても頻繁に自らの権威を誇示する言動をとって、若い二人に絶対的服従を強いていく。焦母は寡婦役割を拒否する道ではなく、むしろ寡婦の権力を最大限に行使できる本来のあるべき家父長制を追求する道を選択したのである。

これまでの「孔雀東南飛」物語にも、焦仲卿の母が若い夫婦の仲睦まじい様子に不快感を示し、息子を嫁に奪われた母親の寂しさを描写する場面はよくみられたが、人々の関心の大半は、横暴な母のもとで生じた若い男女の不幸な運命のほうに向けられ、姑の嫉妬や怒りを生み出す原因については関心があまり払われてこなかったと言ってよい。よって袁昌英がこのような寡婦の感情生活に注目し寡婦の形象を豊かにしようとした試みは評価されるべきであろうが、しかしながら右の考察で明らかになったように、一方で母の権力をたてに思うがままに抑圧的行動をとるという従来のパターンを踏襲しながら、一方で寡婦の孤独や不幸を訴えたために、観客にその真意が伝わらず、ただオーバーな感情表現ばかりが目立つ「低級趣味」の作品としてしか受け取られなかったのである。袁昌英は「孔雀東南飛」物語をギリシャ悲劇の原則に基づいて改編することで、若い二人の悲劇は避けようのない運命だったと考えた。しかし、西欧社会とは異なる中国特有の母と息子、姑と嫁の関係にこそこの悲劇の根源があるのではないか。寡婦から豊かな心を奪い、息子に対する自然な愛情表現まで変質させてしまう、この不幸を生み出す根源である中国の家父長制構造に袁昌英が無頓着だったこと、そのため結果として家父長制を強化する方向に寡婦の行動を描いてしまったことが、この作品の致命傷になったのではないかと思う。

5　家父長制の破壊者——張愛玲「金鎖記」

家父長制を支える女たちの力関係のバランスが崩れた時、家族の分裂や分家がおこり、家父長制構造は弱体化へと向かう。それは、嫁と姑の関係、嫁同士の関係、妻と妾たちとの関係が、女たち自身によって意識的に壊されて起こることもある。本節では、この家父長制構造に女性の側からゆさぶりをかけた作品――張愛玲《ちょうあいれい》（一九二〇〜九五）の『金鎖記《きんさき》』（一九四三年）[22]を取り上げてみたい。

『金鎖記』のヒロイン七巧《チーチャオ》の形象をめぐっては研究者の間でさまざまな説があるが、ここでは彼女の後半生において、寡婦となり分家して息子と娘の支配者となった七巧について考察する。

夫の死後、七巧が義弟の季澤《ジーザー》との関係を終わらせた時を、ある論者は「七巧における〈女〉の死」と捉え、これ以降「作品の後半は〈父の影〉としての七巧と息子、娘との葛藤を中心に展開される」[23]と説明している。つまり、狂気の女となって息子や娘を抑圧する七巧を父の法の代行者（つまり父の影）として捉えているのである。たしかに、成人に達していない子供たちの教育や躾けを七巧が家長として「親戚並みに」しようとしたのは父の法の代理行為であるといえよう。しかし、息子と娘をアヘン中毒にし、娘の縁談を次々に潰し、息子の家庭を執拗な嫁いびりによって破壊した七巧の行為をはたして、「〈父の法〉の被害者は今度は恐ろしい実行者になる」といえるのだろうか。抑圧的な女性を一般には男性化した、男権文化の代行者と捉えることが多い。だがそれは男性中心の価値観をもって、家父長制の安定・強化に加担する女性を言うのであり、権力を欲しいままにする女性すべてがそうとは限らないのである。

七巧は、恋をして笑顔を取り戻した娘を見ると、「思わずかっとなって皮肉まじりに」「今度こそ姜の家を飛び出してすっかりご満悦だね。けど、どんなにおたのしみでも、そんなに顔に出さないでおくれ――まったくぞっとするよ」と叱りつけたが、それは自由と愛を手にいれようとしている娘に対する同性としての嫉妬の表現であると同時に、娘をいつまでも自分の側においておきたいと願う母の、娘に対する執着心の屈折した表現でもあった。七巧は、娘自身は勿論のこと周囲の人たちからも理想的だと思われていた娘の婚約に対して、故意に婚約者のあら捜しをして反対し、とうとう娘に迫って婚約破棄をさせてしまう。そして、二人が今度は友達としての付き合いをはじめると、この男性を自宅に招いて自分と娘のアヘン中毒の姿をわざと見せつけることによって、この男性の心におそらく永遠に生きつづけるはずであった娘の美しい姿まで徹底的に破壊したのである。また七巧が息子の長《チャン》白《バイ》の嫁を、寝室での出来事を話題にして散々いびったのは、家制度を維持するために従順な嫁として躾けるためではなく、七巧の抑圧された性によって引き起こされた異常な嫉妬からだった。

七巧は目を細めて長白を見た。この何年か、七巧の人生にとって、男は長白ひとりしかいなかった。この男にだけは金をねだられても気にならなかった——どのみち金はそっくり彼のものになるのだ。だがしかし、自分の息子であるがゆえに、男としては半分しか価値がない（中略）さらにいまは、この半人前さえ自分のものにすることができない——彼は結婚したのだから。

七巧が息子にアヘンをすすめ、息子が嫁に飽いて外で女遊びを始めると、今度は妾をあてがったのも、すべて息子を家にとどめ、自分の傍におくためであった。この一連の行為は、夫の死を契機に儒教的家父長文化によって予め決められていた「妻の役割」から解放された七巧が、つづいて与えられた「寡婦の役割」を拒否し、ジェンダー規範から解放されて、自身の欲望を剥き出しに表現したものである。金銭に対する異常な執着はそのための保証金だった。抑圧の対象が嫁や妾に向かったのは、愛する男を奪われた女の嫉妬と復讐であり、娘や息子に対する精神的抑圧は「母の愛」の本音部分を極限にまで拡大したものだったのであろう。もし彼女が男性の価値観に同化した「父の法」の執行者であったのならば、家の秩序を保ち支配権を強固にするために、むしろアヘンから子供を守り、跡取りの誕生に執着して、息子の嫁や妾をあれほど執拗にいびったり、自殺に追い込んだりすることはなかったであろうし、娘の結婚にも積極的にかかわっていたはずである。だが妾が息子を産んだ時、それを祝う描写は完璧なまでに黙殺され、この時の娘とその恋人の永久の別れ、病に臥して瀕死の状態にある正妻の荒涼とした寝室の風景が描かれるだけである。そして妾がのちに正妻となり、一年後にアヘンを飲んで自殺したとだけ追記されている。

七巧から息子の代へと発展していくはずの姜家は、七巧のこれらの行為によって崩壊寸前となり、結婚に対する意欲をなくし骨抜きにされた兄妹は七巧の死後、遺産分けをして町中に消えていく。つまり七巧の行為は「父の法」によって秩序だてられた家父長制を補強するものではなく、あきらかにその反対に、家父長制に対する破壊行為であったのだ。

七巧はうつらうつらとアヘンベッドに横たわっている。三〇年というもの、彼女は黄金の首枷をはめてきた。その鈍重な首枷の角で何人もの人を叩き殺し、死に至らないまでも半殺しの目にあわせた。七巧は、実の息子と娘が自分に対して恨み骨髄に徹しており、婚家の者も実家の者も、みんなが自分を憎んでいることを知っている。（中略）彼女のことを好いてくれたのは、肉屋の朝禄、兄さんの義兄弟の丁玉根、張少泉、それから仕立屋の沈さんの息子。好いてくれたといっても、からかうのがおもしろかっただけなのかもしれない。だけれども、もしそのうちのひとりと結婚していたら、日がたつうちに子供も生まれ、彼女にほんとうの愛情をもつようになってくれたことだろう。七巧は頭の下のひだ飾りのついた枕を動かし、顔をこすりつけた。反対側の涙は拭かず頬にかかったままにしておくと、しばらくたってひとりでに乾いた。

男性中心原理によって女性に押しつけられる娘、妻、母、そして寡婦の役割を女性自身が拒否する時、それは家父長制イデオロギーへの反乱としてうけとめられ、女の狂気として人の目に映る。張愛玲『金鎖記』の作品としての迫力は、このように家父長制の内部から揺さぶりをかけた女性の捨て身の行為を初めて文学の世界に描いたことにある。張愛玲は、七巧に手中の権力を放棄させるのではなく、反対にそれを最大限に発揮させることでこれまでの母親像を異化し、悪魔に変わった母もろともに中国の家父長制を葬り去ろうとしたかにみえる。家父長制の被害者からその破壊者へとダイナミックな展開をみせた七巧の母・寡婦の形象は、その後の女性文学に計り知れない影響を与えている。

6　母の権力への挑戦——徐坤「女媧」

中国近代文学に描かれる寡婦像には、無力で悲惨な境遇にある寡婦と権力を握った強い寡婦という二つの大きく異なる系譜があるが、この他、恋愛小説にも寡婦が度々登場し、たとえば、寡婦と年下の甥の恋愛を描いた葉鼎洛《ようていらく》『未亡人』（一九二八年）[24]、金持ちの寡婦の恋愛遍歴を描いた劉衡静《りゅうこうせい》『寡婦の心』（一九三二年）[25]など、興味本位に寡婦の「自由な性」を描くものが多かった。ところが、社会主義中国になると、現代文学に描かれる寡婦像は多様化し、上記二つの大きな系譜以外にも、寡婦が経済的困窮から救済された話を描いた柯夫《かふ》『楊梅子寡婦《ヤンメイズ》』(一九五八年)[26]など当時の社会政策に呼応した「翻身《ファンシェン》」物や、寡婦の恋愛を、寡婦自身の内側に潜む旧い結婚観からの緩やかな解放と重ねて描いた古華《こか》『貞女』(一九八六年)[27]など、その描写に深まりがみられるようになってきた。

そして現代文学のなかで、悪魔に変わった母を描き、慈母のイメージで作られた「母の神話」に強い衝撃をあたえた作品には、鉄凝『薔薇の門』、池莉『あなたは一条の河』、徐坤『女媧』、陳染《ちんせん》『もう一つの耳がノックする音』、徐小斌《じょしょうひん》『天籟《てんらい》』、方方《ほうほう》『落日』、霍達《かくたつ》『穆斯林《モスリム》の葬礼』、残雪《ざんせつ》『山の上の小屋』などがあり、その母のほとんどが寡婦である。本節及び次節では、その中から徐坤『女媧』(一九九四年)[28]と方方『落日』を取り上げ、「母の神話」の解体を描く作家の創作意図に焦点をあてて作品分析を試みることにする。

徐坤(一九六五～　)はその「跋」[29]において、自分にできることは、代々伝わる煙草の長キセルや挽き臼、竈《かまど》の神様の送り迎えなど、こうした「反復循環し続けるものの比喩を借りて、綿々として絶えることのない民族の歴史を解体することだけである」と語っている。つまり文字として残され今日まで続く輝かしい民族の歴史を、周縁に生きる無名の人々の「歴史」を通して解体しようというのであろう。小説の題名になっている女媧とは、中国の創世神話に出てくる女の神様のことで、初めは泥をこねて丁寧に人間を作っていたが、やがて仕事に飽き、疲れきった彼女は、藤の蔓《つる》で泥水をかきまわして飛び跳ねるちっぽけな人間を作ってしまう。金持ちは彼女が自分で泥をこねて作った人間、貧乏人は藤の蔓で作った人間だといわれている。女媧は中国の歴史を作った張本人でもある。ではいったい徐坤は、正統としての歴史を解体する一方で、反復循環し続ける「歴史」の中に閉じ込められた女性たちをどのようにして解放しようというのだろうか。

以下、中編小説『女媧』の粗筋を追いながら、このことを考えてみたい。

物語は、竈の神様を天に送った一九三〇年一二月二三日の旧満州地区（現在の東北地区）で、一〇歳に満たない李玉儿《リーユィアル》が一〇元と五斗の高粱と引き換えに童養媳として于《ユィ》家に買われていくところから始まる。玉儿の母は夫が死亡したために玉儿の妹をつれて再婚してゆき、これが玉儿と母の最後の別れとなった。玉儿は于家の一人息子の嫁として買われたのだが、この時その未来の夫はまだ八歳の子どもだった。于家には他に孤児になったところを拾われ、下男として住み込みで働いている長順《チャンシュン》という若い男が一人いるだけで、家事一切が玉儿の幼い肩にのしかかる。そして少し大きくなってからは農作業も彼女の仕事になった。姑から受ける虐待はすさまじく、玉儿が于家に来た翌日、「長順はただ驚くばかりだった。たった一晩で、玉儿の目は熟した桃のように腫れ上がり、まん丸だった顔もゆがんでいた。きっともう姑に殴られたのだ。この村で、どこに嫁を殴らない姑がいようか。」（一三頁）玉儿は姑の虐待に耐えられず、幾度か家を逃げ出しては連れ戻され、自殺を何度も考える。そして四年後、少女から娘へと成長した玉儿は、彼女にいつもやさしく声をかけてくれる舅に体を求められ妊娠してしまう。ところが、舅に民間療法の堕胎薬を飲まされて苦しみだしたことから姑に妊娠が知れ、舅、夫、長順の前で丸裸にされて気を失うまで全身を鞭打たれる。彼女は相手の男の名を隠したまま男子を出産、しかしその子は、妊娠中に飲んだ堕胎薬が原因なのか、それとも姑の折檻によるのか、知恵遅れの子だった。その後玉儿は、愛情のない夫との間に次々と子どもを産む。そして一九四九年、社会主義中国が誕生すると、地主だった于家はすべてを失って町に流れ住む。一九六〇年の食料飢饉の時に夫が病で倒れ死亡すると、彼女は八人の子供と姑を抱え、子供たちにも石炭滓拾いや縫い物をさせて一家を懸命に支えるのだった。だが、食欲の旺盛な姑は空腹に我慢ができず嫁の不孝をなじり、旧時と変わることなく煙草の長キセルを彼女の体に振りおろし続けていた。

ところが、この頃になると玉儿はむしろこの姑の仕打ちを甘んじて受けるようになっていた。自分自身が孝の対象となる日が近いことに気づいた彼女は、姑に従順に仕える姿を子どもたちに見せることで、将来子どもたちも同じように自分に孝行を尽くすことを望むようになったのだ。彼女は一心に姑に尽くし、一方の姑は、嫁の魂胆を見抜いてますます嫁いびりを楽しむようになる。だが、子どものころから姑に手なずけられ、玉儿を憎しみのこもった目で見るようになっていた次男は、祖母に仕える母の姿を見ると、玉儿の期待に反して、「祖母と同じように、彼もまた母を自由にこき使える奴婢とみなした」（八〇頁）のだった。

以上は、いわば近代中国女性の典型的な半生を描いた、玉儿という一人の女性の、まさに地獄絵をみるような屈辱と忍従の物語であり、この部分だけでも十分に読みごたえがある。しかしこの小説の特色は玉儿が一家の支配権を握ったその後半部分によく現れている。

六〇年代の半ば、中国社会が文化大革命へと大きく一歩を踏み出したころ、于家にもその波は確実に押し寄せてきた。かつて姑と嫁、母と子の間にあった厳しい身分関係が揺らぎ始めたのだ。

社会の末端まで思想教育（社会主義教育運動・四清《スーチン》運動）が徹底されるなかで、まず祖母が批判大会の壇上に引きずり出され、玉儿から悪徳地主の妻、童養媳をいじめた鬼のような姑として告発される。玉儿は長順とともに街道委員会の社会活動積極分子として「昔の苦しみを思い、今日の幸せをかみしめる（憶苦思甜《イークースーティエン》）」報告会に参加したのである。嫁が姑を批判するという、旧社会では到底考えられなかった事を、社会主義中国は可能にしたのだ。玉儿の語る苦難の体験話を聞いて涙しないものはなく、姑は階級の敵として大衆の怒りの的になる。この後、次男は北方の油田に働きに出たまま戻らず、姑はその後も長生きをするが、このころから一家の実権は玉儿に移っていく。于家での権力交代は姑の死を待たずして思いがけず早められたのである。

しかしながら、玉儿はかつての姑のようにその権力を存分に発揮できなくなっていた。まず、三男夫婦が玉儿のもとを去っていく。

三男は男の兄弟六人（五男は夭折）の中で勉強が一番でき、従順な性格だったので玉儿は特にかわいく思っていた。ところが、その最愛の息子が師範学校を卒業後まもなく、町の娘と結婚したいと言い出した。玉儿は息子が大人になったことを喜ぶとともに、苦労して育ててきた息子をみすみす別の女にとられてしまうのが辛かった。彼女は三男に向かって、寡婦としての苦労話をして聞かせ、家族を次男一人に任せて自分だけ家を出ようとする身勝手を責め、兄が結婚するまで待つように言った。だが三男は、一家と同居すること、また自分の給料はすべて家に入れることを条件に、ようやく玉儿から結婚の承諾を得る。玉儿は内心不満だったが、それでも町に親戚を持つ魅力を考えて同意したのである。そして、結婚した翌日の朝、それは玉儿が正式に姑として嫁に躾けをはじめる最初の日でもあった。しかし身構えていくら待っても二人は起きてこない。彼女はさっそく怒りを爆発させ、三男を怒鳴りつけた。ところが三男は妻を庇い、嫁を叩きおこして祖母のために煙草の火をつけに行かせるように言う玉儿に、妻は町の者だからこうした習慣がわからないのだと言い返してしまう。玉儿の怒りはますます激しさを増し、そのため彼女は嫁の給料も全額家に入れさせて経済上の自由をまったく与えないようにしたばかりか、祖母に煙草に火をつけるしきたりも絶対に免除せず、嫁が行かない時は息子に嫁の代わりをやらせることで、息子が嫁を甘やかしていることへの懲罰とした。また食事時には祖母と自分につきっきりで仕えさせ、食後は靴底を縫い、布団をつくり、綿入れの上着に綿を入れるやり方まで于家のやり方を学ばせようとした。嫁は仕事から帰ったあと、家事をやり、さらに針仕事を夜遅くまでさせられ、三男のほうも眠くなるまで玉儿の側に仕えさせられたのだった。

母親は、息子の瞼が眠くてこれ以上開けておれなくなり、部屋に戻ってもすぐ眠てしまって、もう嫁とオンドルの上でのことをやる気力が残っていないだろうと判断してから、ようやく息子を放免した。息子は母に属するもの、何者も母の側から奪い去ることはできないのだ、あの頬骨の高い妖怪女などもっての他だった。（九七頁）

玉儿はこうして町の娘を押さえつけることに成功し、息子に対しても絶対的服従を強いたのである。数年後ようやく嫁が男子を出産すると、今度は嫁の子育ての仕方が気にいらず、自分が育てると言いだした。三男は嫁と母の間に立って苦しんだ挙げ句、「結局は孝の字が一位を占め、子供を抱いて母に差し出したのである」（一〇六頁）。これには嫁も自分のことを「ただ働くだけの、子どもを産む機械としか思っていない」（一〇七頁）と怒りを爆発させ、三男を引っ張るようにして、乳飲み子を置いて家を出ていく。母に対する夫の執着と譲歩によって、結局は子どもを残して家を出るという、嫁にとっては最大の犠牲を払っての姑との決別であった。だが旧時の嫁に比べると、これでも大きな変化を意味した。不変で固定的に思われていた嫁姑の関係が徐々に変革されはじめたのである。一方、初孫を手にした玉儿はかつて姑が次男に自分の悪口を吹き込んだのと同じように、今度は自分がこの三男の息子に嫁の悪口を散々教えこんでいく。玉儿には自分の手でこの抑圧の世代連鎖を断ち切ってもよいのだという考えは露ほどもなかった。

まもなくして、玉儿は次女を下放《シャファン》先の農村で事故のために亡くし、今、さらに三女まで下放させねばならなくなる。困り果てた玉儿は、一人っ子あるいは病気の者は下放しなくてもよい、という規定があるのを知ると、ある日、偶然を装って三女の目に強烈な光線を浴びせ、一時的に視力を失わせてしまった。このため三女は玉儿の思惑通り下放を免れたものの、病院に連れていくのが遅れたために危うく本当に失明しそうになる。視力を回復してことの真相を知った三女は、母を心底憎み、やがて遥か遠くに下放していく。彼女は後にその地で結婚して子供を産み、永遠に家に戻ることはなかった。

その後、下放先から戻ってきた長女が結婚をして家を出ると、玉儿は長女を度々実家に立ち寄らせて、寂しさを紛らわせていた。だがそれに長女の夫が苦情を言ったのが気に入らず、怒った玉儿は夫の勤め先にでっちあげの密告をして、汚職の罪をきせる。案の定、娘が泣きながら実家に戻ってきた。彼女は娘に慰めの言葉をかけながら「心はこのうえなく満足だった。いつだって娘は母と心は一つなのだ」（二二五〜二二六頁）。しかし、夫はすぐに釈放され、やがて密告者が母だったとわかると、怒った娘はついに母との関係を一切絶ってしまったのである。

一方、四男の于孝祥《ユィシャオシャン》は二人の姉たちとは反対に自分の一生を母に捧げる道を選択する。外地の工事現場で長いあいだ働いていた四男は家に戻ってきた時、母の決めた結婚を黙って受け入れた。玉儿は四男にすでに恋人がいるのを知りながら、その娘の家が少し裕福だったため「出身が悪い」と言って取り合わず、別の相手を探してきて四男と結婚させたのだ。

于孝祥は黙って母の采配に従った。母は一生に十分といっていいほど苦労してきたので、彼はこれ以上母を悲しませることはできなかった。涙をのんで恋人と別れ、結婚式で毛《マオ》主席の写真の前でお辞儀をし、それから一緒になって、愛も欲もない、ただけんかばかりの不穏な日々を過ごした。彼がその恋人と密かにかつての愛情を温め合うようになったのは、母が死亡した後のことで、その時彼はすでに天命を知る年になっていた。(一二四頁)

こうして、玉儿のもとから次男、三男、長女、三女が去り、知恵遅れの長男と解放軍の兵士だった一番下の息子(六男)、さらに次女が亡くなると、にぎやかだった于家はいつしか姑と四男夫婦と孫(三男の息子)だけになってしまう。

この物語は、玉儿が于家に嫁いでから六〇年後の一九九〇年、ふたりの老女の愛情を一身に集めた孫の于徳全《ユィダーチュアン》が大学の博士課程を修了して、于家の名誉を挽回し、そのまた息子の一〇〇日目の誕生祝いの日に姑が息を引き取るところで終わる。そして玉儿も姑と同様に、最後まで強大な寡婦であり続けることを夢みてその一生を完結させようとしていた。

このように、作者の徐坤は、一家の支配権を握った寡婦の権力が、玉儿の自己覚醒ではなく、その下位にある子供たち、特に娘や嫁たちの反乱によって、次々と揺さぶりをかけられる様を描いている。特殊な育てられかたをした次男を除けば、自分の息子を母に差し出し嫁の後について家を出た三男、母の言いなりに結婚した四男、孝行息子だった末の息子など、息子たちが常に母の強い支配下にあって従来の孝行息子のパターンを繰り返すのとは対照的に、嫁や娘たちは母の不当な干渉や抑圧に正面から反抗することで自立を勝ち取っていく。これを可能にしたのは社会主義中国になって経済的に自立した女性が増え、さらに精神的にも母の一元的支配から徐々に解放されてきたからであろう。この作品は、玉儿という一人の寡婦の一生をかりて、一家の権力を握り悪魔に変わった母の姿を克明に描いた「母の神話」の解体の物語であると同時に、社会主義中国における母の権力への挑戦を描いた物語でもある。抑圧的な母を描いて、慈母という言葉で代表される作られた母のイメージを解体しただけでなく、さらにその抑圧行為が娘や嫁によって次々に跳ね返されていく新しい変化を描くことで、母の権力に対する自覚的な戦いが描かれているのである。もはや、かつて謝冰瑩や黄白薇、あるいは『隔絶』のヒロインたちが母に反抗し、監禁され、身体的敗北を余儀なくされた時代とは違う新しい時代に突入したのだ。徐坤の戦略は、母たちの自発的な覚醒ではなく、下の世代の女性たちの反乱によって抑圧の世代連鎖を断ち切り、母の権力を外から突き崩そうとするものであるようだ。

7　貧困と寡婦——方方「落日」

方方（一九五五～　）の『落日』（一九九〇年）[30]は、武漢《ウーハン》の貧しい庶民の寡婦の話である。前作『女媧』の玉儿が中流階級の家に嫁ぎ、姑の虐待をうけながら、嫁姑の関係のあり方を自らの体験を通して受け継いでいったのに比べ、『落日』に登場する寡婦の丁《ディン》婆さんは、流れ者だった夫に家族がいなかったためにその体験がない。むしろ彼女の戦う相手は一生を通じての貧困であった。夫を事故で亡くした彼女は掃除婦をしながら懸命に二人の息子を育て、社会主義中国になってからはすでに働き始めた長男と二人で次男を学校に通わせた。今、彼女はわずか二〇平米の部屋に、一〇年前に妻を亡くした長男の丁如虎《ディンルーフー》、その二人の息子と娘、さらに上の息子の嫁とその娘と一緒に、一家七人で住んでいた。この二〇平米の部屋にしても、もともと一二平米しかなったものを、たまたま彼らの部屋が長屋の一番端に位置していたので、勝手にあと八平米建て増しして得たもので、周囲の人々の羨望の的だった。彼女はこの部屋で、丁如虎の少ない収入をやりくりしながら朝から晩まで家族のために家事をし、さらに曾孫の世話も引き受けていた。別に独立して家庭を持っている次男の丁如龍《ディンルーロン》は学生のころから、ごみ拾いをする母を嫌い、道ですれ違っても知らない振りをするような男で、文革中は工場の宣伝幹部としてうまく立ち回り、今は現場におりて高い地位についている。しかし、口では調子のよいことを言いながらも、彼は嫁と一緒になって母親を下品で汚いと毛嫌いし、結局兄に母の世話をおしつけていた。月二〇元の送金がこの男の唯一の孝行の証だった。

ある日、丁婆さんが長男とささいなことから口論になり、腹いせに服毒自殺をはかった。幸い一命をとりとめたものの、息子たちは女医を騙して死亡証明書を出してもらい、昏睡状態のまま彼女を火葬に付そうとした。火葬場の職員が気づいて事件が発覚し、丁婆さんは結局、再入院した病院で息をひきとる。司法解剖により死因は適切な治療の中断であることが判明し、警察の捜査が開始された。

この一連の計略は、彼女が公費医療をうけられないために入院費がかさみ、また退院させても、すでに彼女の部屋は子供たちが占領してしまったために、処遇に困った息子二人、特に自分の家に母を引き取るのが嫌だった次男の悪知恵によるものだった。この小説は、実際にあった事件を題材にして書かれたもので、貧しく劣悪な住宅条件の中で、年老いた寡婦が利用されるだけ利用され、それでも家族のやっかい者扱いを受ける悲惨な実態をかなり忠実に描いている。

しかし小説『落日』は、丁婆さんにこの不遇な寡婦のイメージを付与するだけにとどまらず、さらに長男の丁如虎との関係において、悪魔に変わった母のイメージを付加することで、丁婆さんという一人の貧しい寡婦の人物形象に一段と深まりを与えることに成功している。孝行息子の丁如虎はこれまでの母の苦労を知り尽くしていたために、母への愛着は人一倍強い。しかし、その母がどうしても自分の再婚を許さなかったために、彼は精神的にも肉体的にも鬱屈した生活を強いられていた。妻を亡くしてのち、丁如虎が再婚の意志を示す度に、丁婆さんは、「どうしても再婚するというのなら、この体をお前たちの新居にぶつけて死んでやる」（二一頁）と脅して猛反対し、口で脅すだけでなく、さらに近隣の女たちを動員して「世論」によってでも彼を封じ込めたのである。彼女の主な反対理由は、再婚相手が幼い三人の子供たちを虐待するかもしれない、というものだった。彼はこの取って付けたような反対理由に不満を覚えながらも、母がそんなに嫌がるのであればと「孝」を優先させて母の言葉に従った。そして十年がすぎ、五〇歳になった丁如虎は本当に好きな女性と巡り合う。彼は再び母に、もう子供も大きくなったからいいだろう、と再婚話をきりだした。ところが今度は「孫もいる年になってまだ女が欲しいのか、世間の笑い物だ」（一一八頁）と罵ってまたしても猛反対したのである。

武漢の夏は暑く、庶民の住宅は密集している。人々は家の前にテーブルを持ち出して食事をし、夜も通りに寝床を並べて寝るのでプライバシーはなきに等しい。彼女はこの時もまた近所の者に聞こえるようにわざと大声を張り上げて騒ぎたて、自分は五〇年間も寡婦を通してきたのに、と反撃してきた。自らの守節と引き換えに息子に対して孝の実践を強要しようというのだ。とうとう彼はテーブルをひっくり返して怒りを爆発させた。丁如虎は母の愚かさを悲しみ、母を憎んだ。しかし、弟は母を引き取ろうとせず、住宅や経済的問題も加わって、結局はその女性との再婚をあきらめざるを得なくなる。それから数カ月後の、丁婆さんが自殺するきっかけとなった丁如虎とのちょっとした口論は、こうした母に対する孝行息子の積年の恨みが一気に爆発したものだった。

この日も、丁婆さんは練炭をつかんだ汚れた手のまま食事の支度を始めた。丁如虎が注意をすると、彼女は、「おや、いつもこうしてきたけれど、お前だっておいしそうに食べてたし、これまで誰も腹を壊した者はいないじゃないか」と反論して反省する気配はなく、反対に丁如虎の稼ぎの悪さを皮肉り始めたのである。とうとう丁如虎は、「この世の中であんたのように薄汚れた人間はいない。まったく犬や豚にもおよばない。あんたの息子になるくらいなら犬になったほうがましだ」と大声を張り上げ、「俺はもう飽きるほどあんたを養ってきた。だからあんたを存分に罵ったって、不服はないはずだ」（一二二頁）とまで言ってしまう。息子との口論はよくあることだったが、こんなひどい言葉はこれが初めてだった。その日の夜、彼女はショックのあまり服毒自殺を図る。確かに、彼女は貧しさが体に染みつき、息子や孫たちの着古しを着て、手は油で汚れ、体からはすえた臭いがしていた。一人で苦しい家計をやりくりしてきた彼女の頭には息子の心の空洞を思いやる余裕などなく、また息子にとっては、とりわけ孝行息子にとっては、母のこうした無理解に対するやり場のない怒りがいつしか根深い憎しみに発展していたのである。

この方方『落日』には、もう一人、丁婆さんとは境遇の上で好対照をなす女医の母が登場する。女医の王加英《ワンジャーイン》は、母を田舎で死なせてやりたいという丁如龍たちの嘘を信じて、丁婆さんの退院を許し、彼等の求めるままに死亡証明書を書いてしまったのだが、彼女の自宅にも、実は寝たきりの母がいた。両親はともに医者だったが、彼女に恋人ができたころ、交通事故で父は死亡、母は一命をとりとめたものの下半身不随になってしまった。それ以降彼女は結婚をあきらめ、仕事と母の介護を続けていた。母親は顔色もよく、下半身の不自由を除けばいたって健康そのものだったが、反対に長年の介護と仕事の疲れで王加英のほうが顔色も悪く憔悴していた。「母は少しも彼女をいたわることはなかった。どんなことでも思いついたら何でも彼女にやらせ」（五八頁）、むしろ娘を思うままに使役するのは母の特権であり、それを使わないのは損だとでも思っているかのようだった。近所の人たちは親切に彼女の結婚のことを気にかけてくれたが、母だけがそれを一度も口にしたことがなかった。「母は王加英が独身でいることを望んだ。それは母自身が快適に暮らすためだった。」（一四頁）彼女はふと母の死を想像しては、その度にそのような気持ちを抱いた自分を責め、ますます甲斐甲斐しく介護をしていた。そして一年前、彼女はようやく結婚した。それは相手が彼女の家に住み、母の世話をすると約束したからだった。「母は笑いながらこの縁談を受け入れた。だが母の笑顔は少しも王加英の喜びを増しはしなかった。王加英は母の笑顔が彼女のために浮かんだのではない、ただ自分だけのためのものだ、ということを知っていた。」(一五頁)

母と娘という最も近い関係において、母が自己中心的な振る舞いを押し通す時、その母が肉体的に劣位の情況にあれば、娘はますます黙ってそれを受け入れざるをえなくなる。それは、常識を欠いた母の言動を黙って受け入れてきた孝行息子の丁如虎の場合も同じである。母の権力が貧困から生まれた愚さと頑固さを通して示される時、彼は正面から反抗の声を上げることができないでいた。彼は母を激しく罵倒した。しかしそれは母との関係を断ち切ろうとしたからではない。反対に、断ち切れない苦しさが、丁如虎の場合には言葉の暴力となり、女医の場合には全面的服従の形となって表わされるしか他に方法がなかったのである。

同じく武漢の下町を背景にした池莉《ちり》『あなたは一条の河』(一九九一年)[31]にも、八人の子供を抱えて懸命に生きる寡婦の姿を描きながら、一方で子供や義弟の心を取り返しのつかないほどに傷つけてしまう、慈母のイメージとはほど遠い母親像が描かれている。主人公は丁婆さんよりも世代が一つ若い辣辣《ラーラ》という寡婦で、「もうこれ以上男に仕え子供を産ませられるのはごめんだ」と言って再婚を拒否し、主体的に寡婦を選択した女性である。彼女は言い寄って来る男たちと適当に楽しくつきあいながら、寡婦を選択した見返りにやって来た貧困に逞しく立ち向かっていく。しかし、教育も十分に受けていない一人の寡婦が本音を生きることは難しく、生活に追われる毎日に、彼女は子どもたちの心の成長に気を配る余裕も、またそれが必要だということも知らなかった。一家の支配者として独裁的権力を振るう母のもとで、息子たちは幼いながらも健気に母を助け、母の愛を得ようとするが、多感で聡明な次女の冬儿《ドンアル》からみると、母は「食べていくこと」しか頭にない、子どもへの配慮を欠いた教養のない母、寡婦となった後も常に男の影が付きまとうだらしない母に映った。辣辣は、まだ夫が生きていたころ、飢饉のために食料が不足すると自らの体と引き換えに食べ物を手に入れ（その男との間にできた子供が双子の弟妹だった）、それを汚らわしいと言った冬儿を平手打ちしたことがあった。それ以降、辣辣は冬儿の刺すような視線が疎ましく、後には冬儿が一枚きりのセーターと交換して手に入れた大切な本にわざと痰を吐きかけてしまう。冬儿は母を軽蔑し、自ら志願して僻地に下放すると、やがて母に「あなたを永遠に軽蔑します」という絶交の手紙を書く。この作品は寡婦となった母の居直りにも似た逞しさと愚かさが、母の権力の名のもとに幼い少女の心をずたずたに切り割いてしまった残酷さを描いて、方方『落日』とともに、これまでの悪魔に変わった母とはまた違う姿で、「母の神話」の解体に迫っている。

以上、本書第I部では、中国の家父長制を特徴づけている世代間支配の問題を、母の権力の側面から考察してきた。その結果、中国社会が女性にも抑圧者になり得る可能性を与え、時に、ちからの抑制を伴って母が子を強力に支配している現実が浮かび上がってきた。文学に悪魔になった母が描かれ続けるのも、現実社会の中に強大な母が存在し、それを作家が自らの生き方を左右する有形無形の強大なちからとして受けとめているからに他ならない。またこの母の権力の問題は、女性作家にとって中国における母と娘の関係性を考える上でも避けて通れない重要なテーマとなっており、注目すべきは、「母の神話」の解体を目論む作品の多くに下の世代の反乱が描かれるようになったこと、それがとりわけ娘の母に対する反乱として描かれ始めたことであろう。抑圧の世代連鎖を断ち切り、女性間抑圧という女性の負の歴史を終わらせ、最終的に中国の家父長制構造に強い打撃を与えるためには、まず直接の被害者である女性自身が声を上げ、立ち上がらねばならないのだということを、これらの作品は女性解放の基本に立ち返って力強く描いているのである。

[注]

[1]……滋賀秀三『中国家族法の原理』（創文社　一九七六年第八版）二九九～三〇九頁。仁井田陞『中国の農村家族』（東京大学東洋文化研究所　一九五二）二四五～二六六頁でも、寡婦となった母が「当家的」であると同時に「家長」にもなることがあり、その場合、対外的に女が出ては都合が悪い場合は息子や一族の男性に委託していた、と記されている。また、主婦の家事担当を意味する「当家的」について、同じく仁井田陞『中国法制史』（岩波書店　一九五二）二五〇頁によれば「主婦の日常家事執行もまた家長乃至は夫の代理人としての行為ではなかった」とあり、独立した母の使命、職分として捉えられている。

[2]……D. H. Kulp『Country Life in South China』Bureau of Publications, Teachers College, Columbia University, 1925. P. 162. 一九一八、一九年および二三年に潮州鳳凰村で行った調査記録。

[3]……巴金『家』（開明書店　一九三三）。

[4]……張愛玲「茉莉香片」（一九四三）『張愛玲自選集』（海南国際新聞出版中心　一九九五）四一七頁

[5]……脇田晴子「日本女性史の軌跡とジェンダー史の課題」《思想》八九八号（一九九九―四）二〇五頁

[6]……趙世瑜「光明与黒暗的搏戦――明清時期両性関係初探」『陽剛与陰柔的変奏』（閔家胤主編　中国社会科学出版社　一九九五）二七八頁

[7]……盛英『中国女性文学新探』（中国文聯出版社　一九九九）、引用は一一、一〇五頁

[8]……鉄凝「玫瑰門」《文学四季》創刊号(一九八八年秋之巻)『玫瑰門』(作家出版社　一九九七)所収。
[9]……渡辺和子『フェミニズム小説論』第六章「娘の母探し、母の娘探し」(拓殖書房　一九九三)および
マリアンヌ・ハーシュ/寺沢みづほ訳『母と娘の物語』(紀伊国屋書店　一九九二)九四〜一〇三頁
[10]……黄廬隠『廬隠自傳』(第一出版社　一九三四)
[11]……蕭紅「家族以外的人」《作家》第二巻第一、二期(一九三六―一〇、一一)『蕭紅全集』(哈爾浜出版
社　一九九一)所収。蕭紅の生い立ちなどについては丁言昭『愛路跋渉』(台北業強出版社　一九九
一)、季紅真『蕭紅伝』(北京十月出版社　二〇〇〇)に詳しい。『呼蘭河伝』については本書第一章
注13を参照のこと。
[12]……蕭紅「感情的碎片」原載《好文章》第七期(一九三七―四―一〇)『蕭紅全集』(前掲注11)所収。
[13]……袁昌英「孔雀東南飛」『孔雀東南飛及其他独幕劇一冊』(商務印書館　一九三〇年初版、一九四〇年
第四版)。執筆は一九二九年五月。
[14]……田中謙二『中国詩文選二二　楽府　散曲』(筑摩書房　一九八三)七三〜一一七頁
[15]……熊佛西「蘭芝與仲卿」(独幕劇)《東方雑誌》第二六巻一号(一九二九―一)
[16]……欧陽予倩『孔雀東南飛(京劇)』(北京宝文堂　一九五五)『欧陽予倩文集』第二巻(中国戯劇出版社
一九八〇)所収。執筆は一九四六年。
[17]……『(越劇)孔雀東南飛』(馬彦祥編　上雑出版社　一九五一)。一九五〇年に全国各地で採集した地方
劇の一つ。
[18]……袁昌英「孔雀東南飛　序言」(前掲注13)一〜二頁
[19]……蘇雪林「孔雀東南飛劇本及其他上演成績的批評」『青鳥集一冊』(商務印書館　一九三八)三六〜三
九頁
[20]……向培良「関於演劇並致雪林先生」『青鳥集一冊』(前掲注19)所収。この中で向培良は脚本そのもの
が上演に向かないと指摘している。

[21]……袁昌英「孔雀東南飛」（前掲注13）三九頁

[22]……張愛玲「金鎖記」原載《雑誌》一二＝二、三（一九四三―一一、一二）。引用は池上貞子訳「金鎖記」『傾城の恋』（平凡社　一九九五―三）八八〜八九、七四、一〇三〜一〇四頁。

[23]……邵迎建「張愛玲『金鎖記』論」《東方学》第八九輯（一九九五―一）八七〜八八頁

[24]……葉鼎洛『未亡人』（花城出版社　一九九六）一九二八年四月執筆

[25]……劉蘅静『寡婦的心』（神州国光社　一九三二）

[26]……柯夫「楊梅子寡婦」《作品》一九五八―九

[27]……古華「貞女」《花城》一九八六―一

[28]……徐坤「女媧」『女媧』（河北教育出版社　一九九五）所収。本書での引用はこれによった。雑誌掲載はこれより遅れて《中国作家》一九九五―五。

[29]……徐坤「関於《女媧》（代跋）」一九九四―一〇―九、『女媧』（前掲注28）三四四頁

[30]……方方「落日」《鐘山》一九九〇―六（一九九〇年一一月）

[31]……池莉「你是一条河」《小説家》一九九一―三、『一九九一年中篇小説選（第二輯）』（人民文学出版社一九九二）所収。次女の冬儿はその後結婚して子供を産むと心境の変化が現れ「自分自身の自尊心に打ち勝つことができたら、その時には子供を連れて母に会いに行こう」と思うようになる。母から受けた心の傷を、時の流れが癒してくれるのを待ちながら、彼女は母を許す気持ちになってきたのである。しかしこのとき冬儿は虫の知らせで母の死を知る。作者の池莉は、母と決別した娘が、母との関係を修復するための第一歩を踏み出す前に、母の死を描いて物語を閉じている。中国では「母と娘の対立」は描かれても、「母と娘の創造的関係」を模索する作品はなかなかみあたらない。

第Ⅱ部

第4章

寡婦の地位

——守節と再婚をめぐって——

民国時期〜1990年代

本書第Ⅱ部では、様々な身分と地位にある中国女性の中から、寡婦、妾および正妻に焦点をあてて、男性による女性支配の実態を明らかにしていく。これらの女性たちに関する研究は、民国時期以降についてては断片的に言及されるだけで、いまだ本格的な研究はなされていない。本書はその初歩的な試みとして、まずそれぞれのアウトラインを描くことから入っていきたいと思う。最終目標は、この他にも様々な身分や地位にある女性たちについての各論を積み重ねていくことによって、近現代中国の家父長制の特色を性支配の側面から具体的に浮かび上がらせることにある。

なお、本書第Ⅱ部では文学作品を社会学的調査資料の不足を補う「資料」として使用したために、作品全体に関する言及は少なく、引用も断片的である。いうまでもなく、文学に描かれる心的現実と、外的客観的現実とは別のものであり、文学という本来は解釈されるべきものを実証の材料にすることに不安を覚えないわけではない。よってその不安を少しでも解消するために、文学作品からの引用に際しては多様な解釈が可能な部分をなるべく避け、当時の人々の慣習的行動や人間関係がさらりと描かれた虚構性の少ない部分を選んだ。また、それができない場合には、資料部分と文学部分を分け、描かれている「現実」よりも作家がそれをいかに描いているかに重点をおいて論じることで、混乱を少なくしてみた。こうした危うさを覚悟でなお文学作品を積極的に利用しようとするのは、数字やデータだけではよく見えてこない当時の人々の細やかな心の動きや社会の雰囲気をとらえることにおいて、文学作品ほど魅力に満ちたものはないからである。

1 守節と強制再婚の歴史

民国時期から今日の社会主義中国までの寡婦の形象に関して、その両極にある二つの系譜のうち、強力な権力を握った寡婦の系譜についてはすでに第三章で述べたので、ここではその対極にある男子のいない無力な寡婦の系譜について、特にその守節と再婚をめぐる状況を中心に整理してみたい。

これまで、寡婦に守節を求め再婚を嫌う風潮は宋の時代に始まると一般に考えられてきたが、これに対して夫馬進「中国明清時代における寡婦の地位と強制再婚の風習」[1]は、こうした風潮が社会全体に浸透し、社会道徳として広く作用するようになったのはむしろ明清時代に入ってからであると指摘し、さらに同時に強制再婚も広く行われていた事例を示して、明清時期の寡婦の地位がきわめて不安定であったことを論証している。たとえば寡婦の地位を左右する立嗣《りっし》権や再婚について、かつて滋賀秀三『中国家族法の原理』[2]では、「寡婦が立嗣権を有することは確立した法原則であ」り、また「再婚は、必ず寡婦自身の意思によって行われなければならないとするのが、古来の法であり慣習であった」という見解を示して、寡婦の生活がかなり安定したものであったような印象を与えていた。しかし夫馬氏は、滋賀氏の説は主として宋代の事例をもとにして生み出されたものであるため、明清時代の寡婦にはあてはまらないと指摘し、寡婦の地位は明清時代には大きく低下して、継嗣の選定は舅姑や一族の決定が優先されるようになったために（立愛から応継への変化）、寡婦の意向を無視して強引に養子を迎えるように要求される場合が多かったと論じている。また、寡婦は再婚すると遺産の所有権を（時には持参財さえも）放棄せねばならなかったために、とくに若い寡婦の場合にはこれを狙う夫家から再婚を迫られることが多かった、と指摘している。階級別にみると、「貧しい家」の場合は、子の有無にかかわらず、再婚の際に得られる聘財《へいざい》（寡婦の身価）目当てに、つまり寡婦を売って「金儲け」をするために再婚は広く行われ、また「やや豊かな家」では、特に男子がいない場合には、一族間で継嗣選定をめぐるトラブルを避け、かつ寡婦の持つ遺産を奪うために強制再婚が行われることが多かったこと、これに当時の社会状況——女児の間引きにより男女の性比率が極端にバランスを崩し、慢性的な嫁不足を生み出していた——も寡婦の再婚に拍車をかけたという。ところが「大いに豊かな家」は、強制再婚による遺産の奪取よりも、再婚によって家の体面を傷つけるほうが損失が大きいため、このクラスの寡婦に強制再婚の問題は起きにくく、むしろ守節するほうが一般的であり、さらに実子がいれば、夫に代位する絶大な権威をもつことができたという（滋賀氏の説はこのクラスの寡婦に適用され得る）。つまり、明清時期は烈女節婦を奨励するキャンペーンの真っただ中にあり、寡婦に守節を要求し再婚を嫌う風潮が最も強くなった時期でありながら、また一方で寡婦の強制再婚が、中下層社会を中心に、「明末以降一つの風習となり、一般化していた」ため、寡婦の地位はきわめて不安定であったと考えられるのである。

以上の研究成果を受けて、民国時期以降の寡婦の地位について、具体的に守節と再婚の実態および寡婦をとりまく環境はどうであったのか、それを資料的に整理したいというのが本章のねらいである。清以前の寡婦に関する研究が、烈女節婦の研究の蓄積もあって、着実な進展をみせ、それが女性史研究に大きな成果をもたらしているのに比べ、民国時期以降の寡婦の地位について論じたものは非常にすくない。だが民国時期以降についても、寡婦を通して中国女性の地位を検討することは、近現代女性研究に不可欠な作業だと考える。中国女性が抱えている様々な矛盾や問題は寡婦となった女性に集中的に、より鮮明な姿で現れるからである。

2 民国時期の守節の呪縛

まず寡婦に対する守節の要求について、民国時期の状況を簡単に整理しておきたい。

そもそも寡婦に守節を求め再婚を阻んだ主な精神的原因は、夫馬氏が指摘するように明清以降の礼教による貞節観念の強化であることは間違いない。北宋の程頤《ていい》が「餓死は小事、失節は大事」と発言して以来、女性の貞節を重んじ、再婚を嫌う風潮が社会道徳として少しづつ強まり、それが明清時代にピークを迎えたためである。忠・孝・節が封建道徳の三つの柱「三綱」として重んじられ、守節する女性を一族が抱えることは一族のステイタスシンボルにもなっていた。民国時期はこの流れの延長にあり、一九一四年に袁世凱《えんせいがい》が「褒揚《ほうよう》条例」を公布して節婦烈女を表彰したのはよく知られている[3]。節婦とは三〇歳以前に夫を亡くし、五〇歳を越えるまで再婚しなかった女性をさし、烈女とは夫が死亡した時に殉死したり、貞操を死をもって守った女性をさす。さらに婚約者が死亡した後に守節した女性も「貞女」と呼ばれて大いに讃えられた。たとえば、身寄りのない貧しい寡婦のなかで守節する女性たちを収容する慈善救済院「貞節堂」(呼び名は様々である)が民国時期に入ってからも建設・運営されていたことも、こうした社会の風潮の反映であろう。身寄りのない寡婦や男やもめ、孤児を救済する救護施設は昔からあったが、寡婦およびその子だけに限られる貞節堂は、清の時代になって建てられ始めたといわれている。おそらく、烈女節婦の奨励が地方レベルにまで浸透し、節婦の数が夥しい数にのぼるにつれて、没落した士大夫層の家族を中心にこうした救済施設が必要になったのであろう。この施設は民営と公営があり、紳商や官吏たちは礼教保護の名誉を勝ち取るため、あるいは地域の風紀の向上に貢献することで政治的栄誉を掴むために、この事業に加わったらしい。詳しい内容は省略するが、こういった救済施設は民国二〇年（一九三一年）、浙江省だけでも一九施設確認されており、そのうち民国になって新しく建てられたものが四か所ある。[4] 北伐時期に湖北省婦女協会が「敬節堂」を解放し、それまで清貧の独身生活を送っていた寡婦たちを自由にしたという新しい動きを伝える記録[5]もまた、逆説的に民国時期に寡婦の守節を奨励する動きが確かに存在していたことを伝えている。

しかしながら、かくあるべしと期待される「寡婦の守節」の本来の概念、これを現実社会で実行に移す男たちの意図、そして寡婦本人の意識との間には大きなズレがある場合が多い。中国の伝統社会では、女性は結婚し夫の家の正規の家族として認められて後、初めてその身分が確定される。よって未婚女性や何らかの理由で実家に戻った女性が死亡すると、彼女たちは実家の墓に入ることが許されなかった（未婚女性が死んだ場合、見知らぬ未婚の男性の墓に合葬する冥婚《めいこん》の風習があるが、これは行き場のない女性の救済の意味をもっていた）。同様に、寡婦となった女性が実家に戻ることは基本的にはあり得ず、夫家において守節するか、あるいは夫家の決めた再婚に従うかのいずれかであった。[6] かりに実家が夫家側にいくらかの金銭を渡して娘を引き取ったとしても、それは実家から再婚させるためであることが多い。豊かな家のクラスの寡婦は一般に守節する者が多く、望まぬ再婚を迫られる貧しい寡婦よりも恵まれているように見えるが、しかしながら、守節する寡婦は陳列ケースに飾られた贅沢品のようなもので、再婚のために次々に人手にわたる寡婦と同じように、本人の意志（再婚する、しない自由）がまったく無視された「モノ」として扱われていることに変わりはない。文学にも、民国時期になると寡婦の守節をめぐる社会の実態に目を向け、こうした社会の風潮や迷信に批判的な作品が多数描かれるようになる。

孫俍工《そんりょうこう》『家風』（一九二四年）[7]は、節婦として表彰された祖母の牌坊《はいぼう》建設を巡って新旧世代の対立をテーマにしたものであり、台静農《たいせいのう》『燭焰』（一九二七年）[8]は衝喜《チョンシー》（婚約者が重い病気に罹った時、早々に結婚式を上げるとその病気が治ると信じられていた。当然、結婚後まもなく夫が病死するケースが多い）によって嫁いだ少女が、幾日も経たぬうちに夫を亡くし、寡婦となって一生を夫家で守節することになった話、施蟄存《しちつそん》『春陽』（一九三三年）[9]は過門寡《グオメングア》（婚約者が死亡したのち、予定どおり夫家に嫁いで守節する寡婦）の恋の妄想の話である。そして柔石《じゅうせき》の『不可解な母』（一九二九年）[10]は、子どもたちを育て上げた後の寡婦の精神的孤独に焦点をあてて、食事を拒否してみずからの命を絶った寡婦の話が描かれている。母親は瀕死の床にあって、息子たちに自分を救いたければ、「すぐに私のために夫を探してきておくれ、私は再婚したい」といい、さらに続けて、「もしだめだと思うなら、お前たちの父さんの所に行かせておくれ」というのだった。「再婚したい」という言葉は彼女がその長かった寡婦の生活の中で初めて口にしたものだった。しかしこれまで彼女には現実の生活のなかでそれを追求するだけの勇気がなく、また子どもたちが許すはずもないとわかっていた。だから死んで亡夫のもとに行きたいというのである。寡婦として生きるということが、節を守り、ひたすら家の存続のために男子を立派に育て上げることに集約されたとき、寡婦自身の感情生活に注意をはらうものは誰もいなかった。柔石は、社会から与えられた「役割」を果たした後に、自ら命を絶つことによって不幸な女性の一生に終止符を打とうとしたこの寡婦に深い同情を寄せている。

また、守節せずに再婚した女性を一段低い人間とみる社会の風潮を、たとえば蕭紅《しょうこう》『小城の三月』（一九四一年）[11]は次のように描いている。この小説は、結婚問題に直面した若い娘翠姨《ツィイー》が、再婚した女の娘であるという理由で周囲から一段低い人間とみなされ、また本人もそう思い込んで、主人公「私」の従兄弟への愛を断念し、親の決めた相手との結婚も拒んで衰弱死していく話である。翠姨の母は最初の結婚で翠姨と二歳年下の妹を産み、しばらく寡婦をとおしたあと娘たちを連れて「私」の外祖父と再婚したのだった。はじめ翠姨の結婚相手として「私」の父方の従兄弟の名前があがった時（翠姨の意中の人だった）、父方の祖母が反対した。

一族の祖母はこの話を聞くと直ぐに反対して、言った。寡婦の子どもは「運勢」が悪いし、家の躾けもきちんとなされていないだろう、まして父親が死んだ後に、母親が再婚している。いい女は二夫にまみえず、というだろう。こんな女の娘は、祖母はいらない、といったのである。

寡婦となった女性を不吉なものとして忌み嫌い、さらに寡婦の再婚を不道徳として非難する風習は、このようにその家族にまで影を落としている。翠姨の母は男子を産んでいないため、たとえ先夫の家が豊かな家だったとしても、再婚は決して珍しいケースではない。それに彼女の再婚は本人の意志とは無関係に先夫の家が取り決めたものだったはずである。しかしながら、それでも周囲のモラルが翠姨の母を許さなかったのである。魯迅は「私の節烈観」（一九一八年）[12]で、「失節は、男と女がいてこそ成り立つものであることを知らぬ者はないであろう。ところが、責められるのは女ばかりで、女の節を破った男、不烈女をつくった暴漢に対しては、すべてうやむやにしてきた。（中略）社会通年では、不節烈の女は下等な人間であるから、この社会には受け入れられない」のだと述べていた。魯迅は後に『祝福』においてこのテーマを作品化し、寡婦の再婚に対する容赦のない攻撃が下層社会まで広く浸透している現実と、その攻撃が、再婚を強いた男性ではなく、再婚させられた女性にのみ向けられる不合理さを鋭くついている。

一九三五年に山東省鄒平県で行なわれた全県戸籍調査によると、既婚女性のうち寡婦が一八・三八％という高い比率を占めており、寡婦の再婚は初婚と同じく本人の意志とは無関係に行なわれ、男子がいた場合は、たとえ生活が苦しくとも再婚できなかったと報告されている。[13]地域によっては、経済的困窮に関わらず寡婦に守節を要求する風潮が強いところもあったのである。

3 寡婦を裁く男の論理――沈従文「巧秀と冬生」

このような社会の雰囲気の中で、かりに寡婦本人が守節を拒否し、自らの意志で強く再婚（自由再婚）を希望した場合には往々にして一族の干渉を伴った。旧時、寡婦の恋愛にも姦通罪が適用され、刑法上でも反社会的な行為と見なされていたからだ。

姦通のうち、女性の側に夫がある場合を有夫姦、未婚女性あるいは寡婦の場合を無夫姦と呼び、清以前はいずれの場合も有罪とされていた。婚姻によらない男女間の情交をすべて姦通罪とみなして処分の対象としていたのである。ところが民国時期は無夫姦をめぐっては判定がたびたび変わり、一九一二年から一四年までは無罪、一九一五年から一八年頃までは有罪、そしてその後一〇年間は審議過程にあって定まらず、一九二八年に国民党政府による新刑法が発布されてようやく無罪という判決に落ち着いた。[14]よって法律上ではこれ以降、寡婦の恋愛は何ら法的規制を受けなくなったが、現実社会では、国家の法が有罪とするしないにかかわらず別の規範――族規・郷規によって寡婦は裁きを受け続けていた。そもそも姦通罪は当事者およびその家族からの告発によってようやく罪を論じることになっていたため、寡婦の自由恋愛・自由再婚が発覚したとき、たとえそれが有罪とされた時期でも、裁判に訴えるケースは少なく、むしろこれを道徳の問題として一族内で処理することのほうが圧倒的に多かったのである。

女優の王瑩《おうえい》（一九一五～七四）の自伝小説『宝姑《バオグー》』[15]には、寡婦の恋愛がエピソードとして登場する。その時代背景は一九二〇年代前半、舅の弟の嫁が寡婦となり、好きな相手ができて再婚したがっていることに慌てた一族の者が、最年長であり一番出世している舅のもとに相談にやってくる場面がある。彼らの話では、当初、相手の男に村への立ち入りを禁止し、この嫁を監禁することでことをおさめようとしたが、嫁が反抗して騒ぎ立て、再婚できないならば自殺するとわめきたてたために、一族の「恥」が村中に知れ渡ってしまい手におえないのだという。舅のかわりに調停に出向いた姑は、相手の男に対して一族の者に賠償金として五〇元を払うよう命じ、寡婦には身につけた着物以外一切の持ち出しを禁じて村から二人を追い出すことで話をつける。そしてこの寡婦の三人の子のうち二人の娘は連れていかせたが、息子は残し、姑が引き取って戻って来る。このエピソードは、寡婦の自由な再婚が一族の恥だと考えられていたこと、再婚に際しては一族の干渉を受けたこと、かりに再婚が許されてもこのケースのように女性は一切の権利を剥奪されてしまうこと、などを如実に伝えている。

だが、寡婦の守節をめぐる男性の言説と行為はそれほど単純ではない。沈従文《しんじゅうぶん》（一九〇二～八八）は『巧秀《チャオシュウ》と冬生《ドンション》』（一九四七年）[16]において、寡婦の恋愛や自由意志による再婚に一族が干渉したのは、単に伝統的倫理規範に基づく女性への貞節の要求、という「純粋」に観念的なものだけではなかったこと、その大きな動機には男の名誉や面子、ひいては個人的な欲望があったことを鮮明に描いている。

この物語は娘の巧秀の恋愛が、彼女の母の恋愛の悲劇との対比で語られる。一九三〇年代はじめ、二三歳で寡婦となった巧秀の母に情夫ができた時、彼女が相続した僅かな田畑を狙う一族の男たちが、母と情夫の密会の場に踏み込み、これを姦通とみなして、相手の男を殴って追い返してしまう。女は若い雌牛と同じように一族の財産であり、よそ者に勝手なまねをされては一族の面子がたたないのだ。そこで男たちは彼女の母を遠くに嫁がせ、財産だけでなくさらにその結納金までもせしめようとした。ところが、彼女の母が田畑などの家産も娘もすべて捨てて男に付いてゆくといい張り、一族の命令に従おうとしなかったために、面子を潰された一族の男たち、特にかつて彼女を体の不自由な自分の息子の嫁にしようとして断られ、さらに寡婦となってからは度々手をだして拒絶され苦々しい思いをしたことのある族長が、村の旧い徒を持ち出してこの若い寡婦を河に鎮めてしまったのである。男たちの論理によれば、この制裁行為は道徳教化を維持し、一族の体面を保つための当然の行為であった。しかし、この制裁を行った本当の動機は、族長個人の、かつて男の面子を潰された私憤を晴らすためであり、一族の所有物が他の男に奪われることに対する嫉妬であり、さらに男たちの女の裸体への好奇心とサディズムからだった。彼女の母は河に鎮められるために一族の若者たちによって裸にされ石臼を背中に縛りつけられた。「皆は若い寡婦を取り囲み、ぴちぴちした若い肉体を恥知らずにも存分に楽しみながら、もういっぽうでは、女を恥知らずと口を極めて罵った」のである。族長は思った。「いまいましいのは、〈肥えた良い水を他人の田に流さない〉というように、この肉体がよそ者に取られることとなのだ。嫉妬が胸の内に燃えさかり、道徳心がそれにつれてますます強まり、サディスティックな気持ちでいっぱいになった」。このように沈従文は現実の本音の世界に迫り、一族の男たちの寡婦の恋愛・自由再婚に対する「正義」の制裁が、実は男たちの身勝手な論理によって「作られた」ものであることを鋭く突いているのである。女性の貞操を本気で大切だと思う男性はここにはいない。

4 祥林嫂の悲劇——魯迅「祝福」

夫馬氏が指摘しているように、明清時期においては一方で守節を奨励して再婚を忌み嫌う傾向にありながら、また一方で寡婦の強制再婚が一般化していたという。すでに整理したように守節を奨励する社会の動きは民国時期にも続いていることが確認できたが、それでは強制再婚はどうだったのだろうか、その実態をまとめてみたい。

強制再婚とは、必ずしも寡婦の強烈な抵抗を伴うものだけをさすのではなく、自由再婚の反対の言葉として、本人の自由意志によらない再婚を全てさす。民国時期は初婚の場合でも「結婚は家のため、親のため」という結婚観のもとに親が取り決める旧式結婚（包辦婚姻）が殆どであったから、寡婦の再婚の場合も、本人の意思が尊重されるケースのほうがまれであっただろう。ただ主婚権が、初婚の場合は家長であったのが、再婚の場合には基本的に亡夫の家に移ること、また再婚時のほうが売買婚の要素が強まり、それだけ寡婦に対する強制が露骨になることなどは一般的な傾向として指摘できるだろう。

[17]民国時期の寡婦の強制再婚をイメージするには、魯迅（一八八一～一九三六）の『祝福』（一九二四年）に登場する祥林嫂《シャンリンサオ》がもっとも適している。祥林嫂の悲劇の背景は複雑だが、直接の原因は経済的な理由から、一族の男たちが思いのままに彼女を強制再婚させたり家を追い出したりしたことにある。寡婦となった祥林嫂が魯《ルー》鎮（江南地方の架空の町）に現れたのは彼女が二六～七歳の時だった。彼女にはまだ子どもがおらず、口やかましい姑の家を逃げだしてきたのである。ところが年が明けた頃、姑が突然現れ、一族の者らしき男たちと一緒に祥林嫂を縛り上げ、無理やり家に連れ戻してしまった。山奥の男に再嫁させるためである。村の者に嫁がせるより山奥のほうが結納金が多く手に入り（姑は約八〇元を手にいれた）、この金で次男（祥林嫂の夫の弟）の結婚費用を捻出しようという姑の目論見であった。

祥林嫂は激しい抵抗もむなしく力ずくで再婚させられた。だがその夫も病死し、一人息子も事故で亡くなると、夫の伯父から家を追い出されて行き場を失い、彼女は再び魯鎮に姿を現す。しかし、町の人々の「声の調子は以前と違っていた。言葉は交わしたが、笑顔は冷たかった。」それでも最初は、彼女の悲惨な身の上話を聞くと、男たちは彼女をなぶりものにする気も失せ、女たちの顔からも蔑みの色が消えた。だがやがてそれも飽きられ、吐きすてられてしまう。彼女は周囲の男たちだけでなく、同性である女たちからも見捨てられ、追い詰められていく。祥林嫂は「この世の罪を償い、あの世の苦しみを許してもらう」ために、一年かけて金を貯め、土地廟に敷居を寄進した。社会の非難や迷信によって作られた、いわれなき罪を彼女は一人で引き受けようとしたのである。しかし、それでも何一つ変わらないことが分かった時、彼女は生きる希望をなくして、乞食となり、魯鎮の人々が大晦日の「祝福」準備に追われている時、一人絶望の中で死んでいく。

では、民国時期において、祥林嫂のように強制的に再婚させられるケースは、明清時期のように一つの習慣といえるほどに多かったのだろうか。

一九三九年山西省興県の生活レポートをみてみよう。興県は非常に貧しい地区で、九五％が売買婚であり、家畜の売買さながらその場で値段の交渉をして女の値段が決まっていた。相場は抗日戦争前は一歳につき一〇元、抗戦後は価格が低落しているとある。このような地区での寡婦の再婚は、つぎのようであった。

女性の貞操はここでは浙江のようにあれこれ問題にされない。寡婦は非常にすくない。生活が苦しいため、寡婦の再婚はありふれた事であり、決して「望門寡《ワンメングア》」などの悪習慣はない。しかしまたいたるところに「竹節松貞」の石碑がみられる。寡婦の再婚にも売買は避けられず、興県の農家では次のような習慣がある。「寡婦が再婚すると、夫家が銀三分の二、母方が銀三分の一」。一般に寡婦の結納金は娘よりも高い。理由は、寡婦を買う相手の年齢が比較的高いこと、また寡婦の結納金の額は両家の同意を得る必要があり、かつそれを両家で分けるからである。[18]

寡婦が再婚する時の結納金の分配方法は地域によって様々だが、『民事習慣大全』（後述）や興県の生活レポートなどを見る限り、亡夫側の取り分が多いのが一般的である。そして主婚権も多くは亡夫側が握っている。亡夫の家では「彼女が家にいた間の衣食の費用を差引いた上に、さらに金儲けを企む。そのため、寡婦の相手の条件はさらに劣悪になり、金だけが交渉の主体になっている」[19]という。寡婦の再婚は嫁入り支度の必要がないため、亡夫側は彼女を嫁にもらった時よりも「得をする」ことが多かったのである。

一九四〇年はじめの華北農村調査資料にもとづいて仁井田陞氏は、「農村では寡婦の再婚を非難することはあまりなく」、「寡婦が食えるか食えぬかの問題である。亡夫の家に居たままで食べられるなら大体再婚はしない。」反対に、食べられない寡婦は子があっても、子を捨てて他家に嫁ぐのだと述べている。[20]つまり農村の寡婦の再婚には「二夫にまみえず」などの倫理規範以前の問題として経済的要因が何よりも優先されることを指摘しているのであり、これは興県の事情と同じであろう。中国農村は、とくに一九三〇年代以降、度重なる戦争と深刻な経済不況に見舞われ、興県のように貧しい地区がかなり広範囲に存在したと考えられる。とすれば、強制再婚させられる寡婦の数は守節する寡婦よりも相当多かったに違いない。

一九二四年に編集された『中国民事習慣大全』「第四編　婚姻」[21]にも、各地の寡婦の再婚に関する事例が記載されており、ほぼどの地域でも寡婦の再婚は行なわれていたことが確認できる。たとえば福建省順昌県の習慣として「女性が夫をなくし、子がなく、生計が苦しい場合は、家長の承諾を得て、多くが再婚している。またわずかに財産があり、子女がいる場合でも、婿とり（招夫）、あるいは子どもと財産を持って再婚する者も多い。およそ中下層社会において、この風習は盛んである」とあって、「貧しい家」の寡婦だけでなく、「やや豊かな家」の寡婦の再婚も広く行われていたことが確認できる。

だが、その一方で寡婦の存在自体を不浄なものとみなしたり、その再婚を村じゅうで軽蔑する風習があったことも各地で報告されている。たとえば、寡婦を娶る男側は寡婦が乗った轎が通過する沿道の村に対して「過庄銭」「城門銭」などの名目で金銭を支払わされ、寡婦の住む村に対しても「羊酒銭」「井銭」「出巷銭」などの金銭（あわせて結納金の一割程度）を支払わねばならなかった[22]。この風習はそれまで村に寡婦が世話になったお礼というよりも（初婚で村を出て行くときにはこのような要求はない）、村の体面を汚した賠償金の性格が強い。もちろん、地域によって文化の違いから、北京郊外挂甲屯のように道徳規範を重視し、極力寡婦の再婚を避ける地域もあれば[23]、雲南省呈貢県のように、男女の結合に寛容な風習がある地域では、寡婦の再婚が特別視されない所もある[24]。しかし、こうしたごく一部の地域を除けば、寡婦の再婚に対する倫理的非難は中国のほぼ全地域でみられたと考えられる。それは前節でも述べた通りである。

問題は、寡婦の強制再婚が社会で広く行われながら、その一方で再婚した女性を軽蔑する風習が社会に生き続けているために、寡婦は不本意な再婚による苦しみだけでなく、さらに社会からいわれなき精神的肉体的苦痛を二重三重に味あわされるところにある。仁井田陞氏は先の論文で、経済的貧困の前では、守節などという道徳規範は機能しないことを指摘し、「農村では寡婦の再婚を非難することはあまりない」と述べながら、そのあとに「寡婦は再婚のためには、亡夫の村を出ることになるが、その出るについてはただではすまされない」として、再婚時に行われる寡婦に対するさまざまな嫌がらせの風習を具体的に紹介している。だが、ここで明確にしておかねばならないのは、非難されないのは亡夫の家であって寡婦本人ではなかったという点であろう。むしろこのことを問題にして、視点を寡婦の側に移し、いわれなき罪を一身に背負った無力な寡婦の一生を描いたのが魯迅の『祝福』であり、祥林嫂の悲劇は、守節の要求（再婚に対する非難）と強制再婚という二つの相矛盾する流れが一人の寡婦に集中したために起こった、まさに当時の社会矛盾の象徴でもあったのだ。祥林嫂の悲劇は決して個別的な特異な出来事ではなかったのである。

中国の近代文学で、寡婦の再婚をはじめ典妻《ディエンチー》、売妻《マイチー》、童養媳などさまざまな女性抑圧の実態を描いた作品には、主として郷土文学あるいは地域文化小説とよばれるものが多い。作者では魯迅をはじめ、許傑《きょけつ》、柔石、台静農、馮文炳《ふうぶんぺい》、などがそうである。以下、その中から寡婦の強制再婚にまつわる作品を幾つか紹介したい。

許傑（一九〇一～　）『再婚』（一九二七年）[25]は、夫を失って悲しみのどん底にある寡婦の気持ちにおかまいなく、あわただしく再婚話が進められていく様子が寡婦の不安なまなざしを通して描かれている。主人公は一九歳で寡婦となり、家にはやはり寡婦である姑と一歳になったばかりの女の子が残された。ところが姑は、自分と同じ不幸を体験した彼女に同情を寄せるどころか、葬式が終わって幾日もたたないのに、もう彼女を再婚させようとする。じつは、病弱だった息子の薬代などですでに借金が出来、嫁が守節するのは姑にとっては迷惑なことだったのだ。姑の関心は当然もっぱら相手方が幾ら金を出すかにあり、女児の処遇（連れて再婚するか、家に残すか、童養媳としてよそに早々に嫁にやるか）について彼女の希望をたずねてくるだけであった。

柔石（一九〇二〜三一）の作品で寡婦が登場するのは、寡婦の貧困を描いた『二月』（一九二八年）[26]がまずあげられる。ここに描かれる寡婦は、経済的に全く無力で、村人のあらぬ噂にもひたすら耐える弱い女性として登場する。心の支えだった男の子を病死させた彼女は、好意を抱いていた主人公に再婚をすすめられて更に傷つき、自殺してしまう。この寡婦を死に追いやったものは度重なる家族の死と生活苦であった。人生の苦しみをなめつくした彼女には再婚はさらなる不幸としてしか受け止められず、彼女の自殺はこの再婚話が直接の引き金になっている。そもそも意にそわぬ再婚を強制される女性にとって、守節はある意味では自己を守るための楯となる。しかし、この小説の寡婦の場合、守節は餓死を意味した。彼女の自殺は、残された道が再婚しかないと悟った時の、彼女にできる唯一の「抵抗」だったのであろう。

また、同じく柔石の『人鬼とその妻の話』（一九二八年）[27]は、再婚後の悲劇を描いたものである。県の書記官をしていた父のもとで何不自由のない暮らしをしていた少女が両親を病気であいついで亡くして童養媳にやられてしまう。二一歳の時に夫が死亡して再婚話が出た時、彼女はこれで姑の折檻や飢えから救われると内心ほっとする。しかし、その再婚相手とは、本職の左官の仕事よりも死体運びの方で主な収入を得ている知能の発達が遅れた醜悪な顔をした男だった。この男は偶然手にした幾許かの金を全部つぎ込んで彼女を買ったのである。この家でもあいかわらずの貧困と姑の虐待が待っていた。この時、彼女に救いの手を差し延べたのが隣家の妻子ある男性で、のちに彼女はこの男性の子を身ごもり、周囲の嘲りに打ち勝って出産する。しかしその子が五歳の時に病死すると、彼女は生きる希望をなくして自殺してしまうという話である。

以上、民国時期の寡婦の守節と強制再婚についてまとめれば、寡婦のその後の身の振りかたは自らの意志とは無関係に、伝統的倫理規範と経済的要因の二つが常に天秤にかけられて決定され、階級が下にいけばいくほど経済的要因が優先されて強制再婚させられることが多かったこと。そして強制再婚の場合には売買婚の性格が非常に強く、その際に退けられた道徳規範は寡婦の再婚を忌み嫌う風習となって社会に生きつづけ、非難は再婚させた亡夫の家ではなく、再婚させられた無力な寡婦に集中したこと、などの点がその特色として指摘できるだろう。

5　婚姻法と寡婦の自由再婚

次に、中華人民共和国建国後の寡婦について、いくつかの項目に分けて整理してみたい。

まず、一九五〇年、婚姻法が公布された直後の中国社会の変動をみてみよう。この婚姻法は離婚法ともいわれ、当時、女性の側から大量の離婚請求が出されると同時に、これに抵抗する夫や一族の者によって相当数の女性が殺害されている。男たちにとって、いい女は二夫にまみえないものであり、一人の男性に一生を尽くすのは天の理、まして女のほうから離婚の請求をするなど考えられないことだった。もちろん彼らが離婚に反対した直接的な動機には他に現実的な側面があった。それは、多額の金銭をはたいてようやく手にいれた妻と離婚すれば、その出費が無駄になるだけでなく、労働力を失い、さらに新しい婚姻法に基づいて財産まで分けねばならなかったからである。そのため村の男たちは共同で「自己の利益」を守るために暴力をふるって女を家にとどめようとした。小野和子「婚姻法貫徹運動をめぐって」[28]によれば、この時期に婚姻問題のために自殺あるいは他殺により命を落とした女性は全国的にみれば毎年七～八万人にのぼり、たとえば中南区だけでも婚姻法公布後の一年間に一万人あまりの女性が死亡しているという。こうした男性側の猛烈な反発を前に、その後の婚姻法貫徹運動は、童養媳や妾など不幸な婚姻関係からの解放に重点を置いたものへと範囲は狭められていった。そして、この新しい婚姻法のもう一つの柱として寡婦の再婚の自由があったのである。たとえば、福建永春県第二区の一五の郷では、八九九五名の女性のうち、寡婦が一三〇七人（一四％）いたが、婚姻法の宣伝の結果、うち七三人が再婚している（《人民日報》一九五二―一〇―一二）[29]。また、婚姻法貫徹運動の先進地区として注目されていた河南省魯山県では一九五一年に民主運動を展開して婚姻法の徹底に力を注いだ結果、自由結婚六九〇組、離婚五一一組、寡婦の再婚一二八人という数字が報告されている（《人民日報》一九五二―一一―六）[30]。この時期には各地でこれに類似する報告が多数寄せられているが[31]、こうした大量の寡婦の再婚の動きは、見方をかえれば、これまで寡婦の再婚が社会から容認されていなかったという事実を伝えている。

だが、寡婦の再婚も、離婚と同じようにそう順調には受入れられなかったと見るほうが現実に近い。とりわけ寡婦が自由意志に基づき愛人と正式に結婚しようとした時、やはりこれまでと同様に、強い干渉を受けているからである。彼女たちは、寡婦の再婚を嫌う風習の中で、これまで好きな相手がいても再婚することができなかったため、一九五〇年の婚姻法はこうした寡婦たちに朗報として受け止められた。しかしながら、上記のような一部の幸運な寡婦を除いて、その多くが又しても家族や一族そして幹部からも干渉をうけたのだった。たとえば河北武安では、二七歳で寡婦となった女性が婚姻法公布後に愛人と正式に結婚しようとした時、息子が同意せず、幹部も批准しなかったケースや、愛人との結婚を区政府に登記しようとやってきた寡婦が侮蔑の言葉を投げかけられてしりごみしてしまったケース[32]、独身男性と寡婦が結婚しようとすると、「不法」だといって村の幹部が二人を縛り上げた事件[33]、村の幹部が大会を開いて、再婚を申し出た寡婦を吊るし上げ殴打し、自殺に追い込んだケース[34]など、こうした事件は後をたたなかったのである。新しい婚姻法を推進する主体となるべき幹部の中に、婚姻の自由の意味が理解出来ず、寡婦の再婚に対する罪悪観が根強く存在したために、寡婦の自由再婚は家族や一族ばかりか、幹部からも干渉されたのである。彼らの多くがその土地の出身者であったため、同じ土地の者同士嫌われるようなことをしたがらず、それは婦女連の幹部でさえも例外ではなかったという。よって当時政府は婚姻法の貫徹にはまず指導層の意識改革が急務であるとして、一九五一年九月には婚姻法執行状況の報告を呼びかけ、さらに一九五二年七月には「継続して婚姻法を貫徹する運動」が全国的に展開されていった。

　当時の様子を、前述の小野和子氏の論文でも紹介されている、石果《せきか》の小説『風波』（一九五三年）[35]は、つぎのように描いている。

　寡婦の楊么嫂《ヤンマサオ》は現在四〇前後、二〇歳前に寡婦となった。そして今、寡婦も再婚してよいという婚姻法が公布されたので、長年秘密にしてきた愛人と、晴れて再婚しようとしたのであるが、一族の反対にあい自殺未遂をおこしてしまう。その娘も、自分の決めた相手と結婚の約束をしたばかりだった。これが族長の耳にはいり、この母娘にまとめて制裁を加えるために一族の集会を招集する。楊么嫂母娘が住む村は楊姓のものが多数を占め、その族規には「本族内外の婦女は、終身ひとりの夫を守り、もし、私通、再婚などのことがあれば、族人の処断にまかせる」と書かれていた。一族の集会が招集されたことを知った楊么嫂は、これが解放前だったら、石臼に縛りつけられて河になげこまれるか、金竹の笞で半殺しになるまで打たれるかのどちらかだと、体が震えて来る。族長の目には「寡婦が守節しなくてもよく、子どもたちの結婚は親が決めることができない、このご時世こそどうかしている」と映り、楊么嫂らのことを「一族の恥」だとみなしたのである。ところが、時は婚姻法貫徹運動期間のまっさい中、進歩的な幹部の陰からの援助によって、この集会は楊么嫂ら母娘の勝利に終わる。

結末はややパターン化しているが、それでも当時の細かな現実が大変詳細に書き込まれていて、寡婦の婚姻の自由を縛っていた宗族という旧い枠組みが社会主義中国になって徐々に崩れていく様がじつにいきいきと描かれている。しかし、これはあくまでも小説の世界。この作品は、村の幹部が進歩的な人物設定になっているが、現実にはむしろこれは例外的存在であり、上述の新聞報道のように、幹部が寡婦の親戚一族と一緒になって自由再婚に干渉した事例が多い。婚姻法貫徹運動は一九五三年四〜五月で一応収束し、継続運動に切替えられる。その直後の総括報告（《人民日報》一九五三―一一―一九）[36]によれば、婚姻法貫徹運動の先進地区として見なされたのは比較的早く民主政権が樹立した山西省武郷県、山東省文登県、河南省魯山県などごく一部にかぎられ、全体の一五％にすぎない。中南、華東地区などの中等レベルの地区では、一部で婚姻の自由が実現されたものの、まだ旧式結婚、早婚が普遍的に存在し、寡婦の自由再婚も少ない。さらに山西河津、西北の大部分、広東興寧、浙江および山東新区など後進地区では旧式結婚や童養媳さらに蓄妾の風習など旧い婚姻の風習が依然として根強く残っていると報告されている。つまり、先進地区として挙げられた一部の地区以外は、新しい婚姻法が民衆に浸透していないことを示している。一九五〇年代初めの中国社会では、宗族や村落共同体が依然として強力な力を持っており、寡婦の自由再婚は、新しい婚姻法の世界とはまた別の規範の中で厳しく非難され、制裁を受けつづけていたのである。

6　社会主義中国における守節の縛り――戴厚英「柔らかな鎖」

こうした寡婦の自由再婚を阻む守節の縛りを描いた作品に戴厚英《たいこうえい》（一九三八～九六）の『柔らかな鎖』（一九八二年）[37]がある。ここには、親代わりになって寡婦とその子どもたちの生活の面倒をみてくれた優しい義兄の無形の束縛によって、再婚をあきらめざるを得なかった寡婦が登場する。一九五八年、主人公の瑞霞《ルイシア》は二八歳で寡婦となった。この時すでに彼女のお腹には二人目の子どもがいた。実家の両親はその子が「男であれば守節し、女であれば婚家を去る」ようにと言う。彼女は男の子を産み、義兄夫婦に男子がいなかったため、その子は一族の宝として育てられることになる。

彼女は知っていた。――皆が目を大きく見開いて若い寡婦である彼女が守節を通すことができるかどうか見ているということを。もちろん、すでに婚姻法があり、誰も彼女に再婚は許さないなどと言うような者はいなかった。しかし心では分かっていた。実家も、婚家も、誰もが再婚を望んでいないということを。

食料飢謹に見舞われた一九六〇年はじめ、義兄夫婦は少しでも食べ物が手に入ると自分たちの娘よりも、まず彼女の息子の福元《フーユァン》に与えようとした。いたたまれなくなった瑞霞は娘と福元を連れて義兄の家を出、乞食をする。その時、食堂の炊事員の劉四《リュウスー》と知り合うのだが、噂を聞きつけた義兄が、飢えた体をひきづって彼女を訪ねてくる。

「瑞霞、僕も君の義姉さんも君のことを悪くは思っていない。家を出たければ出ればいい、僕らは君を止めることはできないからね。だが福元は金《ジン》家の人間だ、あの子を改姓させるわけにはいかない。知ってのとおり、僕も君の義姉さんもこの可哀相な子をとても愛しているのだよ。」

そういって涙を流す義兄を見ながら、瑞霞はこれまで義兄一家に言い尽くせぬほど世話になったことを思いおこし、再婚を考えた自分を恥ずかしく思うようになる。

彼女は自分と劉四との関係をすっかり話してしまい、義兄と義姉に自分の一時の迷いを詫びた。彼女は義兄に誓って言った、「今後二度と彼には会いません」と。

寡婦に対する一族の干渉は常に暴力的な形をとって現れるとは限らない。この小説のタイトルに明確に示されているように、寡婦は義兄をはじめとする周囲の人々の目に見えない柔らかな鎖によって、守節を強制されたのである。瑞霞に愛人が出来たと知った時の義兄のぎりぎりの決断——福元を残して再婚せよ——は、昔であれば、経済的要因と家の存続を考慮した時の常識的な選択といえるだろうが、一九六〇年代の中国では、法律上もはや義兄にこのような決定権は与えられていない。しかし、瑞霞も、義兄も、だれもそのことの不合理に気づいていないのである。

7 改革開放下の寡婦の再婚難

次の報道は婚姻法が公布されてから四〇年ほど経った一九八〇年代後半に、新婚姻法（一九八一年改定）の再度の宣伝活動の成果として紹介されたものである。このころ中国国内では、一九八五年前後に法律知識の普及キャンペーンが行われ、各省では「婦人と子どもの合法的権益の保護に関する規定」が制定されて、人々の法権利意識が高まった時期でもあった。

一九八八年七月二九日付け《人民日報》に「寡婦門前喜事多——泗洪県四二五名寡婦衝破世俗再結良縁」というタイトルで、江蘇省泗洪県で寡婦の再婚が盛んになったという報道が載っている。それによれば、ここ二年来「婚姻法」を宣伝した結果、礼教の束縛からようやく解放され、子どもや舅姑の反対を乗り越えて、多くの寡婦が再婚にこぎつけたのだという。さらに同紙一九八九年五月二八日付け「時集郷六一名寡婦喜建新家」は、江蘇省新沂県時集郷で六一名の寡婦が新しい家庭を築いたことを報道したもの、一九九〇年二月九日付け「依法治市　形式多様——山東省日照市晋法工作見聞」も、同市で旧い観念を打破して一八七名の寡婦が再婚したことを伝えたものである。これらの報道の内容そして文体までもが、一九五〇年の婚姻法公布直後にみられた寡婦の大量再婚を伝えたニュースと驚くほど類似していることに気づく。

一九九一年に行なわれた山東省「今日の中国女性の地位に関する調査」[38]によると、「女性は終身一人の夫を守るべきだ」という女性に守節を要求する伝統観念に対して、この地区の女性の四一・三九%、男性の五七・三四%が反対している。つまり農村部では今日でもまだ半数が寡婦の再婚を歓迎せず、なかでも女性自身にその傾向が強いという重い現実がみえてくる。また、同じ質問をした別の調査結果[39]によると、女性間でも都市と農村では大きな開きがあり、都市部の女性は七五・三八%、農村女性は四三・九三%がこの伝統観念に反対であった。ところが比較的自由な雰囲気にあるようにみえるその都市部でも、《人民日報》「排難解憂　赤誠尽職――記北京市婦連法律顧問処的女律師們」(一九八五―三―一)によれば、法律相談にやってくる寡婦は、自分自身の中に再婚について矛盾する感情が存在し、旧い貞操観念と戦っているために、家族の反対にあうと、これ以上争う勇気がもてないという悩みを抱えているという。

以下、改革開放下の中国社会で実際に起こった事例を取り上げて、自由再婚を望む寡婦が直面している諸問題を整理してみよう。

たとえば一九八四年、ともに配偶者を亡くした者同士が再婚しようとしたところ、子どもたちの猛烈な反対にあったばかりか、双方の生産隊をはじめ、夫家の一族や母方の親戚、さらに友人までもが反対した話がある。[40]

ある中年の寡婦が男やもめと仲良くなり、結婚を申請したところ、予期せぬことに双方が所属する生産隊は結婚証明書を出そうとせず、夫方の一族、実家の親戚や友人たちもわけもなく妨害し、ひどいのになると、手紙で「貞節を失った」と叱責する者もいた。子どもたちはさらに激しく反対し、娘は母親を「全く良心がない」と罵り、息子は機会に乗じて、「一万元出すなら出て行ってもいい」と金をせびり、はては母親を殴ったりした。（中略）調査したところ、こういった寡婦の再婚難の状況は、農村だけでなく町でも同様に存在する。そのため夫を失った一部の中年の女性幹部たちは連名で康克清《こうこくせい》に手紙を出し、「今日多くの寡婦たちには婚姻の自由がない」と訴えている。

この婦女連合会会長の康克清宛の手紙は、広州の公的機関に勤務する中年女性一一人の連名で書かれたもので、当時世論の注目を集め、これについて言及した文章は他にもいくつかある。ただ、彼女たちを取材しようとしたある作者によれば、彼女たちは偽名を使っていた可能性が強く、その所在を確認することができなかったという[41]。

また、一九八〇年代にはいって急激に豊かになった広東省珠江デルタのある農村では、男性が嫁をとった場合、その女性は容易に当地の戸籍を得ることができるが、寡婦が外から婿を入れようと（招夫）すると、戸籍から締め出してしまう郷規がある。その上、寡婦が子どもを連れて再婚すると、亡夫の家の先祖を祭る者がいなくなると非難され、かりに子どもを夫家に残して、自分だけ再婚すれば、今度は子どもを見捨てて男に走ったふしだらな女とみられてしまうといい、とにかく寡婦の再婚に対して村全体で露骨な干渉と嫌がらせが行われている、と報告されている[42]。いうまでもなく、婚姻法第二条には「寡婦の婚姻自由に干渉することを禁じる」と明記され、さらに一九八五年前後に各省で公布した「婦人・児童・老人の合法的権益の保護に関する若干の規定」において、より詳細に婚姻の自由は保証されている。たとえばここで取り上げた広東省でも、一九八五年に同規定が公布・施行され、その第三条には、「配偶者と死別し、あるいは離婚した婦人の再婚する、あるいはしない自由への干渉を禁止する」と明記され、第一一条には「女子の家の戸籍に入った男子の家族の成員も、当地の居民と同等の権利を得られ、何人も差別したり嫌がらせをしてはならない」という規定があるにもかかわらず、上記のような「郷規」がまかり通っているのである。この広東デルタ地区は、改革開放の波にのって土地開発が農業と商業の両面にわたって行われたところで、その際に宗族、およびその共有財産である族産の果たした役割は非常に大きかったと言われている。経済的必要から宗族の結集が強くなると、当然、宗族意識も強まり伝統的倫理規範が復活あるいは温存されることになる。この報告によると、土地廟や祀堂はもとより節婦烈女を讃える牌坊の修築も再び活発になってきたという。

さらに《人民日報》一九八三年四月一五日付けの報道[43]によれば、内蒙古自治区で、寡婦の再婚に反対した寡婦の父方の叔父たちが、二人を縛りあげて暴行を加え、さらに相手の男性の目をくり抜いて失明させるという事件が起こっている。かれらの暴行の動機は寡婦の守節を望む封建的な思想による、とある。

これらの事例は、建国後半世紀を経た今日でも、寡婦に対する守節の呪縛が、都市、農村を問わず、社会全体に（寡婦本人を含む女性たち自身の中にも）根強く残っていることを示しており、寡婦の自由再婚が伝統的倫理規範を揺るがし、家族、一族、そして村全体の面子にかかわる事として捉えられていることがわかる。

8 母の再婚を阻む子どもたち——張弦「未亡人」

張弦《ちょうげん》(一九三四〜)の『未亡人』(一九八一年)[44]は文革後に名誉回復した高級幹部の未亡人と郵便配達夫との恋愛を描いたもので、映画化されたこともあり、寡婦の恋愛と再婚をテーマにした作品としてよく知られている。主人公の未亡人は四三歳。一男一女がある。彼女が五歳年下のこの若い恋人と再婚しようとした時、三つの大きな障害が待ち受けていた。一つは社会の干渉。彼女の職場で二人の関係がトップ・ニュースとして人々の噂にのぼると、その翌日、彼女は職場の配置転換を言い渡される。未亡人の「スキャンダル」によって亡き夫の信望・名誉が損なわれることを憂慮したからだという。二つめの障害は、郵便配達夫の母の反対であった。この母親は、やはり若くして寡婦となった女性だったが、息子との結婚は身分が釣り合わない、とやんわり反対してきたのである。「私には分かりました。彼女は息子が子持ちの後家をもらうのを望んでいないということが。後家は不浄なもの。不吉なもの。それを娶るのは体裁が悪いのです。」しかし、彼女はこの母親の世代の寡婦の道徳を拒否し、自分の力で愛情と幸福を勝ち取ってみせると心に誓う。ところが「私が恐れているのは、次の世代なのです。私は愛する子どもたちがほんとうに恐い」と言う。三つの障害のうち最も大きな障害は子どもたちの反対だったのだ。子どもたちはこれまで郵便配達夫をあれほど慕っていたのに、母との関係を知ったとたんに猛烈な拒否反応を示す。しかし、この子どもたちの態度は、一般に考えられるような、母の中に女の部分を見たくないという類の拒絶反応とは少し異なるように思われる。息子の望望《ワンワン》は陰で母のことを「恥知らず」だと腹を立て、娘は泣き喚きながら反対した。

「私たち母さんの面倒をみるし、そばにいて、大事にするわ。(中略)だから考え直してよ。それに娘の私がもうすぐ結婚だというのに、どうしてお母さんが再婚できるの? お母さんが平気でも、私や彼や望望は世間にどう顔向けするの(原文:怎麼做人)。私たちのことを考えてよ」

結局この未亡人は再婚を断念してしまう。若い世代にも、寡婦の再婚は恥ずべきもの、子として世間に顔向けできないものだと受け止められているのである。このほかにも、こうした寡婦の感情生活が子どもたちに理解してもらえない悲しみを描いた小説には、問彬《もんひん》『心祭(母を悼む)』(一九八三年)、浩然《こうぜん》『郷俗三部曲』(一九九三年)などがある。

改革開放後、中国の都市部で市や婦女連合会が運営する「老人結婚紹介所」には再婚を望む男女が多数相談に訪れるようになった。上海では開設一カ月で八〇〇名、北京のある紹介所では一年で一三〇〇名、西安では五〇〇〇名……の登録者がいるといい、これらの数字は古い道徳観からの解放を意味するかのようである。しかし、実態を調査した報告者はこうした楽天的な感想に待ったをかける。いざ再婚話が具体化すると子どもたちの猛反対にあうケースが多いからである。子どもたちが親の再婚に反対する理由は、財産分与の問題から感情的な問題(年をとってからの再婚を「ふしだら」だとみなす道徳観など)まで様々であろうが、際立っているのが、再婚後の老夫婦の新居に押しかけて、室内の物を壊したり親に暴力を振るってまで反対する子どもがいることである。[45] 子の側の言い分は、自分たちはちゃんと親に孝を尽くしており、食べることに不自由させなかった、それなのに何の不満があるのか、ということらしい。つまり、親が再婚すると子どもたちは社会から「孝」が足らないとみなされ、子としての「面子」が潰される、と受け取るのである。親の新居に押しかけて大騒ぎするのも、自分たちの「不孝」を社会に対して公に否定するためのものであろう。この論理は、母親が自分で選んだ再婚相手には猛反対するのに、なぜ子どもたちは一族の者が選んだ相手であれば母の再婚をあっさり受け入れてしまうのか、という疑問を説明する際にも有効である。それは子の親に対する「孝」が、親への愛情として内面的に作用するのではなく、対外的なパフォーマンスとして作用するからではなかろうか。一族が認可した再婚（往々にして強制再婚）であれば、子としての面子はつぶれないからである。

さらに、子どもたちが親の、特に母親の、自由再婚を嫌う理由としては、やはり女性に対する守節の要求が社会通念となっていることがあげられよう。民国以来歴史的に男性のほうが再婚率が高く、また結婚紹介所の登録者の男女比が三対一と、男性のほうが高いのも[46]、こうした社会の風潮の反映だと思われる。ある報告文学には八〇年代半ばの広州で、結婚登記は済ませたものの、息子に再婚を反対されたために相手と一緒に住むことができない中年の寡婦の話が紹介されている。この息子は共産党員で人情が厚く人々の高い評価を受けている申し分のない好青年だったが、母の再婚だけは「あんたは親父を裏切った、僕は世間に顔向けできない（原文：你譲我没臉面在世上做人）」と言って人が変わったように怒鳴りちらし、暴れ回ったのである。それ以降息子は彼女と口を聞かなくなったばかりか、相手の男性の職場にまでおしかけて脅したため、二人の同居は不可能となり、彼女は息子が結婚するまではと、別居を続けているのだという[47]。さらにある極端なケースでは、母の再婚話を聞いて自殺未遂までした息子がいる。子としての孝が足りず亡き父に申し訳ないというのがその理由だった。[48]この二つの事例なども、息子の強い拒絶反応を引き起こした主な要因は、母が「従一而終」という守節の規範からはみ出そうとする点にあり、母の自由再婚を亡き父に対する裏切りととらえる旧い倫理道徳が若い世代にまでなお根深く残っていることを示している。

9　強制再婚と寡婦をとりまく環境

では、中華人民共和国になってからの寡婦の強制再婚の実態はどうなのだろうか。たとえば一九四九年から九八年まで《人民日報》に記載された寡婦の再婚に関する報道三〇〇件余りを調査した限りでは、寡婦の再婚は一族の承認を得ているからであろう（つまり自由再婚ではない）、混乱もなく、ごく普通に広く行われていることが確認できる。再婚の動機については、「貧困のために迫られて改嫁した」と記されているだけで詳しくは記されていない。自由再婚の時のようなトラブルがないために（表面化しないために）、こうした「迫られて」再婚した寡婦に関する報道や資料はきわめて少ないのである。

そのため、今日の社会で寡婦の強制再婚を促す要因とみられる（一）貧困、（二）人口性比の不均衡、（三）寡婦の財産権について簡単に整理してみたい。

（一）「貧困」

一九九一年に実施された調査資料（再婚率には離婚再婚も含む）[49]によれば、二度以上結婚している者は、

都市：男性　一・八八％　　女性　一・二二％
農村：男性　〇・九一％　　女性　一・四七％

となっている。農村で女性のほうが再婚率が高い理由について、つぎのように報告されている。

これは女性の地位が男性より高いことを意味するのではない。おそらく女性が経済的に独立していないことと関係があるのだろう。農村では、男性労働力がないと家庭生活を支えることができないからだ。一部の離婚した、あるいは配偶者と死別した女性は、子女を養育し家庭生活を維持するために、往々にして再婚によって自分の生活の境遇を変えようとする。それゆえ、農村女性の再婚は容易に社会の承認を得るのである。

この傾向は、女性人口に占める配偶者死亡率を都市と農村で比較したデータ（一九九〇年実施）[50]によっても裏付けられる。これによると配偶者を亡くした後、再婚していない女性の比率は、都市四・三％、農村三・四％であり、都市よりも農村のほうに寡婦の再婚が多いことを裏付けている。そしてそれは主として経済的要因であると推測されている。また、老齢に達した寡婦の場合についても、前出の「老人結婚紹介所」の実態調査によれば、同所を訪れる人の五分の一が子どもに追い出されて行き場を亡くした老人であり、そのほとんどが女性であるという。息子夫婦と同居し、家事や孫たちの世話をしている間はよいのだが、孫たちが大きくなってその必要がなくなると、経済的に無力な寡婦はやっかい者扱いされて再婚を迫られるのである（独身男性の場合、退職金や幾許かの蓄えがあるため、このような経済的理由による再婚問題は起きにくい）。[51]すでに述べたように、歴史的に女性の再婚は男性に較べて少なく、結婚紹介所の登録者の男女比も三対一と男性が多かった。それはあきらかに寡婦に対して守節の要求が強かったためだが、この三対一の一を占める女性たちの多くが、自由再婚ではなく、経済的理由によるものであることは注目に値する。なぜならば、民国時期と同様に、一方で社会全体で寡婦の守節を要求しながら、また一方で経済的要因によって強制再婚が行われるという、方向を異にする二つの流れがここにも認められるからである。

中華人民共和国成立後は、女性自身が労働によって収入を得ることができるようになり、理論的には、貧困を理由に望まぬ再婚をさせられることはかなり減少したはずである。しかし以上のデータが示すように、現実には貧困による強制再婚は相変わらず存在している。この強制再婚の大きな要因となっている女性の経済的問題について、次の幾つかの点はおさえておきたい。

一九九〇年代の女性の就業率は七割を超え、特に二〇～四九歳の女性（女性の定年は男性より早く、一般に五〇から五五歳に設定されている）ではおよそ九割が仕事についている。しかし、女性の収入は男性の七～八割であり、[52]さらに、都市と農村を問わず、もともと一人の収入は低く抑えられ、一つの家の経済はふつう複数の人間の収入によって維持されている。そのため、夫の収入が途絶えた母子家庭では、生活水準が急激に下がり、特に農村では相対的に生活水準が低いうえに、主要な働き手を失った痛手は大きく、今日でも食べていけなくなる家庭が出現するのである。[53]

また、女性の就労人口の約七割が農林牧漁業など第一次産業に従事しており、社会保障の点で極めて不利な条件下にある。日本のような公的年金制度（国民年金、寡婦年金、遺族年金など）が普及しておらず、養老年金は男女とも国有制および都市の集団所有制の企業・事業体の従業員しか受けられないため、都市部の個人経営者や多くの農業労働者の老後の生活保障は、いまだに各家庭に任されている。一九八七年の調査では養老年金を受けている女性は、市レベルで四九・一%に対して、その下の県レベルでは一・一%、また、公費医療を受けている女性は、都市部で二六・三五%、農村部で〇・三三%である。[54] つまり中国女性の大多数が農村に住み、第一次産業に従事しているため、多くの女性たちが社会保障を受けられずに老後の不安を抱えているのである。特に子のない寡婦の老後は、かつては人民公社を主体とする協同医療制度や「五保戸」などの医療・福祉システムがあったが、改革開放後は当該地区の対応に任されるようになったために非常に不安定な情況におかれているのである。以上、こうした様々な経済的背景も寡婦が再婚へと促される要因として捉えておく必要があるだろう。

(二) 性比の不均衡

明清時期には経済的貧困のほかに、歴史的な性比の不均衡と、人口流動が原因で生じた一部の貧困地区における慢性的な嫁不足も寡婦の再婚を促す要因として挙げられていたが、中華人民共和国成立後は、この問題は解消されたのだろうか。

専門家の一致した意見では、歴史的に高い出生性比(出生時の性比)によって男子結婚難の状況は今日まで続いている、とみられている。具体的なデータ等は最近出版された張萍『中国の結婚問題』[55]に詳しいので、ここでは以下の点について簡単に状況をおさえておきたい。

普通、出生性比は女一〇〇に対して男一〇五前後が安定的だと言われているが、中国では昔からこの数値が他国に比べて異常に高く、最近では一人っ子政策がとられた影響で、一九八〇年一〇七・一一、一九八九年には一一四・七、と上昇の傾向にある。出生時に於けるこの異常な性比の不均衡は、曾ては女児の間引き[56]、最近では、女児を出産しても（次に産まれる男児のために）届け出をしなかったり、産前胎児性別鑑定による人口中絶が原因だと言われている。

また、人口性比をみると、普通、男子のほうが女子より死亡率が高いため、年齢が加わるにしたがって次第に性比は小さくなり、たとえば日本では三五歳で男女が一〇〇となるが、中国では六〇歳前半ころまで異常に高い数値を維持し続け、それまでは各年齢層において男性人口が女性人口より遥かに多い。一九九〇年の三〇歳以上の未婚者数は、男性は女性の一六・五倍である。人口性比を他国と比較すれば、一九九〇年の中国の人口性比は一〇六・六であるが、日本九六・七、アメリカ九五・二、インド一〇七・〇であり、中国の人口性比は出生性比を反映して高い数値を示し、男子の結婚難が依然として続いていることを示している。

さらにこうした中国全土に見られる性比の不均衡に加えて、一部地域に突出して見られる人口流動による性比の著しい不均衡もまた当然その地区の深刻な結婚難を招いている。その具体的な原因には、労働による移動、政治的要因による移動、および結婚による移動が考えられ、たとえば新興工業地区の安徽省淮北市では男性労働者の流入が著しく、一九八〇年には人口性比が女性一〇〇に対して男性が二〇〇を超え、二九〜三六歳の各年齢層の性比はすべて三〇〇を超えるなど、著しい男女性比の不均衡を引き起こしている。また、結婚による人口流動には、今日の社会問題となっている女性の人身売買・売買婚も含まれる。これらの女性には、騙された者と自ら望んだ者の両方が含まれるが、彼女たちの出身は四川、雲南、貴州、湖南など西南部の貧困地区が大半を占め、女性を買う男性側は山東、河北、蘇北、など東北部の比較的貧しい地区に多い。四川はもともと自然災害や政治運動による人口流出の大きい地区であり、六〇~七〇年代には全国の流動人口のうち四〇%を四川出身者が占め、現在でも農村女性の外への流出が最も多い地区となっている。[57]

このように、今日の中国においても、様々な要因によって生じた性比の不均衡は男性の結婚難を引き起こしており、これは社会の当然の要求として寡婦の再婚を強く促す働きをしていると考えられるのである。

(三) 寡婦の「財産権」

寡婦の財産処理に関する法的規定をふりかえれば、かつて寡婦は再婚時には財産に関する全ての権利を放棄していたが、一九三〇年の新民法において、夫から相続した妻の相応の財産はそのまま再婚時に持参することが法律的に認められるようになった。そしてこれら妻の財産権に関する規定は一九五〇年の「中華人民共和国婚姻法」(第十二条:夫婦相互に遺産を継承する権利)によって全国的に適用され、今日に至っている。しかし中国では女性は結婚すると夫方住居に住むのが一般的であるため、特に農村の場合には、嫁が亡夫の財産を持って出て行こうとすると一族の強い抵抗に遇うのが常だった。彼らは国の法をまったく無視して、寡婦の有するすべての権利を放棄させようとしたのである。そして改革開放後ようやく寡婦が自らの法的権利に目覚め、勇気をもって裁判に訴える事例が頻繁に報告されるようになる。たとえば、一九九三年山東省濰坊市中級人民法院の報告によると、「改嫁帯産」（再婚時の財産継承）に関する訴訟が、財産継承に関する訴訟の七〇％を占めているという。[58]以下、《人民日報》から事例を二件紹介しておこう。

〔1〕寡婦が子どもを連れて再婚しようとしたところ、亡夫の兄が、これまで住んでいた家の売却を許さず、さらに二人の子どもをおいていくように要求したケース。

（農村：一九八三年八月三日）[59]

〔2〕夫を交通事故でなくした寡婦が、姑から一人息子をおいて再婚するように言われ、一〇日以内に家を出るように要求されたケース。姑は家の所有権を主張し、さらに夫の持ち物一切の持ち出しを禁止した。

（天津・都市：一九八八年一二月五日）[60]

〔1〕の事例は寡婦が自由再婚を望んだ時、〔2〕は強制再婚の場合である。裁判の結果、いずれも夫の財産および子に対する寡婦の側の権利が認められているが、まだ社会には民国時期と同様、寡婦の再婚に際しては財産だけでなく、子も残していくように要求する慣習が残っていることがわかる。一九四六年から九八年までの《人民日報》に載った寡婦の再婚に言及した記事を調査した結果でも、再婚時に子どもを残すケースが多い印象を受けた。残された家屋やわずかな家具そして子どもたちも、一族にとっては大切な財産とみなされるのだ。一九九〇年の調査によれば、「寡婦は再婚時に、先夫の子どもと家族に財産を残すべきだ」と考える者が、都市部では二八・三％、農村部では五一・一％を占めている。[61]法的権利意識の目覚めは始まったばかりであり、寡婦の再婚はまだきわめて不利な状況下で行われている。そしてこの寡婦が再婚時に財産継承権を放棄する慣習は、亡夫の家の側からみ

た場合、右の新聞報道からもうかがえるように、寡婦に強制再婚を促す要因として見逃すことはできないと思われる。

10 宗族の干渉――朱暁平「桑樹坪紀事」

以上、社会主義中国において、強制再婚が中下層社会に広く行われている一方で、また寡婦の自由再婚が社会、一族、家族の中に生き続ける伝統的倫理規範（守節の要求・孝の思想）によって阻まれている実態をみてきた。旧社会と同じように、強制再婚と守節という相矛盾する流れが今日にも認められるのである。本節ではこうした寡婦の婚姻の自由を阻む要因の中から、すでに部分的に言及してきた宗族の干渉について、もう少し詳しくその状況を整理してみたい。次の事例は、寡婦の自由再婚が一族の反対にあったばかりか、さらに望まない相手と強制再婚させられた実話である。

《人民日報》一九八四年一月一二日付け「一起厳重干渉寡婦再婚案始末」[62]によれば、この事件は河北省易県にある七峪公社でおこった。中年の寡婦李玉亭が、夫の死後一年ほどして知り合いの紹介により近県の公社の男性と再婚しようとした時、亡夫の家の者や友人たちに反対され、そのうえ無理やり亡夫の同族の男性と再婚させられてしまったという事件である。

李玉亭が再婚するというニュースが伝わると、（中略）数日もたたないうちに、予期せぬ事件が発生した。大隊党支部書記王章友、党支部委員王仲奎は李玉亭に同族の王殿友と結婚するように迫ったのである。李玉亭は絶対に同意しなかったが、（中略）王氏一族三人の脅迫のもとで、李玉亭は無理やり結婚登記書に拇印を押させられた。そして大隊幹部と王氏一族は不測の事態が起るのを恐れ、慌ただしく翌日の早朝、王殿友に李玉亭の家に行かせ結婚させることに決めた。

その後、二〇日あまり自由を束縛されていた李玉亭はすきを見てようやく家から逃げ出し、そのまま裁判所に駆け込んだのである。この強制再婚事件には大隊党支部書記王章友、党支部委員王仲奎、亡夫の甥など王氏一族のほか、さらに公社党委員会書記王鳳堂などの名もあがっており王姓の同族同宗による村ぐるみの犯罪の可能性が強い。そしてこの一族の者たちの暴走に、他姓である公社副書記、公社婦女連主任など村の幹部たちまでもが、王一族との関係を保つために公然と加担していることが注意をひく。いったい、この事件が起った原因あるいは動機は何だったのだろうか。ただ単に（もしあれば）寡婦の有するわずかな財産が一族の外に流出するのを防ごうとした経済的要因によるものとするよりも、やはり結婚相手のいない一族の王殿友をぜがひでも結婚させようとする一族の強い意向があったと考えるほうが分かり易い。今日でも依然として、寡婦を一族の財産だとみなし、一族の思うままに支配しようとする動きが残っていたのである。この事例は、犯罪として告発されるような悪質なものであるが、問題はこうした個別的な現象の根底にある社会の体質であろう。

中国の村落社会の構成は、地域によって違いがあり、華北地域は「雑姓村」が普通だが、華南地域は血縁的宗族団体が地縁的村落社会の基礎となっているような「宗族郷村」が多く、顕著な場合には、単一の宗族から構成されている村落が存在するといわれている。[63] 社会主義中国になると、これらの「宗族郷村」が人民公社化の過程で生産隊など一つの組織にそのまま組み込まれることも当然あり得た。

朱暁平《しゅぎょうへい》（一九五二〜　）の『桑樹坪紀事《そうじゅへいきじ》』（一九八五年）[64]は、一九六〇年代末の下放青年の目を通して描かれる陝西省の山村の物語である。その第二話「台地に麦実るとき」は、寡婦となった若い女性が、夫の死後その弟に無理やり嫁がされ、婚礼の晩に井戸に身投げした話である。

この作品の舞台である桑樹坪という村は一〇数所帯、村民一〇〇名ほどの小さな貧しい村で、一人を除いて全員が李《リー》姓の、一姓一族の村である。この村で一つの生産隊をつくり、生産隊長の李金斗《リージンドウ》は族長でもあった。「金斗は土地の守り神も同然で、彼の口から出る言葉はえらく権威をもっていた。村の老若男女だれしもが、金斗の意向に従い、金斗の顔色をみて行動した。――人々は世代の上下を重んじて、血族意識が強く、さらには金斗は解放とともに村の幹部になり、この村を整然とおさめてきたのである。」自殺した若い寡婦彩芳《ツァイファン》はこの李金斗が長男の嫁にするために童養媳（建国後はさすがにこう呼ぶのは憚られたので「乾女児《ガンニューアル》」〈義理の娘〉と言った）として買った娘だった。ところが結婚して半年もしないうちに長男が死亡したため、こんどは次男の倉娃《ツァンワー》の嫁にしようと考えていた。身体に障害をもつ倉娃に嫁をもらうには大金を積んでも難しく、それは彩芳を他の男と再婚させて手に入る結納金の比ではないからだ。

この物語からは、寡婦に守節を要求する雰囲気はまったくうかがえず、貧しい村では寡婦の再婚は一般化していること、そして以下のように彩芳の恋愛が一族をあげて干渉にあい、望まぬ相手と強制再婚させられるのも、さきの事例と共通する。

若くして寡婦となった彩芳に恋人ができた。二人は駆け落ちしようとするが、金斗の差しがねで村の男女が二人をとりおさえ、相手の男は縛られて殴られる。主人公が止めにはいると、「間男を捕まえたのだ、殴るくらいまだ手ぬるいほうだ」と言う。婚姻によらない男女の情交を姦通と呼んで取り締まる昔からの慣習が、一九六〇年代最後の年にも、まだこの村では国家の法規を超えて通用しているのである。金斗は相手の若者を女子誘拐犯として隊名義で公社に訴える。そして翌日、金斗は次男の倉娃と彩芳の結婚式を慌ただしく整え、婚礼の夜、彩芳は行き場を失って井戸に身を投げて自殺する。村の女たちはその井戸に唾を吐きかけ、彼女を身勝手な女だと罵るのだった。

同じく朱暁平『小桂《シャオグイ》』（一九八九年）[65]は、寡婦である小桂の再婚相手に、族長の金斗が村の利益と私憤を晴らすために、品行のよくない足の悪い男を選び、これに小桂が抵抗する話である。時代背景および登場人物は『桑樹坪紀事』と共通する。小桂は両親を早く亡くし、よその村に童養媳にやられた女性である。彼女はその家の兄弟二人から性的蹂躪を受け、一五歳で兄のほうと結婚し、数年後に夫を病気で亡くす。その後再婚を迫られて嫁家を逃げだし、家畜の仲介人をしていたところを、主人の悪事に連座して逮捕され、保護観察つきで桑樹坪に戻って来たのだった。彼女は、李姓のこの村でただ一人姓を異にする老何《ラオホー》から、かつて彼女の両親が族長の決めた結婚に従わず、自由恋愛で結ばれていたために村人から村八分にされていたこと、二人が病死する直前は誰の助けも得られず悲惨な状況だったことを聞かされる。そして倉娃の口から、族長の金斗が彼女を早々に再婚させようとしており、それは彼女の両親が残した僅かな財産（金斗にとっては一族の財産であった）を彼女に返すのが惜しいからだということを知る。金斗は陰でその足の悪い男に再婚後この話を持ち出さないという条件をつけていたのだ。小桂は彼女に手を出してきた倉娃を存分に痛めつけて仕返しをする。翌朝、金斗は祀堂に一族を招集して宗族会議を開いた。小桂の再婚話を決定するためであったが、その裏には自分の息子がやり込められて面子を潰されたことに対する金斗の復讐心もあった。

「結婚して出て行った者は、郷規によれば、一族の者とはみなせない」のに、小桂の身の振り方を一方的に決めようとするのは、金斗の意見によれば、村が罪を犯した彼女の身元引き受け人になっており、同じ李姓の者のために心を砕くのは当然であり、「小桂には目下家長がいないので、わしらの一族で決めるのが理にかなっている」からだった。当然、彼女は「自分の事なのに、どうして自分で決められないのか」と反論するが、これには村の女たちまでが「どこの家が娘の大事を自分で決めさせたりするかね」といい、「父母の命、媒酌の言があってこそ、まっとうな娘だ」と口々に批判しだした。金斗は小桂が一瞬黙りこんだのを見て、「何も言うことがないようだ、この件はわしら一族の中で話はついたことになる。いずれ日取りが決まったら、とにかくわしら李姓一族、賑やかに送り出してやろうじゃないか」と会の終わりをつげようとする。

彼女は思いっきり泣きわめきたかった。しかし、目の前に並ぶ村人のうすぼんやりした顔が目に入った瞬間、彼女は突然理解した。泣いてもわめいても無駄なのだ。かりにそうしても、これらの人達の心を動かすことなどできはしないのだ。こんなことはみな彼らの心のなかでは、まるで飯を食べ、働き、寝るのと同じように自然で、天経地義、あたりまえのことなのだから。

彼女はこの村では婚姻の自由などという論理は通用しないことを悟り、彼らと同じ土俵で戦うべきことを知る。彼女は静かに立ち上がり、金斗の目論見を暴露したあと、皆の前で両親の遺産には全く関心がないことを明言し、最後にこう言って祀堂を出る。

「あんたたちはいつ私を一家の者、一族の者としてみてくれたかしら？私の事に構わないでちょうだい。もし私の事に口出ししたければ、この十数年間の私に対する借りを返してからにしてほしいわ。返せないのなら、構わないでちょうだい。私は自分で結婚したいと思った相手と結婚するのよ。」

「おまえ逆らうのか」金盛《ジンション》が大声を上げた。

「不孝者め」金斗が叫んだ。

村じゅうの者が口々に罵り出した。

祀堂は爆弾でも落ちたように混乱した。

彼女は、もし自分を一族の者だとみなし、李一族の族規に従えというのなら、まず先に彼等がこれまで彼女に対して一族の者として接してきたかどうか、その証拠を示すべきだと迫ったのである。かりにそうならば彼等は彼女の両親を見捨てたり、彼女を童養媳に出したりせず、両親の遺産もとっくに返しているはずだった。

祀堂から老何の家に戻った時、小桂の表情は自信に満ち、晴々としていた。その後、彼女はどうなるのか。金斗たちに縛られて強引に再婚させられるのか、それとも一族の外に出て彼等の干渉をはねのけるのか。結末は描かれていないが、最後に小桂が老何に向かって「家の塀を修理しなくてはね」と言った言葉から、金斗たちに対する彼女の長い戦いの始まりを予感させる場面で終っている。朱暁平は農村では今でも貧困と宗族の支配が一体となって、具体的に目にみえる形で女性の性と生を束縛している現実を直視し、この作品でこれまでの犠牲者としてのイメージの強い寡婦とは異なる、宗族支配に一人で立ち向かった新しい寡婦像を作り上げている。

以上をまとめれば、家族や一族の者が寡婦の存在を認めるのは、おとなしく守節して一生を終える寡婦か、あるいは一族の決めた再婚に黙って従うかのいずれかであり、もし寡婦が自由意志によってこの既定の枠から少しでもはみ出そうとした場合には、容赦のない攻撃や制裁が加えられるということであろう。そして、こうした宗族における包摂と排除の論理が今日でも女性に対して、とりわけ寡婦に対しては極めて露骨に適用されることをこれらの事例は示しており、多くの女性が、おそらく、こういった現実を前にして萎縮し、自己放棄の道を選択せざるを得なかっただろうと推測されるのである。

11　活発になった宗族の活動

最近の自由化政策の中で宗族の活動が活発になってきたというニュースを度々耳にするようになった。各地で祀堂の改修・建築が行われ、祖先の墓が修復され、一時中断していた族譜（家譜、宗譜、支譜ともいう）が再び編まれるようになったのである。農村では、一九八三年から八四年にかけて人民公社制度が廃止されると、これにかわる互助合作方式として、伝統的な血縁・地縁関係による互助合作が行われるようになり、また、とくに宗族の勢力が伝統的に強い沿海地方では、海外の華僑や香港・台湾にいる一族の資金援助を得て新しく企業を起こす者も増えてきた。こうした宗族ネットワークの再編と広がりにともなって、宗族観念もまた復活してきたのである。

浙南C県の、民国初年から今日まで、文革中も途絶えることなく書き継がれてきた族譜二〇余種（部）の調査記録（一九九二年実施）[66]をみてみよう。それには中華人民共和国建国以降も寡婦の守節や再婚をめぐって次のような記述がみえる。

事例1：一九七四年改定「江夏郡Ｈａ氏宗譜・凡例」

「夫が死亡し、再婚する者があれば、記載を書き直し、生没をとどめず、死亡して異姓の鬼となった時、孝子慈孫がこれを引き取ることは許されない」

事例2：一九七六年改定「有嬀郡Ｃｅ氏宗譜・族譜凡例」

「若くして守節する者があれば別に伝を立ててこれを表彰すること」

事例3：一九七八年改定「河間郡Ｚｎ氏宗譜・凡例」

「夫が死亡し妻が家を出る場合、ただ某氏と書き改め、生没を記載せず、宗廟を去り義を絶ったことを示すこと」

この筆者によると、このような寡婦の守節を推奨し、再婚を貶めるような言葉がこれらの族譜に記載されなくなるのは最近のことであるらしく、それは彼ら一族の経済状況が経済改革の波にのって大きく好転してから後のことだという。しかし、たとえ宗族内部の意識の革新が絶えず進行しているとしても、筆者がその中で指摘するように「現代族譜にみられる女性の地位の変化の実績は、まだ政府が提唱し社会が期待するものとの間に明らかな差がある」のである。

確かに、失われた帰属意識を強化し、再び一族の結束を強めることは、転換期にある中国社会を生き抜く大きな原動力となるであろう。しかしその反面、この現象に付随して再び節婦烈女の牌坊が建てられるなど、宗族の復活は思想的な逆戻り現象（あるいは顕在化）を引き起こしているのである。[67]社会主義化のもとで潜在していた伝統的規範が再び勢いを得、それは女性解放とは反対の方向へと動き始めている。

一般に中国の伝統社会は、国家と社会のはなはだしい乖離によって特徴づけられるといわれている。「国家の官僚支配が直接及ぶのは州県行政までであり、最末端の行政単位である県より以下のレベルの社会では、宗族や村落による広範な自治・自立領域が存在する」[68]という国家と社会の二元的構造があった。そしてこのような二元構造を徹底的に打ち崩し、国家の社会に対する一元的支配を完成させようとしたのが毛沢東の社会主義革命であった。この革命の成功の鍵は、封建的な宗族支配を打破すること、それは土地改革の推進と婚姻法の貫徹にかかっていたといわれている。しかし、土地改革から人民公社化にいたる政策が中国の家父長制を完全に解体させることができたかについては、『フェミニズムは中国をどう見るか』[69]の著者であるJ・ステイシーなどから疑問が出されている。ステイシーが言う家父長制社会主義というイメージは、改革開放後の中国においても認められ、本書でとりあげた資料や小説によってますます補強されていく。中華人民共和国になってからも依然として国と社会の二元的構造は存在し、今日でも国の法の届かない社会で女性たちは男たちの勝手な論理の支配を受けているのである。寡婦の婚姻の自由を阻むものは、単なる経済的要因だけでなく、また、「純粋な」礼教の影響だけでもなく、これらと複雑にからみあい、相互に補完しあって、女性抑圧を生み出す温床となっている強力な宗族（父系血統権力）の存在も無視することはできないことを、以上の事例は伝えている。

[注]

[1]……夫馬進「中国明清時代における寡婦の地位と強制再婚の風習」『家族・世帯・家門――工業化以前の世界から』（前川和也編　ミネルヴァ書房　一九九三）。守節の要求が強まった時期を明以降とする説は、すでに聶崇岐「女子再嫁問題之歴史的演変」《大中》一＝四（一九四六―四）に、また最近では辛更儒「論宋代婦女改嫁不受世論非議」《婦女研究論叢》一九九九年第三期がある。夫馬氏の上記論文は詳細な資料により宋代説を修正しただけでなく、さらに守節の要求と同時に存在する強制再婚も視野にいれて総合的に論じたところに新しさがある。他に宋代だけでなく元代の上流社会においても再嫁が広く行われていたことを論じて、従来の説に修正を求めたものに張靖龍「元代婦女再嫁問題初探」《社会学研究》一九九三―一がある。民国時期の寡婦について一部触れたものには林純業・張春生『中国的寡婦』（国際文化出版公司　一九九三）があるが、従来の宋代説を無批判に踏襲しているため、民国時期の寡婦の守節を強調しすぎ、ために再婚の風習との関連について論述に混乱が生じている。

[2]……滋賀秀三『中国家族法の原理』（創文社　一九六七年初版、一九七六年第二版）第四章「婦女の地位」第二節「寡婦の改嫁」参照。引用は三三三、四二三頁

[3]……小野和子『五四時期家族論の背景』（同朋舎　一九九二）五二～六三、一〇一～一一五頁

[4]……高邁「我国貞節堂制度的演変」《東方雑誌》三二＝五（一九三五―三）『婦女風俗考』（高洪興他編

上海文芸出版社　一九九一）所収。ほかに《人民日報》「安徽省挙辦婚姻法宣伝室」（一九五三—一一—八）には、「安慶の〈清節堂〉で数十年にわたって監禁されていた寡婦たちも、今日解放された」という記事がみえる。参考文献としてスーザン・マン／岸本美緒訳「清代の社会における寡婦の位置」《お茶の水史学》二九（一九八五）、およびSusan Mann「Widows in the Kinship, Class, and Community Structres of Qing Dynasty China」《Journal of Asian Studies》Vol. 46, N o. 1 (1987–2) がある。

[5]……中華全国婦女連合会編／中国女性史研究会編訳『中国女性運動史』（論創社　一九九五）二〇一頁

[6]……他に数としては少ないが、招夫という後夫を招き入れる再婚がある。これは、わずかな財産を有するものの、義父母に仕える者が他におらず、また労働力が不足する家で行われた。

[7]……孫俍工「家風」『海的渇慕者』（民智書局　一九二四）所収

[8]……台静農「燭焔」《莽原》二＝四（一九二七—二—二五）

[9]……施蟄存「春陽」『善女人行品』（上海良友図書印刷公司　一九三三）所収

[10]……柔石「怪母親」《朝花旬刊》一＝六（一九二九—七—一一）

[11]……蕭紅「小城三月」《時代文学》一＝二（一九四一—七—一）。引用は『蕭紅全集』（下）（哈尔濱出版社　一九九一）六九二頁

[12]……唐俟（魯迅）「我之節烈観」《新青年》五＝二（一九一八—八）、『墳』所収。引用は『魯迅全集一』（北岡正子訳　学習研究社　一九八四）一七七、一七九頁

[13]……一九三五年に行われた鄒平県政府と山東省郷村建設研究院の合同戸籍調査。鹿立「山東農村婦女発展五〇年管窺」原載《人口学刊》一九九四—三、《復印報刊　婦女研究》（一九九四—四）所収。同報告によれば、寡婦が既婚女性に占める割合は、一九九〇年には一一・五七％まで落ちている。

[14]……小野和子『五四時期家族論の背景』第一、二章（前掲注3）

[15]……王瑩『宝姑』（中国青年出版社　一九八二）第二九章。執筆は一九四六～五四年。

[16]……沈従文「巧秀和冬生」《文学雑誌》二＝一（一九四七―六）。引用は『中国新文学大系一九三七―一九四九』第四巻（上海文芸出版社　一九九〇）一九三、一九四頁。邦訳には小島久代訳「巧秀と冬生」《中国語》四六三号（内山書店　一九九八―八）がある。
[17]……魯迅「祝福」《東方雑誌》二一＝六（一九二四―三―二五）、『彷徨』所収。
[18]……慰冰「従征行――興県的婦女生活和売買婚姻」《中国婦女》一＝三（一九三九―八）
[19]……慰冰「旧社会一角裏的婚姻地獄――興県通信」《中国婦女》一＝八（一九四〇―一）
[20]……仁井田陞『中国の農村家族』（東京大学東洋文化研究所　一九五二）一九三、一九四頁
[21]……『中国民事習慣大全』（広益書局　一九二四）。引用は一三七頁
[22]……寡婦の再婚時の風習については、鄭永福・呂美頤『近代中国婦女生活』（河南人民出版社　一九九三）一七三～一七九頁に詳しい。ほかに『中華全国風俗志』（広益書局　一九二三、大達図書供應社一九三六）や『民商事習慣調査録』（司法行政部編　一九三〇）を参照のこと。また、五〇年代はじめにも、農民協会主任が寡婦の再婚に際して「過庄費」として麦など物品を強要した事例がある（《人民日報》一九五一―二―二六「甘粛平凉県農民協会組織不純現象厳重」）
[23]……鄭永福・呂美頤『近代中国婦女生活』（前掲注22）一七四頁および鹿立「山東農村婦女発展五〇年管窺」（前掲注13）
[24]……陳達『現代中国人口』（天津人民出版社　一九八一）五九頁、原載は《The American Journal of Sociology》1946-7
[25]……許傑「改嫁」《小説月報》一八＝二（一九二七―二）
[26]……柔石『二月』（上海春潮書局　一九二九）
[27]……柔石「人鬼和他底妻的故事」《奔流》一＝五、六（一九二八―一〇、一一）
[28]……小野和子「婚姻法貫徹運動をめぐって」《東方学報》四九（一九七七―二）二八二頁
[29]……《人民日報》一九五二―一〇―一二「必須徹底改革司法工作　福建省人民法院在永春県依靠群衆処

理婚姻案件貫徹婚姻法的経験」

[30]……《人民日報》一九五三—一—六「河南省魯県是怎様貫徹執行婚姻法的」

[31]……《人民日報》にみられる寡婦の再婚に関する報道は、ほかに「実現男女平等争取婚姻自由——看到臧渓村寡婦集体結婚　群衆明白了婚姻法的好処」（一九五一—一一—二八）、「今年上半年各地執行婚姻法情況」（一九五二—八—二八）など多数ある。

[32]……《新華月報》総一三（一九五〇—一一）「正確的掌握婚姻政策　糾正処理婚姻案的偏向」、原載《河北日報》一九五〇—一〇—二四

[33]……《人民日報》一九五一—四—三〇「正確執行婚姻法　消滅封建的婚姻制度」

[34]……《人民日報》一九五一—九—三〇「一年来執行婚姻法的初歩検査和今後進一歩貫徹執行的意見」、原載《長江日報》一九五一—八—三〇

[35]……石果「風波」《人民文学》一九五三—九

[36]……《人民日報》一九五三—一一—一九「中央貫徹婚姻法運動委員会関於貫徹婚姻法運動的総結報告」。ほかに関連記事として《人民日報》一九五三—二—一「全国很多地区的事実表明婚姻法執行情況極不平衡」など。

[37]……戴厚英「鎖鏈是柔軟的——」《広州文芸》一九八二—九〜一一

[38]……鹿立「山東農村婦女発展五〇年管窺」《人口学刊》一九九四—三（前掲注13）。データはそのうち、一九九一年一〇月、山東省の一〇市・県、一三〇〇組の夫婦に対して行われた「当代中国寡婦地位調査」による。

[39]……沙吉才主編『中国婦女地位研究』（中国人口出版社　一九九八）二七頁。一九九一年に中国社会科学院人口研究所が一〇の省・自治区・直轄市の、都市および農村の一二五〇〇組の夫婦（二〇〜五四歳）に対して行ったサンプル調査。

[40]……「不許侵犯寡婦的婚姻自由」原載《解放日報》一九八四—一一—二五、《復印報刊　婦女研究》（一九

八四—一）所収

［41］……柳明「別有一難在人間」《花城》一九八四—五

［42］……関秀芳「沖破封建観念的潜網——改革時期婦女解放散論」原載《広東社会科学》一九八九—三、《復印報刊　婦女研究》（一九八九—五）所収

［43］……《人民日報》一九八三—四—一五「不許干渉寡婦改嫁」

［44］……張弦「未亡人」《文匯月刊》一九八一—一一。邦訳に千野拓政訳「未亡人」《中国現代小説》・一〇（蒼蒼社　八九—七）がある。現実におこった類似する話に《人民日報》一九八六—一一—二一「改嫁之念引起的風波——一位烈士妻子、婦女標兵的処境」がある。

［45］……師学軍・冉阿麗「中国老人婚恋面面観」『性観念的躁動——性及婚恋報告文学集』（戴晴等編　作家出版社　一九八八）二七五、二九三頁。および孫淑清「我国老年婦女的再婚問題」《人口与経済》一九九一年第五期（一九九一—一〇—二五）

［46］……郭慶生「不落的星辰——当今中国老年再婚透視」『性別悲劇』（賈魯生等　今日中国出版社　一九九五）一三一頁。鄭暁瑛主編『中国女性人口問題与発展』（北京大学出版社　一九九五）一六二頁によると、配偶者と死別後、再婚していない男女のそれぞれの人口に占める比率は、一九三〇年代は男性八％、女性一七％、八〇年代は男性四・四五％、女性一〇％、九〇年代は男性三・八％、女性八・五三％とあり、再婚率は民国以来一貫して男性のほうが高い。

［47］……柳明「別有一難在人間」（前掲注41）

［48］……郭慶生「不落的星辰——当今中国老年再婚透視」（前掲注46）一二九頁

［49］……沙吉才主編『中国婦女地位研究』（前掲注39）二四九頁

［50］……山下威士・山下泰子監訳『中国の女性——社会的地位の報告書』（尚学社　一九九五）六七頁、「付録」資料六五。対象は一一の省・直轄市、一八～六四歳の二二一〇三人。原書は『中国婦女社会地位概観』（中国婦女出版社　一九九三）

[51]……師学軍・冉阿麗「中国老人婚恋面面観（前掲注45）二八八、三一三頁

[52]……鄭暁瑛主編『中国女性人口問題与発展』（前掲注46）六一頁。山下威士・山下泰子監訳『中国の女性――社会的地位の報告書』（前掲注50）七七〜八九頁

[53]……一九九五年に行われた第五回人口センサスによれば、第一次産業（農・林・牧・漁）に従事する女性は女性就労人口（一五〜六五歳）の七三・五七％を占める（『中国性別統計資料一九九〇―一九九五』中国統計出版社　一九九八、三九八〜四〇六頁）。一九九〇年に行われた第四回人口センサスでは七六％であったから、わずかではあるがサービス業など職業選択に広がりをみせている。参考資料として蒋萍「女性人口経済活動参与度与参与方向分析」原載《中国人口科学》一九九七―一、《婦女研究》（一九九四―四）所収。なお、九五年に第一次産業に従事する男性は六六・一八％であり、常に女性より七％程度低い。

[54]……山下威士・山下泰子監訳『中国の女性――社会的地位の報告書』（前掲注50）八三〜八八頁。および王文亮「中国の養老保険制度改革の現状」《中国研究月報》一九九九―六

[55]……張萍『中国の結婚問題』（新評論　一九九九）四五〜八一頁。ほかに参考として早瀬保子編『中国の人口変動』（アジア経済研究所　一九九二）など。

[56]……一九五二年河南省魯山県八区余荘郷では、女児の間引き（ある産婆は一四年間に女児三六九人を溺死させていた）や冷遇・虐待による死によって、未婚女性五人、独身男性は八一人と、男女のバランスが大きく崩れている（《新華月報》一九五二―八「河南省魯山県婚姻問題的調査」、原載は《長江日報》一九五二―七―二二）。最近では、若林敬子『中国の人口問題』（東京大学出版会　一九八九）一一五〜一一七頁によると、八一年の安徽省懐遠県では、出生性比が一三九・一八を記録し、その直接の原因は女児の間引きにあると報告されている。同省全椒県だけでも一九七八〜七九年までに女児の溺殺事件が一九五件起っており、今日でも女児の間引きの風習がまだ根絶していないことを示している。

［57］……庄平「関於我国売買婦女社会現象的分析」《社会学研究》一九九一年第五期（一九九一—九—二〇）。こうした女性たちの値段は正規の結婚に必要な費用よりもかなり安く平均三〇〇〇元で取引されているという。

［58］……《人民日報》一九九三—八—一七「民間糾紛新探」。データには離婚再婚を含む。

［59］……《人民日報》一九八三—八—三「寡婦改嫁如何行使財産所有権和継承権」

［60］……《人民日報》一九八八—一二—五「在她生活失望時」

［61］……山下威士・山下泰子監訳『中国の女性——社会的地位の報告書』（前掲注50）三一五頁

［62］……《人民日報》一九八四—一一—一二「一起厳重干渉寡婦再婚案始末」

［63］……陳其南／林文孝訳「伝統中国の国家形態と民間社会」『アジアから考える四　社会と国家』（東京大学出版会　一九九四）二八頁

［64］……朱暁平「桑樹坪紀事」第二話「桑塬麦黄」《鍾山》一九八五—二、引用は杉本達夫訳『縛られた村』（早稲田大学出版部　一九九四）一四頁

［65］……朱暁平「小桂」原載《中国作家》一九八九—六、『石女』（中国社会科学出版　一九九三）所収、一七四〜一八一頁。

［66］……劉小京「現代族譜中婦女地位的変化——以浙南C県為個案」《婦女研究論叢》八（一九九三—四）。新しい変化としては、女性配偶者や未婚女性とくに成功した者については記載事項や分量が増えていること、また女子が家を継いでいる事例があることなどが指摘されている。

［67］……女性たちが宗族内で具体的にどの程度の活動が許されていたのか、その詳しい実態はまだつかめていない。参考のために山東省小高家村の「院」と呼ばれる同姓の親族集団の活動を紹介したい。この院と宗族との違いは、「院」はその村から離れるとメンバーではなくなること、女性配偶者だけでなく未婚女性もメンバーに含まれることなどがあるが、「今日でも、院の種々の行事や意志決定に際して、女性は主導権を持っていないし、話しあいの席に同席することもない。女性は女性だけで集

まることが多く、あくまで周辺的な存在として院の中に位置づけられているようである」（橋本満・李小慧「山東省小高家村」『現代中国の底流』行路社　一九九〇、二三五頁）とある。女性解放の視点からすれば、宗族の活動が活発になることよってもたらされるマイナス面のほうが気がかりである。なお、祠堂の建設や族譜の編纂、あるいは一族の集いなどの活動に若者たちはむしろ冷やかな態度をとっている、とする調査もあり（阮新邦等『婚姻、性別與性』八方文化企業公司　一九九八、三七頁）、現在の活発な宗族の活動がいつまで続くのか、あるいはどのように変化していくのか、女性を取り巻く環境を考える上で重要な問題である。宗族に関しては他に張琢「中国の家族と宗族に関する諸問題」（《思想》一九八九―九）、麻国慶『家與中国社会結構』（文物出版社　一九九九）などを参考にした。

［68］……村田雄二郎「中国近代革命と儒教社会の反転」『中国という視座』（溝口雄三他著　平凡社　一九九五）二五八頁

［69］……J・ステイシー／秋山洋子訳『フェミニズムは中国をどう見るか』（勁草書房　一九九〇）

第5章

民国時期の蓄妾制

1　蓄妾の歴史

中華人民共和国建国以前の中国は基本的に一夫一妻多妾制であった。民国時期においても、妾は「その家長とは法律上の婚姻関係はないが、事実上は家族の一員として認められ、その家長は扶養の責を負い、家長亡きあとは（中略）その継嗣が扶養の義務を負う」（大理院判決例民国三年上字第一〇七八号）[1]と、事実上の家族（準配偶者）身分は認められていた。そして大理院は暫行刑律（一九一二年）の「重婚罪」に関する解釈において、妾は正式の妻ではないため蓄妾は重婚罪にあたらない、と重ねて蓄妾が合法であることを確認したのである。[2]その後、一九三〇年の新民法では妾に関する規定が消え、[3]妾を法律の外に排除してしまったが、実際には蓄妾を禁止しているわけではなかったため、中国社会では一夫一妻多妾制は、一九五〇年の婚姻法（第一章原則第二条）によって蓄妾の禁止が明文化されるまで続いたと考えてよい。

中国に蓄妾制が存続してきた理由には中国の婚姻・家族制度がまず挙げられ、蓄妾制は祭祀を継承すべき男系子孫の断絶を防ぐために不可欠であると考えられてきた。日本のように家名や家業を継ぐことを第一義とする家制度では、相応しい男子がない場合には、妾を置かずとも婿養子や養子縁組などで家の存続をはかることができたが、男系の血すじを重んじ、「異姓不養」を原理とする中国では、正妻に継嗣が生まれない場合にはまず妾を置くことでその解決がはかられたのである。中国の蓄妾制批判が単なる風紀の問題としてではなく常に家の問題と関連づけて論じられてきた理由はここにある。そしてさらに中国に蓄妾制が存続した背景として、夫が家を離れて働きに出ても妻は同行せずに子とともに家で父母に孝養を尽くすのが第一に考えられ、その結果、夫婦別居の形を取ることが多かったこと、また中国では離婚を慣習的に避ける気風が強かったために、旧式結婚により親が決めた相手に不満な場合でも関係を解消することは事実上不可能に近かったことなども中国の蓄妾制が長いあいだ道徳的非難を受けることなく存続してきた理由とされてきた。

　しかしながら、蓄妾制をどのように正当化しようとも、近代の多くの論者が指摘しているように、その実態は、疑いもなく、男性の性的欲望を満足させるため、また権力や富の象徴として階級的優越を誇示するためのものであった。一人の男性に複数の女性を配置して女性間の競争を助長させる蓄妾制は、男性の地位を実際以上に高め、反対に女性たちの地位を不当に引き下げる構造をもっており、女性の価値が一人の男性の性的嗜好によって一方的に決定されるセクシズムの典型として、中国の家父長制研究には避けられない今日的検討課題でもある。

　近代の作家には、なんらかの形で妾の問題に直面した人は多い。たとえば、凌叔華《りょうしゅくか》は、母が三番目の妾（第四夫人）という複雑な家庭環境で育ち、楊剛《ようごう》は正妻の子でありながら、進学のために妾の家族と生活をともにしている。また梅娘《ばいじょう》の場合は、正妻が梅娘の母を妾として正式に家に入れることを拒否したため、彼女の母は情婦のまま一生をおえ、梅娘は父に引き取られて正妻の家族と暮らしている。[4]さらに、旧式結婚について述べた所ですでに触れたが、女性作家の廬隠《ろいん》は最初の結婚相手に旧式結婚による妻がいたために彼女自身が妾の地位におかれ、魯迅夫人の許広平《きょこうへい》、郭沫若《かくまつじゃく》夫人の安《アン》娜《ナ》、郁達夫夫人の王映霞《おうえいか》は、たとえこれが愛情に基づいた結婚であったとしても、夫たちにはすでに正妻がいたために、法律上では妾であった。このほかにも祖父や父あるいは兄弟が妾を囲うのを身近に見て育った作家は多い。

澤村幸夫『支那現代婦人生活』[5]には、民国初期のころのエピソードとして、大総統の黎元洪《れいげんこう》や官僚の梁士詒《りょうしたい》が日本を訪問した際、妾を連れてきたために日本側がその対応にとまどった話や、政府官僚の周自斎《しゅうじさい》が一九二一年に始まったワシントン会議に出席するためアメリカを訪問した際、正妻ではなく妾を同行したために当地の中国人から国辱として非難された話などが紹介されている。国の外交の場に妾を妻として同行する当人たちの意識、その鈍感さは、当時の中国社会に蓄妾制がいかに深く根付いていたかを物語っていよう。

中国では紀元前一〇〇〇年ころの殷周時代にすでに妾の存在が確認され、それ以降およそ三〇〇〇年の長きにわたって蓄妾制が存続してきた。歴代の王朝は風紀の乱れを恐れ、身分により蓄妾の数などに制限を加えるなど支配者層の蓄妾に対して様々な規定を設けたが、実際にはほとんど守られることはなかったといわれている。他方、庶民(農・工・商)の蓄妾は、妾を持つだけの経済力を有する者が少なかったことも原因していようが、「礼は庶人に下らない」ゆえに放任されたままであった。ところが、明清時期に入り商品経済の発達に伴って庶民の中に財力を蓄え妾を持つ者が増えてくると、明代には庶民に対して「四〇歳以上で子なき者に限る」という規定が設けられ、違反者に対する罰則も明記された[6]。しかしながら、この条項もまたほとんど実効性がなく、清の乾隆五年(一七四〇年)には削除されて、再び放任主義がとられるようになる。こうして明清以降、蓄妾の風習は庶民の間でもますます盛んになったといわれている。そして民国時期は、冒頭で紹介したように新たに作られた法律もすぐに空文化され、以下述べるように、妾の値段の下落と妾の形態の多様化によって、蓄妾層がさらに拡大していったと推測されるのである。

本章では、有史以来綿々と続いてきた蓄妾制の最後の時期にあたる民国時期（一九一二～一九四九）を対象に、正妻と妾をとりまく状況を中心に整理し、蓄妾制という中国の家父長制下における女性抑圧の実態の一端を明らかにしていく。

2 正妻と妾の身分差

一つの家の中における妾の数や境遇などは、男性側の経済的状況だけでなく、時代や地域によっても大きな差があるが、妻妾の地位の差は時代が古いほど大きく、「上代において、妾とは一般に女奴を意味する言葉であった」[7]といわれている。言い換えれば、近代になるにしたがい、妻と妾は質的に異なる身分であるという原理は貫きながらも、実際の日常生活において、両者の身分差は縮小してきたと考えられている。

かつての中国における妾の地位の低さを知る恰好のテキストに『紅楼夢《こうろうむ》』（清、一八世紀中葉）がある。それには、妾の実家とは親戚づきあいが生じないこと、離婚・売買・譲渡は主人の自由に任されていたこと、また妾の手当てが女中の二倍程度で、妾の身分は女中よりほんの少し上にすぎず、日常的に夫が家の使用人に手をつけ後にそれを妾にする話、褒美がわりに叔父の妾をもらう話など、妾の身分が極めて低かったことを具体的に知ることができる。また、妻の妾に対する支配力の強さを知る例としては王熙鳳《おうきほう》に注目すればよい。彼女は、夫が外に勝手に女を囲ったと知ると（このような家庭外にひそかに情婦を囲う行為は制度によらない闇の情交関係として厳しく指弾され、妾とは区別された)、手元においてじっくりいびりぬくためにその女を妾として正式に屋敷に入れ、賢夫人らしくふるまいながらその女を自殺に追いやってしまうのである。また『金瓶梅《きんぺいばい》』(明、一六世紀末)では、西門慶《せいもんけい》が死ぬと、妻呉月娘《ごげつじょう》は妾の潘金蓮《はんきんれん》を売り飛ばし、他の妾たちも再嫁させている。これは、夫の死後、子どものない妾は「妻の監督を受け、妻は妾を扶養する義務を負う」[8]とあるように、夫に代位する妻に権利が移ったためで、妾が若い場合には再嫁させたり、売り飛ばしたり、実際には正妻の思うままであった。

だが一方で、夫の寵愛を受けている妾の存在は常に正妻にとって自身の身分と地位の安定を脅かすものであったことは否定できず、そのため、妻のほうから自分に従順な妾(よく自身の下女がそれに選ばれた)を積極的に夫にあてがい、あくまでも正妻としての優位を誇示する方法もよくとられた。これは民国時期に入ってからも広くおこなわれ、たとえば曹禺《そうぐ》『北京人』(一九四〇年)[9]には、夫が好意を抱いている女性を夫の妾にしようと画策する妻が登場する。曽家の嫁である思懿《スーイー》はこの家を一人で支配する気性の激しい女性で、彼女は、同居して舅の世話をしている舅の姪と夫との間に恋愛感情があるのを敏感に見てとると、先手をうって彼女を妾として夫にあてがおうとする。舅の姪であれば手の下しようがないが、夫の妾にすれば、彼女を完全に自分の支配下におくことができると考えたからである。

こうした正妻と妾の身分の違いを示す例としては、ほかに納妾の儀式がある。一九四〇年代前半、広東に滞在していた香坂順一氏によると、「不思議なことは、輿入れの用意万端はすべて正妻が担当するのである。」「正妻は正庁の上座に控えている。(中略)妾は正妻の下に跪く。正妻は徐ろに妾に名を与え、次に銀製の「花管《ホワグアン》」を頭に挿してやる。(「花管」を使用するのは「管」の意義即ち「監督する」の意を示したもの)「これが終わると語気を励まして歌謡式の罵語を滔々とまくし立てる。『子どもを生まなければ婢にする』『お前は妾なのだから美味しいものを食べたいとか良いものを着たいとかの気持ちを出すな』とか、相当に苛い言葉を使うらしいが、妾は一言も発せずじっときいて居らねばならない」[10]というものだった。この納妾の儀式は、正妻が妾との身分の違いを正式に確認するためのものであったことは明白であり、それは妾にとっても社会からの承認を受け、相応の身分を保証される大事な手続きであった。

だが香坂氏によると、当時こうした儀式をするのは男子が生まれないために妾を娶る場合に限られるといい、一般に民国時期には納妾の儀式はますます簡略化され、省略されるほうが多くなったと考えられている。この変化は正妻が妾に対して身分的優位を最初に示す場を失うことを意味し、また正妻と妾の身分関係がうやむやになっていった、その一つの原因あるいは結果として注目されるが、その背景には、次節で述べるように、妾の「値段」の下落と蓄妾層の拡大という、民国時期の社会的経済的変化が考えられるのである。

3　妾の値段

蓄妾数に関する正確な統計はないが、一般に中国の南方に妾は多いといわれており、たとえば一九三〇年代初めの広東河南地区の例でみると、[11]家数三二〇〇に対し妾数一〇七〇、つまり三軒に一人の割合で妾がいたことが報告されている。さらにオルカ・ラングが一九三五〜三七年にかけて調査した結果によると、[12] 中国の近代化した都会において実際に家庭内に妾がいると答えた大学生および高校生は、当然その家庭の経済状況と関係してくるが、およそ一一～一五％であり、また妾を持つ大学卒業者の場合、新しい教育を受けた人とそうでない人の間に大した差はみられず、それぞれ一〇および一六％に妾がいた、と報告されている。その共通の原因としてラングはまず家系の存続をあげるが、新しい教育を受けた人たちが妾をおく二番目の理由として、旧式結婚を強要された「新しい」男たちが離婚の面倒を避けて別に新しくパートナーをみつけるためである、と指摘している。つまり、親の決めた結婚を余儀なくされた男性たちが、田舎に妻を残して、新たに自分で「妻」を選択した場合を言っているのだが、ラングは上の数字の一〇％には、この恋愛によって結ばれた「妻」たち（法的には妾であった）が含まれており、実際には時代の流れとともに妾を持つ男性は減少しつつあると分析している。

一方中国北方の農村では蓄妾数は極めて少なく、一九四〇年代初頭の調査記録である『中国農村慣行調査』[13]によれば、妾のいる家は一つの村に一～五戸、全体の一～二％にすぎない（Ⅲ―一〇七頁、Ⅳ―七八頁）。だが、蓄妾に対する意識は依然として古く、調査を受けた農民のうち殆どが、妾をおかないのはただ金がないからだと答えている（たとえばⅢ―一一〇頁）。

では、妾をもつ者は、妾に贅沢な生活をさせることのできる経済的にかなり裕福な階層の男性に限られるかといえば、実態はやや複雑である。まずは妾の値段（身価）から把握しておこう。それは買い手の経済力と妾の側の「商品価値」により、上限は全く個別的に見ざるを得ないだろうが、低めに見積もった場合では幾らくらいだったのだろうか。

未婚女性の場合、台湾の謝雪紅《しゃせっこう》『私の半生記』[14]によれば、彼女は一二才の時に一六〇元で童養媳に売られ（一九一三年）、三二〇元で妾に身請けされている（一九一八年）。また一九二二年の上海の新聞には、婢女（女奴隷）を三一〇元で妾に買い取ったが逃げられて裁判に訴えたニュースが載っている。[15]さらにさきの『中国農村慣行調査』の河北省順義県の聞き取り調査では四〇〇～五〇〇元（Ⅰ—二五〇頁、二六七頁）という回答を得ている。当時は物価の上昇によって結婚費用が一・五倍になったと語られているので、この金額は一九二〇～三〇年代の三〇〇元にほぼ近い。また小説では、老舎《ろうしゃ》『張さんの哲学』[16]（一九二六年）の吝嗇家で名高い張さんは妾二人を五〇〇元で買い、茅盾《ぼうじゅん》『小巫《しょうふ》』（一九三二年）[17]の妾として買われた菱姐《リンジエ》はデパートの売り子をしていた一五、六歳の娘で、その彼女の値段は三〇〇元であった。披露の儀式などは行われず、後の生活も化粧品さえ買ってもらえないような惨めな待遇だった。

一方、既婚あるいは結婚歴のある女性を妾に買う場合、小説『奴隷になった母』（一九三〇年）では三〇歳前後の人妻を一五〇元～二〇〇元で買う話があり（実現せず）、『中国農村慣行調査』では、山東省歴城県のある農民は一九三〇年代初めに、女を売り歩いていた男から結婚歴のある二四歳の女を二〇〇元で買い（Ⅳ—一一六頁）、また四〇年代初めには仲介人に頼んで他県から妾だった女を連れてきて貰い、妾の実家と仲介人にそれぞれ一〇〇元づつ支払っている（Ⅳ—一六六頁）。また、河北省欒城県の農民は妾だった一八歳の女を一〇〇元で買っている。この場合は妾の父親から直接買っているので仲介料が含まれておらずやや割安である（Ⅲ—一一〇七、一四二頁）。

つまり時代や地域の差はあるだろうが、民国時期の妾の値段は、およそ三〇〇元程度、結婚の経験がある女性の場合はその半分、もと妾であればさらに値段が安かったと推測される。当時の女性の労働収入は、たとえば女中の賃金は二〇年代初めの北京では一月二〜三元、乳母は五〜八元、女工は熟練工の場合でも一〇元前後であり、女性の労働単価は極めて安い。貧しい娘の家庭では三〇〇元は大金であった。だが貧富の格差の激しい中国社会では、買う側である上流階級の金銭感覚は、妾にかける費用に限らず交遊費や日常的な出費においても庶民とは格段の差がある。たとえば茅盾『子夜《しや》』（一九三三年）[18]に登場する、投機に失敗して破滅する馮雲卿《フォンユンチン》の場合、上海の屋敷での月々の生活費が一〇〇〇元、娘が二〜三日遊ぶためにせびった小遣いが一〇〇元である。彼ら上流階級の者からすれば妾は格安の「商品」であり、民国時期ではさらに月収が二〜三〇〇元ある中流層でも充分に「買える」値段になっていたのである。[19]民国時期の小説をざっと見渡しても、やや裕福な男性ならば妾をもっている話は多く、妾が大金持ちの占有ではなくなっていることがうかがえる。

妾の値段の低下を説明するために、妾の主な供給源である農村の状況について補足すれば、中国の農村の貧困化は、世界恐慌の波が中国を襲った一九三〇年以降深刻化したとするのが通説であるが、これよりもさらに前の、一九二〇年という早い時期に、すでに農村の貧困化は始まっていたとする研究者もいる。[20]農村部では大飢饉に見舞われると娘を売りに出すことが多く、その度に女性の値段の相場が下がっていた。さきほど名前を挙げた老舎『張さんの哲学』には、小説の時代背景である一九二〇年代初めのころ、張さんが人に妾を世話しようとして「幸い今は女の値段が大暴落している時代でして」と勧める場面があるが、これは一九一八年から二四年までほぼ毎年のように干ばつと水害が繰り返し各地でおこり、娘を売る農家が急増したために、妾の値段が大幅に下落していた状況を反映している。そして三〇年代に入ると世界的な経済恐慌に加えて、度重なる内戦や日本との戦争により農村経済は破綻し、本書第四章で寡婦の強制再婚を論じたところで紹介したように、山西省興県の農村では女性の値段が一歳につき一〇元、日本との戦争が始まると相場はさらに低落したという報告もある。普通、娘を嫁に出す場合、その支度には男性側から受け取る結納金よりも多い金をかけていたが、もはや貧困層ではそれができなくなり、売買婚の性格が非常に強くなっていた。体面を保てなくなった家では娘を嫁に出すことと、妾に売ることとの間にほとんど違いがなくなってきており、民国時期の妾の値段の低下は、まさにこうした中国農村の貧困化と切り離して考えることができないのである。

参考のために、民国時期の妾の値段として推定した三〇〇元という値段を、これより前の明清時期の妾の値段と比較してみよう。

たとえば清朝時代（一六六二～一九一一）の妾の値段は、手元の限られた資料によれば、以下の通りである（貨幣の単位は銀両。一両は一元に換算）。

小説『儒林外史《じゅりんがいし》』（一八世紀初）には、金持ちの塩商が銀五〇〇両で貢生《こうせい》の娘を騙して妾にしようとする話（第四〇回）、『浮生六記《ふせいろくき》』（一九世紀末）には、主人公の妻が夫の妾にと考えていた芸妓の娘を有力者に銀一〇〇〇両で買われてしまい、また主人公も妓船の芸妓を五〇〇両で妾に勧められる場面がある。実際の事例では、一七歳の娘を銀六〇〇両[21]、一五歳の娘を二〇〇両[22]で売る当時の売買契約書が確認されている。

さらに明の時代まで逆上れば、小説『醒世姻縁伝《せいせいいんえんでん》』（明末清初　一七世紀中葉）には、二〇歳前の妓女を、ある監生《かんせい》の場合は銀八〇〇両で（第一三回）、ある質屋の主人の場合は一〇〇両で（口利き女も一緒に）買っている（第四〇回）。また『金瓶梅』（第八六回）には、西門慶の死後に妾の潘金蓮が一〇〇両で再び妾として売りに出される話がある。このほかに、娘の場合は一〇〇〇両、妓女の場合は銀八〇〇両、もと妾だった者が八〇両、人妻が四〇両という資料もある[23]。

このように明清時期の妾の値段は民国時期と同様に、買う側の財力と妾の身分（娘・妓女・妾・人妻・寡婦・婢女）や美醜・年齢などに因り、数十両から千両近くまで大きな開きがあるが、以上の数字をもとに明清時期の妾の値段を、一七〜八の未婚女性を基準に見積れば、安い場合で銀二〇〇両前後、相場としては五〇〇両前後だったと推定される。そしてその特色としては「未婚の若い娘」と「寡婦・人妻・妾・婢女」との間の値段の格差が民国時期に比べて遥かに大きいことがあげられる。また、妓女の値段に差があり、相対的に高いのは、当時は娼妓にも高級・下級の住み分け（階層）がはっきりしていたためだと推測される。

以上のことから、妾の値段は明清時期のほうがやや高めとはいえ、民国時期とあまり変わっていない、と言えそうなのだが、実は、この間の物価の変動を考慮すれば、実際には五割ほどの下落が認められるのである。たとえば銀の購買指数の変動をみると、民国初年頃を指数一〇〇とした場合、それ以前の一八六八年は指数二〇〇、一九〇〇年は一三五、そして民国にはいるとさらに下降し、一九三四年は八三まで落ちている[24]。これは物価が清末から民国にかけて二〜三倍に上昇していることを意味し、同じ三〇〇元でも、清代と民国時期では実質的な価値は半額以下に落ちていると言えるのである。

さらに、民国時期と明清時期の妾の値段を、当時の庶民（特に妾として娘や妻を売る側にある下層社会の人々）の側からみてみよう。清の時代の下層民の生活は、たとえば、家塾の教師の年俸が食事などの賄い付きで四〇~六〇両程度、一月四~五両の清貧の生活を送っている(たとえば『儒林外史』第四四、四六回)。また『紅楼夢』には、金持ちのお屋敷で一回の宴会の準備に二〇数両も使うのを知ったある農婦が、「わたくしども農家の者が一年らくに暮らす分にあたりますね」、と驚く場面があり(第三九回)、農村では月平均二両程度の生活費で一家が暮らせたことがわかる。実在の人物の事例をあげれば、作家老舎の父は一九〇〇年頃清朝の正規軍である満州八旗に属していたが、最下級の皇宮守備兵で、月給三両と年に数回支給されるわずかな糧食で家族を養っていた。一方、民国時期の一九二〇年代末から三〇年代半ばにかけての下層民の生活は、車引きが月極めで一五元前後、巡査が七~九元、上海の男性労働者の月収が一四元、家族の収入を合わせて約三〇元で一家六人がどうにか暮らしていける状態だった。[25] また農村では四人家族の年間現金支出額は最低のラインで見積もっても約二六〇元(月平均約二〇元)必要であったとされている。[26] 以上の数値を比較すると、こうした下層社会の人々にとって三〇〇元という妾の値段は、民国時期には一月の生活費の一〇~二〇倍、ところが明清時期では六〇~一〇〇倍もする「商品」として受けとめられていたと考えられる。つまり、民国時期の妾の値段は確かに安くなっていたのである。

妾を買う際に支払われる金(身価)は一回性のものであり、買う側はその後の妾の生活を維持するだけの経済力が問われる。しかし、明清以降は、蓄妾層が庶民の間に拡大するにつれて妾の値段も下がっていき、一部の安く買われた妾たちは家事労働など下女としての働きも期待されるようになる。きちんとした納妾であれば、形式上とはいえ身価は「財礼《ツァイリー》」(結納金)と呼ばれ、「娶る」という言い方をされたが、そうでない場合には、限りなく婢女に近い身分にまで引き下げられていったのである。[27]

4　妾の変形「典妻」——柔石「奴隷になった母」

民国時期の文学作品で妾を扱ったものでは、柔石《じゅうせき》（一九〇二〜三一）の『奴隷になった母』（一九三〇年）[28]がよく知られているが、正確にはこれは妻を妾として一定期間貸し出し、その相手の子を産ませる「典妻《ディエンチー》」の話である。妾の変形であるこの「典妻」の風習は全国的みられるが、主として浙江、安徽、福建、湖南など中国の南方で多く行われた、農村の貧困が生んだ女性抑圧の典型であり、妾の値段を下落させた原因の一つにあげられる。『近代中国婦女生活』[29]によると、「典妻」の風習はすでに宋元の時代にみられ、清の時代まで歴代にわたり禁止の令が出されていたというが、民国時期にはそのような禁令はみられない。民国時期の法律では、妻が不貞を強要された場合、妻自身が訴え出ない限りその夫や仲介者が罰せられることはなく、その上、仮に訴えたとしても立証が難しかったために、実際にはまったく野放しの状態だったのである。

「典妻」はもともと妻を担保に無利子で金を借り、元金を返済することで妻を請け出すことを指していたが、時に元金を返さなくてもよい場合もあり、妻の賃貸借を指す「租妻《ズーチー》」と混同して用いられることが多く、これらの値段は、既婚女性や結婚の経験のある女性を妾として買い取るよりもさらに安い場合が多かった。『奴隷になった母』（江南、一九三〇年）では三年の期限で一〇〇元、許傑《きょけつ》『博《ばく》徒《と》吉順《ジーシュン》』（北京、一九二六年）[30]では数年の期限で八〇元、含沙《がんさ》『租妻』（江南、一九三六年）[31]では期限が半年で借金約一〇〇元（原文一〇〇多吊）が帳消しになっている。また、一九二九年から三一年まで大阪毎日特派員として上海に滞在した日本人記者によると、浙江省金華一帯の「租妻」の値段は、期限一年で三〇〜一〇〇元が相場であったとレポートされている。[32]

このように人妻を妾として一定期間借り受ける男性には、未婚で正式に妻を迎える経済力のない下層社会の男性の場合と、妻に子が生まれない中上流層の男性の場合があり、後者は同時に複数の女性を借り受けることもあったらしい。そしてこの「典妻」「租妻」の風習は、正妻と妾の身分差が縮まってきた民国時期には男性だけでなく、妾の存在に常に脅威を感じていた正妻にも歓迎されただろうと考えられる。「典妻」（あるいは「租妻」）の間に生まれた子はすべて主人のものになったため、家のために男子を産み、年期があければ家から去って行くこの「典妻」の風習は、正妻たちにとってもこれほど都合のよいものはなかったからである。

一方、下層社会にこのような風習が広まった理由としては、莫大な結婚費用が挙げられる。社会主義中国以前の中国の結婚は登記婚ではなく儀式婚であったため、結納金や煩雑な儀式にかかる莫大な費用は人々の経済を圧迫し、妻の病死などで二度三度と結婚した農民が一生借金地獄に落ちた例は数多い。[33] 結婚費用は、老舎『柳家長屋』（一九三三年）に描かれる当時の北京の下層民の場合、結納金は一〇〇元（儀式に要する費用は含まれていない）、また毛沢東が一九三〇年に行った江西省興国県の調査[34]によれば、中農の場合、結婚費用は二〇〇元必要で、それは中農の全財産に等しく、妻を娶るために借金をする者が多かったと報告されている。そしてやや裕福な階層では、一九二六年ころの浙江省諸曁及び寧海一帯の結納金は数十元から数百元まで幅があるが、六礼の儀式をきちんとやれば、その費用は全部で八〇〇〜一〇〇〇元にのぼっている。[35] そのため一九三〇年代初めに貧困層の男性で結婚できたのは一〇パーセントに満たなかったという報告もある。童養媳（幼ければ数元で買えた）や妾の一形態である「典妻」などの風習の広がりは、このような中国農村の厳しい現実を反映したものであり、安く買われていった娘や妻たちのその後の境遇がいかなるものであったのか、想像に余るものがある。

柔石『奴隷になった母』の話に入ろう。

五〇歳近い男（小説中では「秀才《シュウツァイ》」と呼ばれる。地方で行われる院試に合格し、科挙の試験を受ける資格を有する者をこう呼ぶ）の妻は男子出産の経験があったが、その子を満一歳の誕生日を迎える前に病気で亡くして後は子どもができなかった。秀才は本来妾を買いたかったのだが、妻が許さないため、やむを得ず一〇〇元出して、年期を三年、それでも子どもができなければ五年の約束で女を借りてきて子どもを産ませることになった。沈《シェン》婆さんの仲介で、秀才の家に入った女は、優しい主人にほっとするが、目つきの陰険な女主人の監視のもとで下女同然の生活を送った。のちに、男の子（秋宝《チュウバオ》）を産み、主人にますます気に入られるが、女主人は彼女を正式に妾として家に入れたがる夫の要望を退け、三年の年期があけると女は子どもを残して夫のもとに返されてしまう。

子、特に男子を産まない妻は、離婚条件（「七出」）の第一にあげられるほど非難をうけたために、秀才が妾を入れようとした時、妻はこれに反対できない弱い立場にあった。しかし彼女は「妻の権威」を楯に出来る限りの抵抗を試みたのである。この物語は正式の妾を入れる話ではないが、正妻が家庭内での自らの地位を必死になって守ろうとする姿は同じであろう。以下の引用は三年の年期が終わりに近づいた頃の夫婦の会話である。

秀才は、子どもかわいさの故に、真っ先に正夫人に向かっていいだした。あと百元出して、彼女を永久に買いとりたいと思ったのだ。しかし正夫人の返事は、「あなたがあれを買いとりたいなら、その前にわたしに薬を盛っておくれ！」だった。秀才は、そのことばを聞くや腹を立て、鼻の穴をふくらました。長いあいだ口もきかなかった。それから、彼は逆に笑顔を作っていった。

「おまえ考えてもごらん、子どもに母親がなくては」

正夫人は、突きさすようにあざ笑った。

「わたしがあれの母親になれないっておっしゃるの？」（中略）

その後秀才は、計画の方をいくらか改めた。沈婆さんを呼び寄せ、母親の前夫のところへやって、三〇元多くとも五〇元どまり加えれば、妻をひきつづきあと三年ここへおいておく気はないか、と尋ねさせようというのだ。秀才は正夫人にいった。

「秋宝が五つになったら、母親から離してもよかろう」

「あれの家には前の子だっているんですよ。あなたもあれをだしてやって、正式の夫といっしょにさせてやらなけりゃいけませんよ」

秀才は頭を垂れ、ぶつぶついい続けた。

「おまえ、秋宝は二つにもならないうちに母親をなくしてしまうのだよ——」（中略）

「この子はわたしが産んでもらったのです。秋宝はわたしの子です。わたしに息子が産まれなかったことは、確かにあなたの家の跡継ぎを産めなかったことですけれど、わたしはずっとあなたの家で暮らす身です。わたしとあの女と、位牌が二つ並ぶなんて、わたしはいやですよ！」

妻の最後の言葉について少し補足すると、滋賀氏は「妾はその子個人によって一代限り祭られるに過ぎず、族の公の祭祀の対象とはならないものとせられる。後世においても、夫と並んで位牌に記入され祀堂に納められるのは、正妻のみであることが報告されている」[36]として他の研究者の報告を参考例にあげているが、妾のなかでも跡継ぎを産んだ妾（妾母）に関しては、最近の議論では宋代の皇室の例として、妾母の位牌が正妻とともに並べられ祭られた事例が報告されている。[37]右の小説『奴隷になった母』の最後の引用部分も、当時この地方では死後に妾母の位牌が正妻の位牌の隣に並べておかれることがあったことを示しており、これは、不正規な家族員として本来宗族の外におかれて、祭祀の対象とされなかった妾が、跡継ぎの生母となることによって（死後ではあるが）宗族に組み込まれることを社会が許容していることを意味する。分家の際の財産分与においては子どもは嫡子庶子の別なく兄弟間で均等にわけられるのが一般的だったから、法の保護を殆ど受けられなかった妾にとっては子の有無は彼女自身の生活を保証する一大事であった。とくに継嗣を産んだ妾は家族の中で相応の地位を得ることができたことを、この位牌の例は示している。

また作品中、「秋宝はわたしの子です」という言葉は、「妾自身の子に対してさえも、第一時的に親権を有するのは妻（嫡母）であって実母（妾）ではなく」[38]とあるように、法的には妾の子は男子に限らずすべて正妻の子として扱われていたためである。正妻はその子の躾けから教育、未成年の間はその子の財産の管理まで実子と同じように行う義務と権利を有しており、秀才の妻の言葉はこのことを強調しているのである。秀才の妻が秋宝に自分のことを「お母さん」（媽媽《マーマ》）と呼ばせ、産みの母親を「おばさん」（嬸嬸《シェンシェン》）としか呼ばせなかったのは、ただ女の年期が明ければ元の家に帰ってしまうためにそう呼ばせていたのではなく、正妻に与えられた当然の権利だったのである。実母が最も憎しみを覚える相手を「お母さん」と呼ばねばならなかった妾の子どもたちこそ蓄妾制の隠れた被害者であった[39]。

民国時期のように正妻と妾の身分差が縮まってくると、跡継ぎを産んだ妾はなおさら正妻にとって大きな脅威となる。秀才の妻が女を正式の妾として家に入れることを頑に拒否し、三年で返してしまったのはこうした時代の流れを反映したものであり、単なる女どうしの嫉妬でかたづけられない理由があったのだ。

5 正妻と妾の地位の逆転——凌叔華「お祝い事」・楊剛「黄徽村の話」

民国時期になり、かつてのような厳格な上下関係が徐々に崩れ、正妻と妾（たち）の関係が姉妹の関係に譬えられるほど実質的に身分差が縮まってくると、正妻に与えられていた法的経済的身分——「妻の権威」は形骸化し、正妻は形ばかりの妻の座におかれ、妾が実質上の権力を握るケースがこれまで以上に頻繁に起きただろうと推測される。

以下、二人の女性作家——凌叔華（一九〇〇～九〇）と楊剛（一九〇五～五七）の作品を例に、民国時期の妾と正妻をとりまく状況を概観してみたい。凌叔華の父はかつて直隷布政使をつとめたことのある高級官僚で五人の妾を持ち、彼女の母は第四夫人であった。良家の出である彼女の母は、病弱だった正妻の強い希望で凌家に嫁いできたのだが、輿入れ後まもなくして、正妻も知らぬ間に関係が出来ていた第三夫人が凌家に入り、この前にも第二夫人（すでに死亡）がいたことがわかると、はじめて自分が三人目の妾（つまり第四夫人）であることを知る。輿入れ前の約束であった正妻なきあと扶正する（正妻に引き上げる）話はうやむやにされたまま、第三夫人が男子を出産すると、女の子ばかりを産んだ彼女の母はますます立場が弱くなっていった。また、楊剛の母は正妻であり男子も産んでいたが、楊剛の父は任地へは妾を連れて移動したため、男子を産んだ妾は楊剛の母に対して優越を誇るようになり、楊剛の母は故郷の楊家で大勢の親戚たちと身勝手で厳しい姑に仕えて一生を終えたのだった。一方の妾は婢女だったところを父に買いとられた女性で、その気性の激しさを伝えるエピソードとして、楊剛の父がこんどは彼女の婢女に手を出して妊娠させたと知るとこの婢女を存分に殴打したあと売り飛ばし、お腹の子どもも闇に葬ってしまったという話がある。楊剛は九歳の時に実母の元を離れ、その後一〇年間を家塾で勉強するためにこの父の妾および異母兄弟たちと一緒に暮らした体験をもっている。凌叔華も楊剛も幼い時から実母の悲しみを知り、妾と正妻の争いを目にして育ったのである。

凌叔華『八月節』（一九三七年[40]）は、女たちの中でただ一人男子を産んだ第三夫人がわがもの顔に振る舞う姿を描いた自伝的要素の強い短編で、第三夫人付きの下女が主人公の少女（第四夫人の娘）と第五夫人の一人娘を苛める話を通して、妾たちの力関係がその子どもたちやそれぞれの召使いの間にまで影を落としている現実を淡々と描いている。

次の引用は、二人の召使いが正妻の亡くなる前後の様子を語る場面である。妓女あがりの第三夫人は男子を産むと主人の寵愛を楯に平気で正夫人をないがしろにするようになり、よく正夫人は陰で腹を立てては涙していたという。正夫人付きの召使いだった張媽《ジャンマー》はこのことを思い出す度に怒りがこみ上げてくるのだった。

「お亡くなりになったあの年、それはもうさらに精進し念仏を唱えておられた。善行のためなら何にでも惜しまずお金をお出しになってね。でも残念なことに息子が授かるようにいくら願っても思うようにはいかなかった。きっと運命なんだろうね。ほんとに、一生善行を積まれても、見取ってくれる息子を一人も作らなかったのだから。その上また三番目の奥様にいいようにあしらわれ、それでもなおあの人の息子を借りて葬式の旗をもってもらわねばならなかったものねえ」

「何が借りる借りないさ、あの方は正夫人だよ。きまりからいえば、王のご隠居さまのお宅のように、妾は普段はご隠居様と同じテーブルで食事なんてできないし、子供が生まれたら正夫人を母さん（媽媽）と呼ばせ、本当の母親は叔母さん（姨娘《イーニァン》）と呼ばねばならないのに」

（中略）「そうだねえ、あのお宅のようであってこそ本当の名のある家と言えるだろうね。ここのように《三国演義》をやっているような家じゃあねえ」

つまり、この家の妾たちが同じ町の王家のように旧来の規範を守っておらず、妾が自分の子をしきたりどおり正妻に任せなかったこと、また正妻と男子を産んだ妾の間で力関係が逆転し、いざこざが絶えなかったことを召使たちは語っているのである。[41] この正妻と妾の身分差の縮小を示す別の例としては、凌叔華の自伝的作品集『古韻』（一九五三年）に収められた「陰謀」がある。そこには、一番上の姉（おそらく正妻の娘）が夫（二五歳）とその妾二人とともに里帰りしてきた時、妾たちにやさしい姉を主人公の母が褒めると、彼女は「でも姑はいつも私があの子たちをかわいがりすぎると言うのですよ。『あなたは彼女たちによくしすぎます。彼女たちはあなたと同じだと思ってしまいますよ。よく覚えておきなさい、妻と妾は何といっても違うということをね』ですって。でもわたしは気にしませんわ、と答えましたの」と語る場面があり、この言葉なども妾と正妻の身分を厳しく分けていたこれまでの慣習が少しずつ崩れ始めたことを示している。その場合、関係が旨くいけば姉妹のようであったが（現実には極めて少なかった）、その反対の場合には家庭内における支配権争いが表面化し、凌叔華の母たちのようにトラブルが日常的におこっていたのである。

明清時期の妾の地位や身分を考察した最近の研究論文によれば[42]、当時は妾の間でもその出身によって身分の違いがあり、たとえば良家出身のものと、娼妓出身のもの、また使用人から妾になった者との間では身分差が認められるというが、『八月節』では良家出身の主人公の母と妓楼から身請けされた第三夫人や第六夫人の間で身分的な差はみられない。民国時期は正妻と妾の身分差だけでなく、おそらく妾たちの間の出身による身分差も同じように縮まっていたのではないかと考えられる。

おなじく凌叔華『お祝い事』（一九三六年[43]）は、父が五人目の妾（第六夫人）を家に入れる「お祝いの日」の出来事が『八月節』と同じ少女の目を通して描かれている。この納妾の儀式は父方の叔母も出席して形式どおりに進められ、屋敷に爆竹が鳴り響き、まるでお正月のようであった。全員が晴れ着を来て新しい妾を迎え、新しい妾の挨拶が一通り終わると、最後に妾たちがつぎつぎに主人の前に跪き笑顔で祝いの言葉を述べるのだった。だがひとり第五夫人だけはショックを隠しきれず、その夜そっと少女に「死にたい」と呟く。少女には第五夫人の涙の意味がまだ理解できなかったけれども、美しい第五夫人の顔から笑みが消えていたことを少女は朝起きた時から気づいていたのだった。この作品は、優しくかつ威厳に満ちた父の姿とそれにひれ伏す母たちの姿を対照的に描くことで、蓄妾制という、一人の男をめぐる女たちの争いが男の地位を実際よりも数倍高く引き上げ、反対に女たち自身を限りなく貶めていくシステムを鮮やかに浮かびあがらせている。

凌叔華は聡明で画が得意だったために早くから父に可愛がられていたが、後に第五夫人が出家するとそれを許した父を恨み、次第に父から遠ざかるようになる。凌叔華は幼い少女の目を通して妾たちの不幸を描くことで父への直接的な批判を避けているが、それでも読者には、母たちの不幸を作りだした根源である蓄妾制度に対する凌叔華の静かな抗議を読みとることができる。

一方、楊剛はその自伝小説『挑戦』（一九四四～四八年）[44]で、彼女の才能を認め期待を寄せてくれた父との関係を、「彼女の父親に対する感情は決して安定したものではなかった。彼女の心の奥深くでぼんやりと、彼女が父を愛することは母を裏切り傷つけることを意味するのだと感じていた」と記して、実母が受けた悲しみをよく知っているがゆえに、父を愛する自分の感情に不安を覚え、父の形象がばらばらになることがあったと複雑な心情を吐露している。彼女の次の二作品にはともに妾のいる家庭で窮地に追い込まれた正妻が登場する。

『愛香《アイシャン》』（一九三五年）[45]は、女の子を続けて二人産んだ正妻が冷遇され、その正妻付きの下女である愛香まで衣食住すべてにわたって差別され、苛められ、とうとう発作的に正妻の娘を窒息死させてしまう話である。

愛香の女主人は名目は正夫人だったが、実際にはその上に無数の厄介な敵がいた。北院の妾はご主人のお気に入りだった。同時にご隠居様——あの権威的な女当主は、妾が男の子を産むことができたので、彼女を家の福の神とみなしていた。そのため、正夫人と彼女に属する全ての人々は、みな底辺の人間になっていた。彼女の子どもたちは相応の世話を受けられず、その下女はなおのこと何の保護もなかった。

『金瓶梅』に登場する正妻の呉月娘には息子がなかったが（西門慶の死んだ日に男子が誕生する）、それでも正妻の地位が脅かされることはなかった。いつの時代にも寵愛を受けた妾がわがもの顔に振る舞う「寵妾滅妻《チョンチエミエチー》」の例は多いが、旧時は、正妻はたとえ夫の寵愛を失っても離縁されない限り、名目だけでも正規の家族員として正妻の地位と身分は保証されるのが「常態」であった。そもそも妾は社会的に身分が低く、そのうえ、家族の人間関係が性別・世代・年齢によって厳密に規定されていたため、妾に対しても夫の両親や兄弟姉妹の監視が働き、いくら夫の寵愛を一心に集めている妾でもその行動には自ずと限度があった。しかし、『愛香』に登場する正妻はもはや正妻としての名目さえも失い、名実ともに妾の下位に引きずり落とされているのである。

また中編小説『黄徽村《こうばい》の話』（一九四一年）[46]は、子のない正妻が他人の赤子を買い取り、自分が産んだようにみせかける芝居を打つが、その嘘がばれると、精神的に追い詰められ、ついに妾やその息子を殺害してしまうという話である。物語は、昔であれば考えられないような行き違いから始まる。戦火を逃れて田舎から母親と「妾」が一男一女を連れて疎開してきた。ところが、その男の屋敷にはすでにもう一人女性がいたのである。母親は「おまえ、いつ妾を入れたのだね、家に一言も知らせずに？」と問うが、その当の女性は自分こそが正妻であると主張する。上京してきた「妾」が驚くのも無理はない。前妻が死んだ二年後に姑の前で扶正し、その後は正妻として田舎で姑に仕えてきたからである。しかしながら、この気性の激しい町の「正妻」と優柔不断な夫のために、結局彼女は妾として扱われ、その二人の子どもも正妻から苛めの限りを尽くされる。妾を正妻に引き上げる扶正には特別な儀式は必要なかったものの、何らかの形で公開するのが普通だった。おそらくこの妾の場合には姑との口約束にすぎなかったのだろうが、それにしても、男がこの扶正のことを知らず、また町で後妻を娶った時、田舎の母親や妾に内緒にしておくことなどかつてはあり得ないことであり、戦時中とはいえ母と息子、夫と妻の関係を規定していた慣習的秩序が大きく崩れ始めていることが伺える。

さて、正妻の妾やその子どもたちに対する苛めが始まると、妾の息子は「母さん、泣かないで。僕が大きくなったらすぐによくなるからね」と慰める。実は、まさにこの言葉こそ、正妻が最も恐れていたことだった。物語の進行とともに正妻の異常なほどの苛めの動機が、自分に子どもがないために、いずれは妾の天下となり、老後はその息子に冷遇されることを恐れたからだということが分かってくる。凌叔華の小説でもそうであったが、妾たちはもうかつてのように自分の子を正妻に「差し出す」ようなことはしなくなり、子どもを自分の一生を保証する身寄りとしてみるようになっていたのである。男子のいない正妻の不安は相当なものだった。

偽の男児出産劇も失敗に終わり、心の平衡を失った正妻は妾とその息子そして傍で寝ていた姑の三人を殺害することで自分の生きる道を求めた。物語は特異な事件を取材したものだが、子のない正妻が狂気に突き進んでいく様は、それが表面化して事件にならなくとも、子のない妻たちの心の叫びを代弁しているように思われる。

このように凌叔華と楊剛は自らの体験をもとに妾と正妻のおかれた現状を彼女たちの心の中まで踏み込んで描いたが、一方の老舎は『柳屯《りゅうとん》の女』（一九三四年）[47]において妾の出現を「家制度」の崩壊と結びつけて描いている。これは、地主である夏家の息子が跡継ぎが欲しくなり柳屯の女を妾に入れたために起こった騒動を描いた作品で、柳屯の女のでたらめぶりが戯画化され誇張されて描かれている。夏夫人は息子一人と娘三人を産んでいたが、息子は一〇歳の時に亡くなっていた。妾は病弱な夏夫人と娘たちを母屋から追い出して西部屋に住まわせ、さらに舅姑まで屋敷の裏の牛小屋に追い出すと、周りの者に自分のことを「若奥様」（二嫂《アルサオ》）ではなく「奥様」（大嫂《ダーサオ》）と呼ばせてわがもの顔にふるまったのである。老舎はこの作品において、妾の介入により夏家が崩壊していく様を社会通念も儒教的倫理規範もまったく通用しない「力」の世界の中で描いている。柳屯の女の暴走を許しているのは、彼女の腕力であり、悪知恵の働く頭であり、彼女の言いなりになる夫だったが、柳屯の女のような妾が現実に現れても決して不思議ではない方向へ社会がすでに動き出したことを、老舎は作家の確かな目で極めて予言的に捉えている。

以上、いくつかの作品をとおして正妻と妾をとりまく状況を概観したが、ここで初歩的なまとめをすれば、まず民国時期の蓄妾制の特色として指摘される正妻と妾の身分差の縮小は、これまで夫だけでなく正妻の厳しい監視下におかれてきた妾たちの相対的な地位の向上と、妾の実子に対する関係の強化をもたらしたということができる。しかしながら、「女の戦い」に勝ち残ったごく少数の女たちを除けば、むしろ多くの妾たちが、三〇年の新民法から妾の条項が消えたために社会がこれまで彼女たちに約束してきた最低限の身分保証を失い、単なる私的情交の相手としてますます男性の身勝手に翻弄され、加えて経済疲弊による妾の値段の下落および蓄妾層の中流層への拡大によって、彼女たちの境遇はさらに不安定で悲惨なものに変わっていったと推測される。また正妻においても、楊剛や凌叔華の小説に描かれるように、中国の家父長制のもとでこれまで正妻に与えられていた「妻の権威」の低下、妻の夫に対する発言力の低下を招いたと考えられる。つまり両者の身分上のけじめがなくなった分だけ争いは表面化し、正妻も妾も同一線上で主人の寵愛と男子出産の数を競う弱肉強食の世界へと追い込まれていったと言えるのである。これらの変化は、伝統的家族制度の崩壊にともなって、この中に巧妙に組み込まれていた蓄妾制にも綻びが生じ始めたことを示しているが、見方をかえれば、以上のような現象は女性の男性に対する武装解除を意味し、女性に対する性抑圧がますます露骨に、剥き出しの状態になっていったことを示している。

6　民国時期の蓄妾制批判――謝冰瑩「離婚」

民国時代になると、旧式結婚に対する批判や恋愛・結婚の自由を求める声がたかまり、それにつれて蓄妾制に対する意識や態度にも変化が見られるようになる。一九二七年、潘光旦が高校・大学生を中心とする青年男女――妾と身近に接する機会を多く持つ経済的に比較的豊かな階層に属する人々――に対して行った蓄妾制に関する調査によれば[48]、「どのような理由があろうとも妾を置くべきではない」に賛成が八割近くあり、この数字は（正妻が男子を産んでいても）妾をもつのが当たり前に思われてきた中国の長い歴史を思えば、確かに人々の意識の変化のあらわれとみてよいだろう。そして、これまでみてきたように、妾を取り巻く環境の変化やこのような蓄妾制に対する意識の変化を反映した文学作品も書かれるようになったのである。少なくとも清の沈復《しんぷく》『浮生六記』のように、夫婦の細やかな愛情の交流の中に、妻が積極的に妾を探し、その妻の「思いやり」に夫が感謝するような場面が極めて自然に挿入されるようなことは、「五四」の新文化運動を経た作家たちの作品にはもうみられなくなる。

欧陽予倩《おうようよせん》の戯曲『きつい女』（一九二二年[49]）は、妾を家に入れた夫に離婚を要求し、さらに妾も解放して自立を支援しようとする若い妻を描いた作品である。民国時期の文学作品のなかで、五四新文化運動のうねりを背景にしているからであろう、これほど単純明快に蓄妾制を批判したものはほかにない。欧陽予倩は、はやくも五四時期に考えられ得る最新のパターンで蓄妾制に「ノン」を突きつけたのである。

謝冰瑩《しゃひょうえい》『離婚』（一九三六年[50]）は、妾を囲った夫に離婚訴訟を起こした妻の苦闘を描いたもので、蓄妾制に正妻の側から、中国で初めてフェミニズムの視点で批判を試みた小説である。この小説の面白いところは、女性の側からの離婚請求が当時どれだけ大きな困難を伴うものであったかを克明に描写している点であろうが、本章のテーマに則して述べれば、それは恋愛結婚によって結ばれ新しい思想の持ち主だとばかり思っていた夫が抗日戦争で前線に赴き、そこで妾を作った時、夫婦が示した蓄妾に対する見解の違い、女性観の違いである。夫は言う。「中国では、一人の男が二、三人妾を持つのはごく普通のことだろ、僕はまだ君と彼女の二人だけじゃないか、何をそう騒ぐのだ。一番いいのは、君が彼女と協力して一緒に住むことだ。そうすればお金の節約にもなるし、面倒なことも省けて、どれだけいいかしれないよ」と。だが、離婚訴訟の体験を通して思想的にも成長した妻の言葉は、「私は抑圧されている女性たちのためにも恨みを晴らさねばならない。絶対に一夫多妻を許してはいけないのだ。私はこの不合理で、非人道的な、非合法の婚姻に反対する。（中略）私は人間、生命を持った生きた人間だ、まさか一生を人形のまま送られようか。彼は自由を求め、人生の快楽を求めることを知っている。それなら私は？　まさか私には自由も人生の快楽も必要ないというのだろうか」と、蓄妾制を女性解放の視点で、女性の自己実現のあり方を追求する中で批判している。前近代的な女性観を居丈高に押しつけてくる夫と、近代を突き抜け、現代に足を踏み入れた妻との間には気が遠くなる程の女性観の違いがある。二人の会話はかみ合うはずもなく、妻はとうとう一方的に離婚宣言を新聞に載せ、二人の子どもを手放すことなく夫との関係をたつことに成功する。中国数千年の歴史を持つ蓄妾制は、女性たちが起こした内部からの反抗によって、ようやくその土台に亀裂が生じ始めたのである。中国の蓄妾制は社会主義革命による古い家族制度の崩壊とともに姿を消したが、この制度を支えてきたセクシズムへの戦いは始まったばかりである。

［注］

［1］……滋賀秀三『中国家族法の原理』（創文社　一九六七年初版　一九七六年第二版）五七〇～五七一頁注（二一）（二二）

［2］……王世杰「中国妾制與法律」《現代評論》四＝九一（一九二六―九）

［3］……施綺雲「関於吾国近代法制上的妾之研究」《社会科学論叢》第七輯（一九五六）一七六頁。王招霾『小妾史』（上海文芸出版社 一九九五）一四六頁および施永南『納妾縦横談』（中国世界語出版社 一九九八）二八七頁によれば、国民党が一九三〇年一二月に公布した「中華民国民法親族編」には「配偶者のあるものは重婚することはできない」（第九八五条）と明記されたものの、同法公布直後に司法院は「蓄妾は婚姻ではないため、もとより重婚とはみなされない」「蓄妾は姦通とみなされ、妻の側の離婚請求理由となるが、妻が容認あるいは黙認した場合には離婚原因とはならない」（民国二〇年院字第六四七号）という見解を発表して、事実上、「妻が容認あるいは黙認」すれば蓄妾はなんら法律的規制は受けないという、蓄妾を容認する立場を堅持している。むしろ蓄妾を姦通とみなして（訴えがあれば）罰則の対象としたために、それまであった妾に関する保護規定が消えてしまい、妾を法律の保護の外に排除してしまう結果を招いている。妾に関しては以上の他に、『支那に於ける家族制度』（満鉄調査資料第七三編 南満州鉄道株式会社 一九二八）、趙鳳喈『中国婦女在法律上之地位』（上海商務印書館 一九二八年初版、一九三四年再版）八〇～九五頁、瞿同祖『社会学叢刊甲集第五種 中国法律與中国社会一冊』（商務印書館 一九四七）一〇〇～一〇四頁、などを参考にした。

［4］……張泉「梅娘：她的史境和她的作品」『梅娘小説散文集』（張泉編 北京出版社 一九九七）六〇八～六〇九頁。

［5］……澤村幸夫『支那現代婦人生活』（東亜研究会 一九三二）七～八頁。黎元洪は中華民国初代副総統、袁世凱死後に大総統となる。梁士詒および周自斎はともに袁世凱側近の北洋派官僚。

［6］……施永南『納妾縦横談』（前掲注3）一一一～一一三頁

［7］……滋賀秀三『中国家族法の原理』（前掲注1）第六章第一節「妾」の項目。引用は五五七頁。ほかに仁井田陞『中国法制史』（岩波書店 一九五二）二五九頁

[8]……滋賀秀三『中国家族法の原理』（前掲注1）五六四頁

[9]……曹禺「北京人」（一九四一―一二）『曹禺選集』（人民文学出版社　一九七八）所収

[10]……香坂順一「広州の納妾」《民族台湾》三=一一（一九四三―一一）

[11]……『経済資料第一二巻三号　支那の社会組織』（東亜経済調査局経済資料　一九二六）二六～二七頁。また、二五年当時潮州鳳凰村の調査では一八二戸のうち一四戸（七・七％）に妾がいたと報告されている（D. H. Kulp『Country Life in South China : The Sociology of Familism』Bureu of Publications Teachers College, Columbia University, 1925.P. 118）

[12]……O・ラング／小川修訳『中国の家族と社会』Ⅱ（岩波書店　一九五四）三八～四九頁

[13]……『中国農村慣行調査』第一巻～第六巻（岩波書店　一九七七～八三）

[14]……謝雪紅『我的半生記』（台湾　楊克煌編・出版　一九九七）一一七頁

[15]……「一周間的婦女消息」《婦女評論》第四九期（一九二二―七―一二）。当時の各地の女性の生活・労働状況を知るには、《婦女評論》第一～一〇四期（一九二一―八～一九二三―八）の「婦女生活調査」「社会調査」「一周間的婦女消息」欄が参考になる。本稿ではそのうち第二三、四二、四五、五二、五九、六三期を参照した。他に、鄭永福・呂美頤『近代中国婦女生活』（河南人民出版社　一九九三）三〇五～六頁。

婢女とよばれる女奴隷について補足する。旧社会では女中の多くが人身売買による婢女であり、紅契と呼ばれる代々にわたって奴隷となる契約を結んだものと、白契とよばれる身請けも可能な一代限りの契約を結んだものがあった。法律では人身売買は禁止されていたが、蓄妾と同じく現実には相変わらず存在し続けた。婢女は主人の性的要求を拒むことができなかったため、のちに主人や家族の男たちの妾として身請けされることも多かった。また婢女が結婚年齢に達すると主人が彼女たちの身の振り方を決めるのが普通で、たとえば、よく知られているパール・バックの小説『大地』（一九三一）は主人公王龍が金持ちのお屋敷に花嫁をもらいに行く場面から始まる。王龍が嫁にもらった阿蘭は一〇歳の頃この屋敷に売られ女中として仕えていた婢女だった。醜く愛想があまりよくなかった阿蘭は屋敷の主人や息子たちから見向きもされず、下男たちも欲しがらなかったために、貧農の王龍がもらいうけることができたのだ。近代の小説では他に巴金「家」（一九三三）の鳴鳳、林徽因「文珍」（一九三六）の文珍がそうである。こうした境遇の婢女の値段は、明清時期では、たとえば『醒世姻縁伝』には、ある婢女が一八両で買われ八年間働いたのち、屠殺業を営む男に妻として八両で売られる話があり、中クラスの婢女の値段は一八歳で二四両（第五五回）とある。

〔16〕……老舎「老張的哲学」《小説月報》一七＝七～一二（一九二六―七～一二）。また、同じく老舎の「駱駝祥子」《宇宙風》二五～四八号（一九三六―九～三七―一〇）には、小福子が軍人に二〇〇元で売られている。この男は駐屯地が変わるごとに妾を変え、不要になった妾はその都度捨てていたため、その分値段も安い。はたして小福子は一〇カ月ほどで家に戻ってきた。

〔17〕……茅盾「小巫」原載《読書雑誌》二＝六（一九三二―六）。他に参考として、楊剛「桓秀外伝」（一九四一）の桓秀は結納金およそ三〇〇元で病気持ちの地主の息子に嫁ぎ、一年足らずで夫が病死すると、舅は彼女を三〇〇～四〇〇元で売りとばそうとした（『楊剛文集』人民文学出版社　一九八四）。また楊絳「鬼」は一九七七～八〇年にかけての創作であるが、時代背景は一九三二年、貞姑娘は三〇〇元で王家の妾になっている（『楊絳作品集』中国社会科学出版社　一九九三）。

〔18〕……茅盾『子夜』（開明書店　一九三三）

〔19〕……参考として当時の知識人の収入を紹介すれば、魯迅の場合には教育部の役人を勤めた一九一二～一九年頃、月給は三〇〇元前後、後に中山大学で教鞭をとった時には月給五〇〇元を得ている。一方、茅盾が一九一六年に商務印書館編訳所に就職した時の初任給は二四元、三年後には月給とその他副収入をあわせて約一〇〇元の収入があった。また一九二〇年代初めに勧学員となった老舎は、下級役人としては破格の一〇〇元あまりを俸給として得、一九二二年に南開中学の教員をした時には月給五〇元だった。女性では、廬隠は二〇年代初め北京女子高等師範（大学）を卒業後に安徽省宣城

の中学に就職し、月給は一二〇元、一方の王瑩は一九二八年ころ看護学校卒業、一四歳で上海浦東の小さな町の省立小学校で教員をし、月給は甲等教員の基準で二二元であった。依拠した資料は、『魯迅日記』『我走過的道路』『老舎事典』『廬隠自伝』『宝姑』。

[20]……貧農の結婚難については、小野和子『中国女性史』（平凡社　一九七八）一九一頁およびJ・スティシー／秋山洋子訳『フェミニズムは中国をどう見るか』（勁草書房　一九九〇）八四頁、農民の貧困化については『同書』七四～七五頁に詳しい。

[21]……仁井田陞「支那近世の戯曲小説に見えたる私法」『中田先生還暦祝賀法制史論集』（岩波書店　一九三七）四五七頁。清代文書の書式集にある買妾文書による。

[22]……施永南『納妾縦横談』（前掲注3）一三二頁

[23]……仁井田陞「支那近世の戯曲小説に見えたる私法」（前掲注21）三六八、三六九、四五八、四五九頁

[24]……平山敬三『支那に於ける銀と物価』（東亜経済調査局　一九三六）二頁～五頁にみえる「一八六七～一九三二年間の支那及び英国に於ける銀の価値」による。同時期のアメリカとの比較における数値もほぼ同じである。この前後の銀の価値変動情況については不詳。なお、貨幣の単位について補足すると、銅貨（制銭）一〇〇〇文＝一貫＝一吊＝一串は標準では一元（大洋、大銀元）に換算するが、地域と時期によって変動があり、東北地方を除き多くは元より一～二割ほど安い。本書ではその点を考慮して約～元と記した。銀一両と一元は一対一と考えてよい。参考文献としては、魏建猶『中国近代貨幣史』（黄山書社出版　一九八六）。

[25]……小野和子『中国女性史』（平凡社　一九七八）一五八頁

[26]……費孝通／戴可景訳『江村経済』（江蘇人民出版社　一九八六）九六頁。一九三六年長江流域の農村調査。四人家族をモデルに算出した額。車夫や巡査の月給に関しては『老舎事典』（中山時子編　大修館書店　一九八八）。

[27]……定宜荘「清代満族的妾与妾制探析」『近代中国婦女史研究』第六期（中央研究院近代史研究所　一九

九八―八）九八～九九頁には、清の軍隊である八旗のうち、満州旗人の買妾事例が一二例紹介されている。そのうち婢女や寡婦ではない一般女性を妾とした事例が四例あり、正黄旗包衣佐領下の者が九〇両、正白旗包衣佐領下の者が九〇両および一二〇両、正黄色旗満州佐領下の者が三五〇両で妾を買っている。妾は北京の破産農家から買ったものだと推定され、その特色は一般兵士まで妾を買っていたという点にある。これらの事例は、当時の中国社会にあっては特殊なケースに属するため本文ではとりあげなかったが、買う側のランクが落ちれば妾の値段もかなり安くなっていることがわかる。

[28]……柔石「為奴隷的母親」原載《萌芽》一＝三（一九三〇―三）。引用に際しては、松井博光訳「奴隷となった母親」『中国現代文学選集七』（平凡社　一九六二）一五～一六頁を一部直訳に戻して使用した。

[29]……鄭永福・呂美頤『近代中国婦女生活』（前掲注15）一六四～一六八頁。ほかに、仁井田陞『中国の農村家族』（東京大学東洋文化研究所　一九五二）一九四～一九六頁。なお、「典妻」「租妻」のほかに妻を他の男性の妻あるいは妾として売る「売妻」の風習もある。その金額は、台静農「蚯蚓們」（一九二七）では五歳の男の子と合わせて約四〇元、羅淑「生人妻」（一九三六）では三〇元であった。

[30]……許傑「賭徒吉順」『惨霧』（商務印書館　一九二六）

[31]……含沙『租妻』（上海金湯書店　一九三六）

[32]……澤村幸夫『支那現代婦人生活』（前掲注5）六四頁。

[33]……老舎「柳家大院」原載《大衆画報》第一期（一九三三―一一）

[34]……毛沢東「興国調査」（一九三一―一―二六）『毛澤東農村調査文集』（人民文学出版社　一九八二）二一七頁。。

[35]……「我郷婚俗」《婦女週刊》第七、九号（一九二六―五―二五、六―一）。一方、中流層は、たとえば茅盾の場合、一九一九年の結婚に際して母がその費用として一〇〇〇元を準備していた（『我走過的

道路』人民文学出版社　一九八一、一七四頁）。

[36]……滋賀秀三『中国家族法の原理』（前掲注1）五五三頁。

[37]……秦玲子「宋代の皇后制からみた中国家父長制」林玲子・柳田節子監修『アジア女性史　比較史の試み』（明石書店　一九九七）

[38]……滋賀秀三『中国家族法の原理』（前掲注1）四三八頁。

[39]……しかし反対に、『紅楼夢』の探春（賈宝玉の父賈政の妾の子）のように、自分を実母より身分が高いとみなし、積極的に正妻や父の側へすり寄っていく例もあるが、いずれにせよ家族関係にゆがみが生じているのは明白である。

[40]……凌叔華「八月節」原載《文学雑誌》一＝四（一九三七―八）、『花之寺』（上海古籍出版社　一九九七）所収、一六〇～一六一頁。

[41]……凌叔華／傅光明訳『古韻』（業強出版社　一九九一）九一頁。本作品は凌叔華『Ancient Melodies』（The Hogarth Press Ltd. 1953）の中国訳である。本書の記述は主としてこれによった。ただし、異説として、凌叔華の母を第四夫人ではなく第三夫人とするもの、凌叔華を四人姉妹の三番目（家族全体では一〇番目の娘）ではなく末っ子だとするものもある。なお同書所収の「中秋節」「一件喜事」は英語でリライトされたもので、一部に原作と異なる部分があるため、本稿でこの作品に言及する場合は、それぞれ中国語による初出作品注（40）及び注（43）によった。

[42]……郭松義「清代納妾制度」『近代中国婦女史研究』第四期（中央研究院近代史研究所　一九九六―八）、および Hsieh Pao-hua「Female Hierarchy in Customary Practice : The Status of Concubines in Seventeenth-Century China」『同』第五期（一九九七―八）

[43]……凌叔華「一件喜事」原載《大公報・文芸副刊》一九三六―八―九、『花之寺』（前掲注40）所収。邦訳には芦田肇訳「慶事」（丸山昇監修『中国現代文学珠玉選　小説3〈女性作家集〉』二玄社　二〇〇一）がある。

[44]……楊剛／陳冠商訳「挑戦」《小説界》一九八七―四、一五頁。本作品は一九四四から四八年にかけて《大公報》の記者としてアメリカ滞在中に英語で執筆された『The Challenge』（未発表）の中国語訳である。本書での記述は主としてこれによった。

[45]……楊剛「愛香」原載《国聞周報》一二＝四五（一九三五―一一―一八）、『楊剛文集』（人民文学出版社一九八四）二三五頁。正妻が冷遇される話は他に林徽因「綉綉」《大公報・文芸》一九三七―四―一八などがある。

[46]……楊剛「黄徽村的故事」『桓秀外伝』（文化出版社　一九四一）、『楊剛文集』（前掲注45）所収。

[47]……老舎「柳屯的」《東方雑誌》三一＝一〇（一九三四―五）

[48]……潘光旦『中国家庭問題』（新月書店　一九二八）。一九二七年六月《時事新報》副刊「学燈」紙上で行ったアンケート調査に基づく分析。引用は『潘光旦文集』第一巻（北京大学出版社一九九三）一一五～一一六頁。この他に、一九二一年初め頃、浙江一帯出身の学生約一六〇名を対象に行った蓄妾に関する意識調査（陳鶴琴「学生婚姻問題的研究」《東方雑誌》一八＝五、一九二一―三―一〇）では、妾を置かない：一二一名（八一・七六％）、妾を置いてもよい：一七名（一一・四九％）となっており、潘光旦の調査とほぼ同じ結果を示している。妾を置くことを認める人々の多くが正妻に男子が産まれない場合を条件に挙げているのは、男子がいても妾を置く男性が圧倒的だった現実を思えば、かなりの前進であろう。

[49]……欧陽予倩「潑婦」（一九二二）『欧陽予倩文集二』（中国戯劇出版社　一九八〇）

[50]……謝冰瑩「離婚」（一九三六）『無題集』（趙清閣主編　上海晨光出版公司　一九四七）所収、三八、五六頁。この作品を老舎「離婚」（一九三三年）との比較で読むと面白い。老舎の作品に登場する妻たちは夫が妾を入れようとした時、「自分の所有物」である夫が他の女に「奪われる」ことに怒りを表したが、蓄妾制度そのものに対する批判や疑問の言葉は彼女たちの口からは聞かれず、両作品に登場する女性たちの意識のあり方には大きなひらきがある。

第6章

改革開放下の蓄妾現象

――終章にかえて――

1　復活した蓄妾の伝統

一九七六年に文化大革命が終了すると、その後の改革開放政策のもとで生活が豊かになった一部の男性のなかに、愛人をつくったり、妾を持つ者が出てきた。社会主義中国成立直後は、移行措置として、すでに妾がいる家に限り強制的に妾を離縁させることはなかったが、新たに妾を置くことは法律で明確に禁止されたため、それ以降、蓄妾の風習は中国社会から根絶したかに思われていた。

だが近年、蓄妾の現象が特に沿海部や農村でみられるようになり、これに関する報道の多さは事態の深刻さを物語っている。たとえば昔から蓄妾の風習が盛んだった広東では、妾をつくることが金持ちの男性の財産と能力の象徴として再び流行し始め、蓄妾が原因で妻による妾の殺害、あるいは夫の妻殺しなど様々な殺人・傷害事件が発生している。[1] また雑誌《現代家庭》一九九五年第八期に載った報道によれば、上海市宝山地区の婦女連合会「通信・訪問相談室」に寄せられる相談のうち妻妾問題が六〇％以上を占め、旧時とは反対に正妻が下女扱いされ、凌辱を受けている、とある。[2] さらにこの現象は少数民族地区にもみられ、広西社会科学院が行った調査によれば、一九九三年に広西チワン族自治区の玉林市玉林鎮という町だけでも、妾を囲ったとして七人が処罰されている。[3] 全国婦女連合会発行の《中国婦運》の編集委員の一人は、その報告の中で、「金持ちになると、さっそく妾を買う者がいる。甚だしいのは女子大生の中にもみずから進んで妾になりたがる者がいることである」[4] と指摘し、こうした蓄妾の広がりを憂うとともに、正妻の合法的権益が侵害をうけていることに対して婦女連の活動を一層強化しなければならないと訴えている。

そしてついに、事態を重くみた広東省では二〇〇〇年六月一六日、既婚男性が妾や愛人を作る風潮を牽制する目的で新法規「婚姻関係の違反・犯罪行為、財産などの問題処理に関する意見」を発表し、夫の蓄妾問題が原因で離婚に追いやられた妻の権益保護に乗り出した。このニュースを伝えた日本の新聞は、見出しに「愛人を禁ず――中国・広東省、改革・開放の余波」と題して、広東の富裕男性に急増している愛人問題と当局の対応を紹介している。[5] それによると、一九九二年以降、広東省の既婚女性が夫の女性問題を理由に裁判所に訴え出たケースは二万件以上にのぼり、同省中山市での世論調査では「身近に愛人問題がある」との回答が二五％に達し、それは年々増加傾向にあるという。一人で愛人を複数人もつ例もあり、広州、深圳、珠海三市が一九九九年に摘発・公表した汚職事件では、それに関与した役人全員に愛人がいたという。当局はこうした風潮を、妻の財産権や一人っ子政策を揺るがすものとして問題視し、離婚後の妻の住宅問題に関して優遇措置をとること、夫が愛人に与えた財産の半分は妻に権利があること、また妻の訴えがあれば証拠がなくとも当局の捜査がはいること等の規定を作ったのである。

2　愛人・情婦・妾

ところで、この日本の新聞記事には、富裕男性の相手となる女性を愛人という言葉で表記し、妾という言葉は一度も使われていないことに気づく。一般に、既婚者といわゆる不倫の関係をもつ者を、日本では男女を問わず「愛人」と呼び、最近の中国では広くは「第三者」と呼んでいる。もともと日本と中国では妾の概念が異なり、日本では蓄妾が禁止された明治一三年（一八八〇年）以降、妾と

（女性の）愛人はほぼ同じ者を指す呼称として使われてきた。そして今では妾という言葉は古くて馴染みが薄くなったために、上記の新聞記事のように愛人という呼称が一般的である。一方の中国では、伝統的家族制度の中から生まれた蓄妾制度が長期にわたって中国社会に存続したため、妾は不正規とはいえ家族の一員として相応の地位を与えられてきた。それが社会主義中国になると蓄妾は法律で禁止されたために、建前では中国社会から妾は存在しなくなり、妾という呼称も死語になるはずであった。しかし現実には、中国語の「第三者」の中には、日本でいう愛人に相当する女性（呼称は「情《チン》婦《フー》」）の他に、さらにこの旧時の妾を意味する女性（呼称は「妾《チエ》」「二奶《アルナイ》」「小老婆《シャオラオポー》」）も含まれており、われわれ日本人が思い描く愛人のイメージとは完全に一致しない。この新法規を紹介した人民日報の原文のタイトルは「広東定新規懲治〈包二奶〉者」[6]とあり、本文中でも「包二奶、養情婦現象」となっていて、表記の上でも妾と情婦を区別している。もちろん、こうした女性たちが身分的に情婦なのか妾なのか、すぐには判断できない場合もあれば、本書で紹介する資料や文学作品にも、表記上、情婦と妾を明確に使い分けたものとそうでないものとがある。しかしその呼称はどうであれ、愛人であれば普通考えられないような行動、たとえば公の場に顔をだして「妻」として振る舞ったり、時には正妻と同居して家族の一員として暮らしている女性たち――旧時の妾と性格が類似する女性たちが、現実に存在しているのである。愛人の存在は中国に限られるものではないが、中国の妾はその後ろに三千年の長い歴史を持っている。

　中国では、情婦とは、夫の家族からも社会からも認知されていない「秘密」裏に行われる「私的」情交相手を指す。ところが妾はこうした女性とは区別され、親戚等を招待した披露宴で認知を得たり、場合によっては男の家族（正妻および子どもたち）と同居することで、その身分は「公開性」を帯びている。男はこの女性を公表することで、公的な場に彼女を妻として同行し、さらに富の象徴を誇示することができるようになり、また公表した以上、面子にかけて妾及びその子どもたちを守る責任を自覚する。そのため一部の女性は、自身および子どもの身分の安定をはかるために、情婦よりも妾となることを望むのだという。中国に何千年と続いてきた蓄妾制の悪夢が、今また再演されつつあるのだ。

なお、本書では今日の蓄妾現象を述べるにあたって、一夫一婦制を前提として論を進めている。確かに一方で、一夫一婦制が近代国民国家形成のなかで歴史的に制度化されたものであり、今日では男女の自由な関係を築く上で、もはや障害にさえなっているとする意見もある。かりにこの視点に立てば、今日の蓄妾現象はまさに一夫一婦制から生じた歪みとして論じられ、むしろ一夫一婦制そのものに対する批判が展開されることになるだろう。しかしこれから明らかになるように、中国で現在みられる蓄妾現象はその大半が、旧中国の蓄妾制の残滓として、現代中国が抱える伝統の問題である。また、一夫一婦制という近代の制度は、中国では建国後にようやく現実のものとなった、まだわずか五〇年しか経っていない「新しい」制度である。よって、こうした中で、一夫一婦制の「古さ」や「限界」を指摘し、制度によらない「新しい男女のかたち」を理想論的に述べるのは、かえって今日の蓄妾現象の問題の所在をうやむやにしてしまう恐れがある。やはりまず中国の女性たちが直面している問題を具体的に明らかにすることから入り、その結果、かりに今日の蓄妾現象の原因が一夫一婦制に求められるようであれば、これに関する議論はその時に始めても遅くはないと思うのである。

以下、本書の終章にかえて、改革開放下における蓄妾の実態を明らかにし、中国女性をとりまく環境と二〇世紀中国の家父長制の特色をあらためて振り返ってみたい。

3　蓄妾と重婚罪

そもそも既婚者が配偶者以外の異性と関係をもったり、経済的に余裕のできた男性が秘密裏に妻以外の女性（たち）を別宅に住まわせる話は、なにも中国に限ったことではない。だが、なぜ中国の一部の男性は愛人だけでなく、違法行為と知りながらも妾を持とうとするのだろうか。そしてなぜそれが可能なのだろうか。

民国時期、妾は法律上の妻とはみなされなかったために、蓄妾に対して重婚罪は適用されず、蓄妾は法的規制を受けることなく野放しの状態だった。ところが、中華人民共和国建国後は、蓄妾に対して「二年以下の有期懲役または強制労働に処せられる」（「刑法」第一八〇条）という重婚罪が適用されるようになった。重婚とは、婚姻の成立を目的として、すでに配偶者のある男女の一方あるいは双方によって「不法に成立した夫婦関係」をさす。結婚の登記をしている者（違法登記）[7]、あるいは夫婦の関係で生活をともにしている者（事実婚）の二つのケースが想定され、蓄妾はその多くが後者に相当する。

たとえば、重婚罪で告発を受けた妾の黄英児《ホワンインアル》のケースを紹介しよう。黄英児は二七歳独身、相手の男Cは農工商連合公司の代表取締役、既婚者である。

彼女は自分が娼婦扱いされるのを望まなかった。Cは彼女に逆らえず、購入したばかりのその小さな洋館で、近隣の人々に結婚祝いの飴を配った。こうして黄英児は新しい隣人にはC夫人とみられるようになった。ところが（中略）ある日突然、警察の制服を着た厳しい顔つきの男がふたりやって来た。彼らは、彼女がCと重婚罪を犯したとして、彼の妻に告発された、と告げた。そしてその警察官はさらに、Cには関係を持っている女がほかにもたくさんいるが、彼女の場合のみ結婚祝いの飴を配って公表しているので、夫婦とみなされたのだ、と言った。[8]

つまり、愛人関係であれば重婚罪の立証は難しいが、二人の同居を社会に公表したために、事実婚とみなされ、重婚罪が適用されたのだ。妾の身分は、愛人と異なり、公開性を帯びているがゆえに、告発されれば容易にその違法性が問われ得るのである。前述の広東省の新法規は、二人の関係が一時的な婚外同居なのか、それとも重婚なのか判断しにくかったケースに対して、妻の訴えがあれば公安当局の捜査がはいることを認めたもので、当局により二人の同居の公開性が証明できれば、重婚として法的措置の対象にされるようになったのだ。この新法規によって、これまで夫の蓄妾を告発しても証拠不十分で受理されなかった妻に救済の道が開かれ、一方の夫は蓄妾はもちろんのこと、愛人をつくることに対しても規制を受けるようになったのである。

また、旧社会に存在した、妾の一変形である「妻の質入れ」（典妻《ディエンチー》）の現象も今日再び表面化しており、これも告発されれば重婚罪として処罰されている。[9] ただし、重婚罪は告発がないものは処分の対象にはならない。一九八三年以前は被害者（重婚罪を犯した者の配偶者、あるいはその相手）による告発のみ裁判所が受理していたが、同年七月に「重婚案件の管轄問題に関する通知」が出て以降は、たとえばその家族や親戚、隣人や職場など、被害者以外の人や団体による告発も人民検察院の審査を経たのち、妥当であれば裁判所で審理されるようになった。[10]よって蓄妾はいつ告発されるかわからない危険性を常に抱えていることになるのだが、実際には予想に反して告発される件数は大変少ない。遼寧省瀋陽の重婚犯に関する報告によれば、[11]重婚の事実があっても実際に告発され立証・処罰されるのは全体の六分の一程度にすぎず、あとの六分の五は、そもそも告発するものがいないために見逃されているという。

重婚罪で処罰される女性たちには、離婚が難しいためにやむなく愛する相手との同居に踏み切ったもの、あるいは暴力的な夫（裁判所は夫の妻に対する暴力に寛大で、これを理由にした離婚申請はなかなか許可されなかった。こうした情況は一九九〇年代に入りやや好転している）[12]や売春を強要する夫の元を逃げ出して新しい男性と同居したもの、また貧困のために二人の夫を持ったり、典妻をさせられたりした妻、誘拐されて見知らぬ男に売られた既婚女性など本来なら被害者であるはずの女性たちによるもの、さらに法律知識の欠如によって、離婚した際に法的手続きをしないまま再婚したために起ったものなど、様々な原因や動機がその背景にあり、彼女たちのすべてが自ら望んで妾となり、重婚罪を適用されたものとはかぎらない。だが、さきの瀋陽の重婚犯に関する報告で言及されている、重婚の事実はあるものの「告発するものがない」という全体の六分の五にあたる部分は、法的無知による重婚を除けば、おそらくその多くが、夫の蓄妾を女性が告発せずに耐え忍んでいる場合だと想定される。なぜなら、この報告の中で紹介されているように、妻が逃げ出して重婚の罪を犯した場合、夫側は執拗に妻を追い、妻を新しい男から取り戻すために二人を重婚罪で告発するのがほとんどであるのに対し、夫が妾を作っても離婚を恐れる妻は告発を思いとどまることが多く、さらに社会の雰囲気も蓄妾には寛大で、むしろこれを男の成功の象徴として羨む者も多いために、蓄妾の事実を目にしても告発しようとする者がいないからである。

4　社会の承認と名分のある妾

こうした、離婚を恐れて夫の蓄妾を容認する妻たちから受ける印象は、女性が経済的に自立し、「女性は天の半分を支える」と言われてきた社会主義中国の新しい女性のイメージからほど遠いものがある。いったい、「権利上」の女性解放を達成した中国で、その実態としての「社会構造上」の解放はどの程度進んでいるのだろうか。

浙南の温州五県の農村を訪問取材した孟暁雲「温州与温州人」[13]というルポルタージュには、「農村では離婚を言いだすと世論の譴責を受け、許されない行為と見なされる。だが重婚に対しては見て見ぬふりをしている」とある。この年、たとえば柳市では重婚案件三八件、三二人が重婚罪の判決を受けているが、さきの遼寧省の場合と同様、実際にはその数はもっと多いはずで、妻も周りの者も訴えないために表面化していないだけなのだという。愛情を失った妻を離婚するよりも、別に妾を作るほうに世論は寛大なのである。

旧時、一夫一妻多妾制度のもとでは、妻は夫が情婦を持つことを「闇の情交」として嫌い、妻はむしろ積極的に夫に妾をあてがうことがあった。これは形式——「名分」（名義・名目）を重んじる中国人の価値観によるところが大きく、この行為も、妻が自身の妻としての名分を保ちながら、その一方で夫の情交相手にも妾としての名分を与えることによって家制度の中に取り込み、家の安定と体面を保とうとしたものであると考えられる。今日でも情婦より名分のある妾が社会で受け入れられるのはこうした昔からの価値観が下地としてあるのであろう。『悲劇の性——八〇年代中国の妾』[14]ではこの名分について、「名分とは道徳上の認可であり」、名分のある蓄妾は、たとえ法律に違反していても、「道徳に反していない」ために社会の容認するところとなり、一方の「情婦情夫には名分がない」ために、「法律はとやかく言わないけれども、道徳が必ず二人をずたずたに切り刻む」と説明している。妾に名分があると見なす社会が存在する限り、男の放埒も「道徳」の認可が得られるのである。

同じく温州地区の蓄妾現象を取材した賈魯生は、その後に開かれた座談会でつぎのような発言をしている。

ちょうど私が温州人の蓄妾現象を取材していた時、これらの妾となった女性たちは、低レベルの真理から判断すれば、堕落しているか、あるいは女性の悲哀の現れだと思われた。しかし、さらに高いレベルの真理で判断すれば、ここには女性意識の覚醒があることを発見した。私は取材中にこんな事件に遭遇したのだ。それは、ある女性が母親の墓の前で愛人と関係をむすんでしまったのだが、中国では愛人の存在は許されるものではなかった。後に彼女がこの男の妾になると、このとき世論はようやく彼女を許したのである。つまり、高いレベルの真理からみれば、このような「堕落」した現象の中に進歩が含まれている、といえるのである。[15]

賈魯生は妾となった女性たちへの同情心からだろう、愛人であることよりも妾を選択したこの女性の決断を、社会的生存権の獲得を果たしたという意味で一つの進歩だと解釈できる、と語っているのである。確かに、賈魯生のいうように「高いレベルの真理」からみれば、おそらくこの女性の選択は「正しい」かもしれない。しかし、男性中心原理によって組み立てられた枠組の中での二者択一に、女性の進歩や覚醒を見出しても虚しさが残るだけである。経済的優位を盾に蓄妾制の残滓を再び掬いあげようとする男性たちの存在と、それを許し支える社会がある限り、女性が不当に貶められる現実は終わらず、ようやく手にした男女平等の権利は名ばかりになってしまうだろう。かつてバージニア・ウルフは『私ひとりの部屋』（一九二九年）で「女性は過去何世紀もの間、男性の姿を実物の二倍の大きさに映してみせる得も言われぬ魔力を備えた鏡の役目を果たしてきた」[16]と言ったが、中国の妻や妾たちはいつまでこの役目を演じ続けるのだろうか。

5　離婚の恐怖

この社会主義中国における蓄妾の現象を考察するとき、まず気づかされるのは男性の蓄妾に対する意識やその動機が旧中国の男性のそれとほとんど変わっていないことである。性的欲求の充足、富や社会的成功を誇示するため、あるいは妻に愛情がもてず、かといって離婚することができないために妾を作るという（前者との比較でいえば）消極的理由によるものなど、昔とほとんど変わっていない。

一方、妾のほうは、確かに旧時と同じように、たとえば貧困のために妾として売られたり、夫や家族の虐待から逃げ出して妾になった女性もいるが、やはり新しい傾向として、金銭の魅力や贅沢な生活に憧れて、自らすすんで妾になる女性が増えてきたことが指摘できる。この新しい「性文化」については、近年多くの関心が寄せられており、アンケート調査が行われたり、これを題材にした小説やルポルタージュも数多く書かれている。だが今は、こうした新しい女性たちの性観念・金銭感覚など現代的な要素について述べることは控え、ここでは正妻の側にスポットをあてて、この蓄妾現象を周辺から支えているものは何かを明らかにしていくことに専念したい。

夫の愛情を失い、さらに妾との同居を余儀なくされる正妻の苦しみは想像を絶するものがある。理屈からいえば、夫や妾がどのような態度に出ようとも、正妻が経済的・精神的に自立し、法的知識をもっていさえすれば、蓄妾の現象はこれほど深刻にならないで済んだはずである。また、夫が妾を（あるいは愛人を）作り、妻に対する愛情が消滅したことがわかった時点で、妻の側から離婚の請求をするのが当然の行為であろう。[17] だが日本でもそうだが、夫の不貞行為を知りながら離婚にふみきれない妻は多く、その理由は、離婚後の経済的不安、子どもへの配慮、夫への未練、あるいは夫への復讐など、様々である。おそらくこれらの多くが中国女性にも共通するのであろうが、中国ではさらに、伝統的家族制度を支えてきた儒教倫理の影響がいまだに残り、離婚そのものに対する忌諱や罪悪感が強く存在するために、社会だけでなく女性自身の中にも離婚を極力避けようとする傾向があることも、その理由として挙げることができる。

中国の粗離婚率（離婚組数の人口一〇〇〇人対比）をみると、一九八〇年に〇・三五だったのが徐々に上昇し、一九九五年には〇・八七まで達している。この変化は改革開放政策の新しい流れの中で、夫婦のあり方にも変化が生じ、離婚が社会の問題から個人の問題として捉えられるようになったこと、また法改正により以前より離婚しやすくなったことによると考えられている。しかし、この数値は外国と比較するときわめて低く、たとえば、一九八九年の粗離婚率は、中国〇・六八、日本一・二八、アメリカ四・七〇である。[18]この違いを生み出している原因については経済・教育・文化など様々な側面から言及されるべきだが、たとえば信仰する宗教の違いからみると、同じ中国国内でも宗教によって大きく異なることがわかる。イスラム教の影響下にある地区、儒教の影響下にある地区、ラマ教（チベット仏教）の影響下にある地区の粗離婚率（一九九二年）は、それぞれ三・七一、〇・六九、〇・四四である。[19]このうち儒教の影響下にある地区の〇・六九という低い数値は、離婚を家制度に対する破壊とみなし、これを不道徳で不孝な行為だと厳しく非難する儒教倫理の影響が強く働いたためだと解釈でき、漢民族が人口の九割を占め文化的に儒教が支配的である中国では、離婚に対する心理的抑制が他国に較べて強く働いているとみることができる。

次に、中国女性が離婚を躊躇する大きな原因となっている経済的不安について少し詳しくみてみたい。一九八〇年代末の広東地方で、夫が別宅を構えて妾と同居をしているという、ある妻の言葉を聞いてみよう。

離婚しようがしまいが、どのみち夫はいないも同然ですもの。離婚せず、裁判所が何も言ってこなければ、夫はこれまでどおり生活費を入れてくれます。離婚を持ち出せば、夫は罪を問われます。

経済的供給源を失って、一人の女が子どもを連れてどうやって暮らしていけばいいんです？（中略）女が離婚すると、評判が落ちてしまうのです。「番頭婆《ファントウボー》」（離婚女の呼び名）や「二級品」にどこの男がやさしくしてくれますか？[20]

また、一九九四〜六年に行われた珠江デルタ地帯の青楊鎮白秀村の社会調査によれば[21]、夫の女遊びや蓄妾に対して、「村の女たちはできる限り容認する。特に夫が十分な金を与えていれば、なおさら反抗などしない。妻たちは見て見ぬふりをする」のだという。そして「そのために離婚騒ぎはないのか」という重ねての質問に対して、「ここでは離婚はそう簡単ではない。離婚をすると耐えられないくらい沢山の噂や陰口をたたかれるため、せいぜい喧嘩するのが関の山だ」と答えている。

これらの言葉は、離婚を思いとどまらせる大きな要因に、離婚女性を襲う社会の非難と、離婚後の経済的不安があることを示している。ある調査によれば、離婚後一年の生活レベルは、男性が四二％上昇するのに対し、女性の場合は七三％下降するといわれている[22]。それぞれの国情により女性の就業率や賃金の男女格差、および養育費の支払い情況などでその実態は様々であろうが、中国の場合には、すでに寡婦をとりまく情況で論じたように、とくに農村部で、寡婦あるいは離婚女性の経済的環境は劣悪である。たとえば、離婚女性の再婚率は、都市六九％に対して農村九三％と、都市に比べて農村のほうが数値が高い。調査報告によれば、その理由として「収入源のない、あるいは経済的に余裕のない女性は離婚後、ただちに生活に行き詰まるだけでなく、実家もまた決して彼女たちが長居できる場ではないからだ」と述べ、農村における離婚女性の経済的貧困と精神的孤立を指摘している[23]。そのため、離婚しても経済的問題を解決する手段として再婚をする女性が多いのである。夫の蓄妾問題で悩む妻たちの中には三〇代の若い女性たちも多く、子どもがまだ小さいために、離婚後の一つの選択肢として再婚が考えられる。しかし、経済的理由のために意に沿わない相手との再婚もあり得るとすれば、離婚に二の足を踏んでしまうのも頷けるだろう。

その上、やむなく離婚した場合、本来なら過失があった夫側が責任を問われ、財産分与に際しては妻側に相応の配慮がなされることになっているが、実態をみると、離婚女性の生活はきわめて苦しい情況にある。その理由は、夫ができる限り妻に財産をとられまいとして、たとえば財産の隠匿、所有者名義の一時変更、妾名義の不動産の購入など、様々な策を講じるために、実際に妻が手にする財産額が少なかったり、あるいは、ある程度の収入はあっても貯蓄や財産がそれほど多くない夫婦の場合、あるいは妻が働いていない場合（近年、中国では主婦が増加傾向にある）は、離婚時に受け取る一時金だけではすぐに経済的に行き詰まってしまうからである。

そしてさらに、中国の特殊事情である住宅問題も深刻で、離婚後に住む家がなく、これが解決しないために離婚訴訟の審議が中断することが度々おこっている。普通、中国では結婚すると、農村では夫の家に、都市では夫の職場が配分した住宅に住む。そのため離婚後は女性が新たに住宅を探さねばならないことが多く、その場合、たとえば都市部の離婚女性が自身の職場に住宅の手配を求めても、需要に対して供給が追いつかない現状では迅速な対応は期待できず、相対的に低賃金である女性一人の収入で個人経営の高額なアパートや家を借りるのは相当の負担になっている。法律では女性側に不利にならないように様々な規定が設けられ、たとえば別れた妻が暫定的に（二年を限度として）元の住宅に住み続けることができるよう夫の職場に配慮をもとめているが、[24]この規定がどの程度機能しているのかはっきりしない。また、一人っ子政策により子どもが一人しかいない夫婦は多く、その子の養育権をめぐって双方が対立して譲らなかった場合、経済的に自立していない妻は不利な立場におかれ、妻は子どもと離れたくないために離婚を思いとどまるケースもある。[25]

このように、伝統的倫理規範による精神的足かせに加えて、離婚に伴って発生する経済的困窮、不本意な再婚、住宅問題、子どもの養育問題など、離婚がもたらすデメリットは、女性のほうが圧倒的に多い。その意味でも、離婚時の妻の権益を積極的に保護することを規定した広東省の新法規が、社会に浸透し、今後さらに全国に広がっていけば、すくなくとも経済的理由で夫の蓄妾を容認する妻の数は減少し、蓄妾の広がりに一定の歯止めがかかるに違いない。

一方、夫のほうも、妻との離婚が得策でないためにそれを避ける場合もある。それは離婚によって社会的ダメージをうけるからというよりも、財産の一部が妻に渡ることを望まないためである。一九九一年、六人の妾を囲ったために重婚罪で訴えられたある広東の男性が、服役後に妻との離婚を申請したところ、裁判所からすべての財産を公開するように求められたために、申請を取り下げた事例がある。この男性は出所後のインタヴューに対して、愛情のない妻と結局離婚しなかったのは「人道的行為である」と言っているが、その本心は、金銭的な損得勘定によるものであることは明白である。[26]

6　妻の告発

これまで正妻が夫を「取り戻す」ために最終的にとった手段は、重婚罪で告発して夫と妾を別れさせることだった。実際にそうしようとした事例が多く報告されている。しかし、その結果をみると、最近では正妻が離婚に追い込まれ、夫と妾が晴れて再婚するという、思わぬ方向に展開しているのが目をひく。その経過を整理してみよう。

これまで離婚原因の認定をめぐっては、「理由論」（過失論）か「感情論」（感情破綻論）かで議論が分かれていたが、一九八〇年に公布された「中華人民共和国婚姻法」（八一年施行）において一応の結論が提示され、離婚理由として「夫婦間の感情の破綻」が唯一の条件とされるようになった。しかしながら、「廟を壊しても、婚姻関係は壊してはならない」という昔からの言い伝えがあるように、離婚に対する忌諱が根強く残る社会では、この新婚姻法の公布後も「感情の破綻」は離婚理由として社会になかなか受け入れられなかった。裁判離婚においては必ず「人民調解委員会」や当事者の所属する職場などの調停を経ねばならず、また協議離婚でも職場や村民委員会あるいは居民委員会の仲裁が入った。本来、協議離婚の場合、「婚姻登記管理条例」によれば、これらの機関は当事者の離婚の意志を証明するだけでよく、調停や同意や批准などは求められていなかったにもかかわらず、実際には、申請者は繰り返し「説得」され、相手方に確たる過失が認められない限り離婚の許可を得ることが難しかったのである。調停者、裁判官そして当事者にも、離婚を個人の問題、夫婦の問題として捉える意識が低かったためである。よって、重婚罪を犯した夫が、出所後に妻に離婚を請求しても、妻が同意しない限り、曾ての「過失論」の影響でなかなか許可がおりなかった経緯がある。ところが、一九八九年に最高裁判所が「人民法院が離婚案件を審理し、夫婦の感情がすでに確実に破綻していることを如何に認定するかについての若干の具体的意見」を出して、再度「感情の破綻」を唯一の離婚理由とする具体的な司法基準を示した時から状況は大きく変わってきた。それによると、感情の不和により別居して三年以上が経ち感情の修復の余地のない者、あるいは一方が第三者と通じて不法同居し、過失のあった方から離婚申請があった場合、相手方がこれに同意せず、説得教育を経ても回復の可能性が認められない時には、「感情の破綻」とみなし、離婚申請を受理することができる、と明記されたのである。[27] この新たな解釈にもとづけば、夫を重婚罪で告発した妻の行為が「感情の破綻」の証拠となり、夫を妾のもとから取り戻すために二人を重婚罪で告発した妻の多くが、その意に反して夫から服役後に離婚を請求され、受理されるようになったのである。この新しい規定は、他国に比べ離婚が非常に困難な国情にあって、別れたくとも離婚できなかった夫婦にとっては朗報であったに違いないが、蓄妾問題で悩む夫婦に適用されると、服役後に晴れて妾と再婚をはたした夫とは対照的に、妻は望まない離婚を余儀なくされ、社会的経済的に悲惨な状態に追い込まれてしまうのである。

こうして、離婚を恐れるがゆえに妻は夫を告発しなくなり、ために益々蓄妾の風習が広がっていく中で、妻は夫の裏切りによる精神的苦痛を忍びながら、同時に離婚の恐怖にも直面しなければならなくなったのである。

7 妻の困惑——袁先行「救出」

以上、断片的な資料によって、今日の蓄妾現象を概観してみた。ここには離婚を恐れる妻とそれにうまく乗じる夫、これを温存する社会という構図が浮かび上がってきた。これから先はさらに文学作品をとおして、この構図を支える中国の家父長制の実態に迫りたい。

袁先行《えんせんこう》の小説『救出』[28]は、一九九〇年代半ばの、武漢から少し離れた農村を舞台に、妾を殺害してしまった男を救うために、正妻と村長たちが計略を練る話である。その中に、夫が妾と結婚するために妻に離婚を要求した時、妻が村長に助けを求める場面がある。

中秋節の日、夫が武漢の町から妾の小程《シャオチョン》を連れて田舎の家に帰ってきた。息子も進学のために町に住んでいたので、家には正妻の松丫《ソンヤー》が一人で住んでいた。普段、夫は年末になると一度だけ帰宅して年越しをするのが習慣になっていたので、この突然の帰郷に彼女が驚いて理由を尋ねると、墓参りに来たのだという。山村では、男女が正式に結婚する時には、一緒に双方の先祖の墓参りをし、祖先の承認を得る慣習があった。この時、夫の大燕《ダーイエン》は彼女に離婚話を突きつけ、連れてきた妾と正式に結婚すると言いだした。松丫は泣きながら家を飛び出し、村長に助けを求めた。ところが村長は、大燕がこの村の経済的発展に貢献している大切な人物だからと、一方で彼女の世間知らずを諫めながら、また一方で大燕に対して郷規を持ち出して「秩序」を保つように説き、小程を妾として扱うように勧めたのである。

村長は彼女を叱りつけた。「おまえはなんて焼き餅やきなんだ、黙りなさい。大燕が名誉も祖先もいらんわけがないだろう。あれが『貧しくとも博打はしない、金持ちになっても妻を離縁しない』という先祖の教訓を知らないはずはない。わしらの村では昔から、金持ちは妾を作っても、妻を離縁することは許されないんだ。糟糠の妻を捨てるような者を、ご先祖様は許さんからな。村長であるわしだって先祖の掟をわしの手の上でひっくり返すことはできん。安心しなさい、わしが請け合う、大燕はおまえとは離婚しない、この家ではやはりおまえが主人だ。えぇ?まだ不満かね、言いたいことがあるなら言うがいい」

松丫は言葉に詰まって、泣くのをやめた。そしてよく考えてから、腹を立てて言った。

「お上に訴えてやる、あの人が二人の女を娶ったと訴えてやるわ!」

村長は言った。「まったく女ってやつは。髪は長いが、見識は短い(浅い)ときてる。昔の金持ちで、どこに女を囲わなかった者がいる? 皇帝は三宮六院、七二人の妃がいたじゃないか。おまえがもしその時の皇后様だったら、それこそ大騒ぎになっていただろうな」

「それは昔の、悪がはびこっていた旧社会のことでしょう」

「今でもだいたい同じだよ。大きな町に行って見てくるといい」

「誰も訴えないからだわ。民が訴えず、官も干渉しないってわけね」

「じゃ、訴えればいいさ。何不自由のない贅沢三昧の今の生活が惜しくないんだね。亭主を訴えて牢屋にぶちこみ、おまえは一人寂しく毎日空を仰ぎ月を眺めて暮らす、それで嬉しいのかい」

そして村長は反対に、金持ちになった大燕にはそれに釣り合う女が必要であり、豚や鶏を飼う事しか知らない今の彼女に、英語をしゃべるお客の相手をしたり、ダンスをしたり、酒の酌をしたりできるのか、と彼女を非難した。

「さあ、小程のために食事の支度をしなさい。昼にわしもここで一緒に酒をのむことにしよう。はるばる遠くから来てくれたんだ、本当の妹を迎えるように喜ばずに、猪八戒が泣いたような顔をしていては、大燕や村の恥になるじゃないか。（中略）」松丫は何も言えず、おとなしく起き上がると、涙を拭いて、台所に入って行った。

大燕は村長の言葉通り、妻とは離婚せずに小程を妾にしたまま町に戻っていった。離婚すれば村八分にされることを知ったからである。大燕は小程に「そこには家があり、祖先の墓があり、母も父も先祖もみなそこに眠っている。おれは両親や先祖を捨てることはできない」と言って、妻との離婚を執拗に迫る彼女の希望をこれ以降は聞き入れなくなってしまう。やがて小程は別の男の元へ去り、嫉妬に狂った大燕は、とうとう車で彼女をひき殺してしまった。

この小説から読み取れることは、農村では離婚は不道徳として非難されるが、名分が与えられた妾をおくことに対しては寛大であること、妾が公開の場に出て妻として振る舞うのはむしろ当然のこととして受け止められていること、妾を受け入れない妻は夫や村の恥だとみられること、などであろう。松丫はこうした重圧に負けて夫の蓄妾を容認してしまうのである。

8　旧式結婚と蓄妾現象――報告文学集「悲劇の性――八〇年代中国の妾」

八〇年代半ば、浙江省南部の東海に望む浙南最大の商業地区温州は蓄妾の風習の復活で一躍社会の注目を浴びた地区である。改革開放の波にのって急速に豊かになったこの地方では、例に漏れず愛人や妾を作る富裕男性が急増し、社会問題になっている。この地区の蓄妾の実態を取材した報告文学集

『悲劇の性——八〇年代中国の妾』[29]の導入部分の紹介によると、温州市所轄の県下にある柳鎮だけでも、取材に訪れた年（一九八〇年代半ば）のわずか数カ月の間に六〇組の重婚犯が処罰されたという。この報告文学集には、富の象徴として妾を囲った男たちの話、女児を産んだ妻に不満な夫が男児欲しさに妾を作り、姑もまたこれに加担する話、離婚かそれとも妾との同居かの選択を迫られて、やむなく妾と同居を始めるが、夫と妾の恥知らずな行動に耐えきれず、頭がおかしくなった妻の話、妾との同居を受け入れたものの妾の出産の介護をするうちに今後の自らの運命に不安を抱く妻の話など、およそ二〇の話が収められている。これらは、妾となった女性も含めて、男性の身勝手な言動によって生き地獄を体験させられる女性たちの話が中心となっており、圧倒的に女性は被害者として描かれている。だが、ここで少し問題点を整理すれば、これら妾を作った男性たちの全面的な「非」を確認したうえでなお、被害者である女性たち自身の中にも根強く残る旧い結婚観や男性への依存傾向は押さえておく必要があろう。その事例として、この報告文学集の中から文嫂《ウェンサオ》の話を紹介したい。

［文嫂の悲劇］

文嫂は夫を重婚罪で訴えた。だが、夫は刑期を終えて出所すると、彼女と離婚をし、妾と晴れて再婚をしてしまう。彼女が夫を訴えたのは、妾から夫を取り戻すためであり、離婚されるとは予想もしていなかった。この日も、彼女は幼い二人の子どもを連れ、婦女連にこの離婚が無効であると訴えに来たのだった。彼女は涙を流しながら、夫を告発したことを後悔し、離婚された女性に生きる道がないと訴える。主婦だった文嫂には収入がなく、経済的にも行き詰まって途方に暮れていたのである。彼女は心労と飢えのためにその場で気絶してしまう。

ここに居合わせた著者たちはさっそく裁判所に事情を聞きに行った。以下の引用は文嫂の夫の離婚請求を受理した裁判官の話である。

「文嫂とその夫の結婚は旧式結婚（包辦婚姻）で、夫は彼女に対して初めから何の感情も湧かず、彼女のことをただの子産みの道具だとみなしていました。新たに好きな女ができると、妻の目の前で平然と同居を始め、かつ彼女によく二人に仕えるように迫り、少しでも気にいらない所があると、殴る蹴るの暴行を加え、虐待の限りを尽くしたのです。その上、夫は何度も離婚訴訟を起しましたが、我々はそれらをことごとく却下しました。というのも、文嫂がたとえ殴られ、体中痣だらけになって床に臥すようなことがあっても、絶対に離婚しないと言い張ったからです。こんな情況ですから、我々はもちろん彼らの離婚に同意しませんでした。その後、おそらく我慢も限界だったのでしょう、彼女は夫を訴え、男はそのために実刑判決をうけました。重婚と虐待の罪です。文嫂はとても単純でした——女はみな単純ですよ——夫が刑期を終えて戻って来たらうまくやっていけると思っていたのですから」

「その男は、たとえば、ごろつきのような悪い男なんですか？」

「いいえ」その裁判官は首を振った。「この事以外には、他にどこも悪いところはありません。あの妾にしても、どこも悪いところはみあたらない、とても活発な女性ですよ。二人の仲は蜜のように甘くて、文嫂の前で鬼のような男が、彼女の前では一度も粗暴な振る舞いをしたことはありませんでした。——婚姻法に照らせば、離婚を認める唯一の基準は、夫婦の感情が完全に破綻しているかどうかです。文嫂は夫を告発しました。これは彼女と夫の間の感情がすでに破綻していることを示しているのですから、この中身の伴わない名目だけの婚姻を維持する意義や必要がどこにありますか？　それに文嫂の立場からみても、離婚は彼女が苦難から解き放たれ、足かせを打ち砕くことを意味し、一人の人間としての権利を守ることでもあるのですから」

裁判官の話はまったく道理が通り、反駁の余地がなかった。しかし我々は困惑していた。「でも現実には、文嫂は離婚しても苦難から逃れられず、まして幸福なんて。彼女は生活の支えを失い、乞食になって町で物乞いをする寸前なんですよ」

この文嫂の事例は、旧式結婚だったために最初から夫婦の間に感情の不和が存在したケースである。もちろんこのことが直ちに、だから夫は妾を作ってよいという結論にはつながらないが、少なくとも、文嫂の中にある「嫁鶏随鶏、嫁狗随狗、従一而終」（一度嫁いだら、相手がどんな男でも一生添い遂げるべきだ）という、旧来の貞操観や結婚観もまた蓄妾の風習を温存する要因の一つに考えられるのである。

本書第五章において民国時期の蓄妾制を論じた時、蓄妾の動機や原因の一つとして旧式結婚を挙げた。そして半世紀が経過して、中国社会の大きな変化とともに、特に都市部では旧式結婚はすでに過去のものとなっている。しかし、今日の蓄妾現象をみていると、伝統的な旧い結婚観が中国社会にまだ広く存在していることに気づかされるのである。

かつては父母の命による旧式結婚が一九二〇年代では都市部で八〇％～九〇％、三〇年代では五五

%、四〇年代後半では五一%を占めたが、農村部ではあいかわらずほぼ一〇〇%が旧式結婚をしていた。社会主義中国になると情況は大きく変わり、婚姻法の普及によって現在の若者は、旧式結婚一〇%、半自主結婚六〇%、愛情結婚三〇%といわれている。[30]八〇年代の部分的なデータでは、旧式結婚をしている女性は、陝西、河北、上海でそれぞれ既婚女性の二五%、一〇%、六%を占めている。[31]結婚の決定権について都市と農村を分けて見てみると、九一年のデータ[32]では、結婚を「父母が決め、本人が同意したもの」(旧式結婚)は、都市部では、夫側三・八二%、妻側四・九八%と少ないが、農村では夫側二〇・七七%、妻側二八・九八%である。さきの旧式結婚一〇%という数字は都市と農村の平均値であって、具体的にみると両者の格差が大変大きいことがわかる。また、「結婚は本人が決めた」とする者が、都市では九〇%、農村では七〇%に達しており、かなり本人の意志が尊重されてきたことが窺える。しかし本人が結婚を決める前の段階である「相手と知り合う方法」をみると、自分で相手を見つけた者(自由恋愛)が都市部では四〇%を占めるのに対し、農村部ではわずか一五%である。たとえ最終的に本人が決めたものであっても、農村では父母や親戚(上の世代)の紹介が、男女ともおよそ五〇%を占めているのである。

相手と知り合う方法について、少し詳しくみてみよう。図A、Bは一九九六年に六五歳以下の八〇〇組の夫婦を対象におこなった調査結果である。

図Aの都市部の例をみると、相手と知り合った方法のうち、父母による紹介は改革開放時期に入ると〇%となり、それゆえ旧式結婚も〇%である。他人の紹介による場合でも、上の世代の人からの紹介は一七%と低く、八〇%以上が自分あるいは同世代の人からの紹介によって相手と知り合っている。

ところが、図Bの農村部を見ると、他人による紹介が年々増加し、反対に父母による紹介が半減しているものの、まだ全体としては、父母および上の世代の人による紹介が約七〇%を占めている。さきほどのデータを参考にすれば、この七〇%のうち二〇%~三〇%が父母が決める旧式結婚をしていることになる。自分で相手をみつける自由恋愛は、最近一〇年を比べても、農村部一八・五%に対し、都市部五三%と大きな開きがある。

［相手と知り合った方法］

図A　華中都市部（上海）

%

結婚年代＼方法	自分	紹介	父母
～1966年	31	58	11
1967～1976	42	57.5	0.5
1977～1986	43.5	56.5	0
1987～1996	53	＊47	0

＊このうち友人・同僚・級友によるものは29.8%

図B　西北部農村（甘粛）

%

結婚年代＼方法	自分	＊紹介	＊父母
～1966年	13	7	80
1967～1976	8.5	16	75.5
1977～1986	10	30	60
1987～1996	18.5	43	38.5

＊父母および上の世代による紹介は合わせて、平均約70%を占める。
徐安琪『世紀之交中国人的愛情和婚姻』（中国社会科学出版社　1997-9）113～4頁及び219頁のデータをもとに作成した。

この父母や親戚など上の世代の人からの紹介による半自主結婚の場合、結婚を決めるまでに二人が数回しか会っていないケースも多く、友人・同僚など同輩の紹介による結婚とは性格がかなり異なっている。たとえば、一九八七~八八年に調査が行われた山東省小高家村では、若者のほとんどが見合い結婚で、「小看《シャオカン》」（互いに遠くから見定める）、「大看《ダーカン》」（花嫁候補の家に求婚に訪れる）のわずか二度の顔見せを経てすぐに婚約式が行われている。[33] また、一九九五年に行われた華北農村調査[34]の事例によれば、紹介による結婚といってもその内容には幅があり、極端な場合には結婚前に一度会っただけというケースも含まれている。

このように農村では旧式結婚・半自主結婚がまだ多数を占め、都市部とは大きな違いをみせている。中国女性の七割近くが農村に暮らしている現状を考えれば、この結婚形態が示す意味は決して小さくないだろう。

建国後の旧式結婚を描いた文学作品では、仲人婆さんの活躍を描いた朱暁平《しゅぎょうへい》『六おばさん』(一九八五年)[35]や、張弦《ちょうげん》『愛情も届かない村』(一九八〇年)[36]が参考になる。『愛情も届かない村』には、主人公の娘が帰宅すると、仲人が置いていったセーターを突然目の前につきつけられて、「娘を売るつもりなのか」と涙を流して母に抗議する場面がある。彼女の母も、ちょうど婚姻法が公布されたころ、娘と同じ言葉を両親にぶつけて今の夫との自由結婚を勝ち取っていた。母は娘のこの言葉を聞いて愕然とする。あれから三〇年が過ぎ、歴史の歯車がどこで狂ったのか、貧困に押し潰され生活に疲れ果てた母はいつしか娘の結納金をあてにするようになっていたのである。今日の農村で旧式結婚・半自主結婚が盛んな理由は、『六おばさん』に描かれているように人々の心の中にある旧い結婚観と、『愛情も届かない村』にみられるように、農村部における経済的貧困がその大きな原因として考えられるのである。

今日の離婚原因の第三位に、お互い深く知り合わないまま短期間に結婚を決める「軽率な結婚」が挙げられ、中にこうした旧式結婚も含まれている。離婚の割合も、旧式結婚によるものが、そうでないものの二・五倍に達しているという。[37]夫が妾を作った時の妻の対応が、経済的、社会的なダメージにいかに対処するかに終始し、「愛情」の問題が欠落している背景には、こうした旧い結婚形態とそれによって生まれた旧い結婚観があることも見落とせない。

文嫂の事例も、夫が妾を作ったのは経済的に豊かになったからではなく、恋人ができて初めて結婚には愛情が不可欠であることを知ったからである。ところが文嫂の方は家父長制文化の価値体系を深く内面化してしまい、旧い結婚観から抜け出せず、夫から虐待の限りを尽くされてもなお離婚に同意せず、ますます夫との間に溝を作っている。彼女は愛情のない夫と結婚生活を無理やり続けることに疑問を持たなかったばかりか、離婚後もなお、夫と復縁することしか頭にない。だが、文嫂は三〇代半ばのまだ若い女性である。旧社会ならともかく、新しい時代の女性の生き方としては、たとえその背景にすでに述べたような様々な困難があるにせよ、やはり物足りない印象を受ける。

結局、文嫂の場合は、婦女連が彼女に仕事を紹介して当面の経済問題を解決することになったが、蓄妾の背景には、このように男性に対する根強い経済的依存傾向や旧い結婚観など女性の側にも解決すべき課題が依然として残されているのである。

9　離婚しない勇気

一方、経済的に自立している女性の場合でも、やはり離婚を恐れて夫の蓄妾を許すことがあった。たとえば、賈魯生『性の悲劇――妾と文化の混乱』[38]は、小説というよりも報告文学に近い作品だが、その中に婦女連の幹部である蘭花《ランホワ》という女性の話がある。彼女は一千名近い山村女性の代表としてその地区の女性問題をてきぱきと処理する有能な女性幹部で、夫婦睦まじく、その家庭は「五好《ウーハオ》家庭」（模範家庭）として表彰されているほどだった。ところが、夫に妾がいることが分かった時、離婚を恐れた彼女は、夫との間に「君子協定」を結ぶ。「一、毎月県城には五日だけ住むこと、二、毎年その女に三〇〇〇元、彼女に七〇〇〇元与えること、三、彼女のいかなる自由にも干渉しないこと。」収入がある彼女は離婚しても生活に困ることはない。夫にも未練はなかった。しかし彼女は離婚女性にむけられる世間の目を何よりも恐れたのである。

夫を失うのが怖いのではなく、夫に捨てられるのが怖かった。彼女は夫に捨てられた妻のその後の境遇をよく知っていた。世論はまず妻を責め、きっと恥知らずなことをやったに違いない、そうでなければ夫に捨てられるはずがない、というのである。世論はこんなにも理不尽なのだ。（中略）離婚した女性は夫を亡くした女性よりも生きにくい。

かつて村のある寡婦が被害を受けた時、彼女は女性たちを率いてその寡婦から甘い汁を吸おうとした男を取り囲み、たっぷり教訓を与えたことがあった。この男は後にまたある離婚女性に手を出し、その女性が彼女に泣いて訴えた時、彼女は冷たくこう言ったものだ。「あんたも少しは気をつけなさい。男たちに愛想よくしなければ、誰もあんたに何かしようなんて気をおこさないわよ。」今、それが自分に回ってきて、ようやく彼女はこの不公平に憤りを覚えたのだった。

たとえ夫の過失が原因であっても、離婚女性は「捨てられた女」、捨てられるような「ふしだらなことをした女」として世間から軽蔑され続けるというのである。離婚を「家」の分裂・破壊とみなす倫理的非難が、その原因を作った夫を素通りし、すり替えられて、本来なら被害者である妻に向けられるのである。

張潔《ちょうけつ》の小説『方舟』[39]には、離婚女性が飼っているメス猫までもが近所のオス猫を誘惑していると、もっともらしい噂をたてられ、職場では「誰でも手を出していい女」とみられてセクハラをされる話が描かれている。その上、こうした社会の偏見だけでなく、留学経験があり進歩的な思想をもっているはずの父親までが、娘の離婚話を聞いた途端、家の面汚しだと怒って娘を家にいれようとせず、勘当してしまうのである。中国の女性は男性支配の現実に生き、こうした内外の偏見と攻撃にさらされながら、離婚する勇気だけでなく離婚しない勇気も試されているのである。

以上のように、中国における妾の存在を正妻の側からみたとき、妻たちに忍従を強いている大きな要素には、離婚に伴う経済的問題だけでなく、社会に存在する旧い伝統的倫理規範と、それから生まれた離婚に対する罪悪感、さらに女性自身の中にも浸透している旧い結婚観や男性に対する依存傾向などが指摘され、これらが一体となって妻たちに夫の蓄妾を容認させている実態が浮かびあがってきた。

かつて売買婚、旧式結婚、離婚、再婚……に際して表面化した露骨なセクシズムの根源には、伝統的家族制度を支える宗族の存在と中国全土を覆う経済的貧困、それにともなう文化レベルの低さがあった。ところがこれらは社会主義中国になって少しずつ変化し改善されて、一部の地域ではすでに過去のものとなっている。しかし、本書で取り上げた現代の蓄妾現象からも、中国の家父長制の変革が、社会の大きな変動に比べ、特に女性をとりまく環境において、きわめてゆっくりとしたペースでしか進行していないことがわかる。そして婚姻に関する自由を享受できるようになった都市部においても蓄妾が盛んであること、性風俗産業の隆盛、女性の商品化という新しい現象の中で蓄妾もその一つの形となりつつあることは、中国社会に生き続ける蓄妾制の伝統の根深さと現代社会で増幅再生産されている性差別意識の深刻さを示している。

10　伝統と現代——おわりに

中国の女性解放は、社会主義中国の成立と同時に国から与えられたものであり、女性自身の手で勝ち取ったものではなかったが、それでも、国家がこのとき彼女たちに与えた制度としての男女平等はつい最近まで西欧社会の女性たちの羨望の的であり、中国女性の誇りであった。

過去一〇〇年を振り返れば、中国の女性解放運動は、二〇世紀の初めに良心的で進歩的な男性知識人たちによって始められた。「人」の解放をめざした「五四」の新文化運動の中で、パートナーである女性も「人」として解放されるべきだと、まず男性たちが女性解放の声を挙げ、一つの運動にまで発展させたのである。当時、女性の中に教育を受け、文字を知っている者が圧倒的に少なかった状況では、男性主導型になるのは無理のないことだったが、この啓蒙運動のなかで目覚めた女性たちは着実に実力をつけ、各地で活動の範囲を広げていった。中国共産党は、女性解放は階級の解放・民族の解放と同時に達成されるという認識に基づき、この女性解放運動を革命運動の中に組み込み、男性による党の指導下においた。しかし、革命優先の立場が堅持された結果、この間に社会や家庭に存在する女性差別を告発する女性たちの声は、革命の足を引っ張るものとして黙殺され、時に厳しい批判にさらされた。そして社会主義中国が成立すると、今度は国が制度としての男女平等を女性たちに与え、これによって中国では女性解放は達成され、女性問題は消滅したとみなされたのである。

ところが改革開放政策が軌道に乗ってくると、女性を取り巻く状況は大きく変わり、改革が女性を放り出す気配さえみせるようになってきた。男女平等を保証するシステムや母性保護を約束した様々な福利サービスが、経済的効率を最優先する企業や団体によって崩され、これに調子を合わせるかのように、女性労働者のレイオフ、「女は家庭に帰れ」論、女性の性の商品化など、男性たちの本音が猛烈な勢いで現実化し始めている。

だが、こうした状況に直面して、中国の女性たちも本音を語り始め、まず李小江《りしょうこう》[40]を中心とするグループが、社会主義中国にも女性問題が「あった」し、また今も「ある」ことを主張し、女性問題を独立した問題として捉えようと声を挙げた。これは中国の歴史が始まって以来の、民間レベルで女性自身が起こした初めての女性研究運動だと言ってよい。現在、これに刺激を受け勇気づけられた多くの女性たちが、それぞれの分野で、女性としての主体性を取り戻すための活動に乗り出しているが、これと同時に、国の管理下にある婦女連合会や各地の大学教育の現場においても、様々な制約を乗り越えて、多様化する女性問題に積極的に取り組もうとする動きが見られるようになってきた。中国の女性たちは自ら体験した歴史の中で、階級や民族の解放が自動的に女性の解放につながらず、社会組織・経済の発展が必ずしも公平な性別関係をもたらすものでなかったことを知り、今、新たな女性解放運動のビジョンを構築しつつあるのだ。

本書第四章および第六章でみた現代の中国女性の姿が、中国の家父長制の実態を示すものであるならば、国が女性たちに与えた「タテマエとしての男女平等」と、この現実との間のギャップがいかに大きいか、それがいかに女性たちを精神的にも肉体的にも苦しめてきたかを証明するものとなるだろう。もはやこうした現実の矛盾に対して目を背けることはできなくなったのである。

本書では中国の農村女性の状況に多く関心を注いだが、これをメディアを通して伝えられる沿海地区の都市部の中国女性の姿と比較するだけでも、中国における都市と農村の地域格差の大きさと、それにともなう女性問題の内容の多様性を理解することができるだろう。そして二一世紀に持ち越した旧い倫理規範や伝統の問題は、性支配やジェンダーの問題と複雑にからみあって、都市と農村を問わず一様にこれからも中国女性の大きな課題となりつづけるに違いない。中国に誕生した新しい女性解放運動の動きに注目しながら、常にどこかで日本と問題を共有しつづける中国の女性たちの戦いを、興味深く見つめていきたいと思う。

［注］

［1］……慶豊／鈴木博訳『中国式愛のかけひき』（はまの出版　一九九八）二一四～二一五頁、施永南『納妾縦横談』（中国世界語出版社　一九九八）二九四～二九八頁など多数の事例がある。
［2］……原載《現代家庭》一九九五年第八期、施永南『納妾縦横談』（前掲注1）三〇〇頁に一部引用。
［3］……潘允康『変貌する中国の家族』（岩波書店　一九九四）五一頁
［4］……王舒波「深化改革中的婦連維権工作」《婦女研究論叢》一九九三年第三期
［5］……読売新聞（朝刊）二〇〇〇年六月二〇日「愛人を禁ず」（香港六月一九日付け特派員報道）

[6]……人民日報網絡版二〇〇〇年日六月一七日「広東定新規懲治〈包二奶〉者」(《中国新聞社》六月一七日)。ほかに同「老公給〈二奶〉買的房討回一半要靠誰」(《北京青年報》六月二三日)には、この新法規発表の経緯やその内容など詳細な紹介がある。

[7]……相手の男が既婚者とは知らずに結婚登記をした女性の場合(男性側が違法な手段で職場などから結婚許可証を入手し、遠く離れた女性の戸籍所在地で登記をすると、重婚の事実の発覚が遅れる)、この登記は法的に無効である(違法登記)。だがこの女性が事実を知ったのちも関係を続けるならば、事実婚とみなされ、告発を受ければ当然重婚の共犯者として処罰の対象になる。重婚及び重婚罪についてては陳麗華『婚姻家庭継承』(中国社会科学出版社　一九九九)四三～四九頁。一方、日本の重婚罪は、書類を偽造して離婚届を出し、その上で第三者と婚姻届けを出すケースがほとんどである。違法行為による離婚届けは無効であるため、新たな婚姻が重婚に相当するのだが、刑の重さからいうと、重婚罪よりも離婚届けを偽造した際の「公正証書原本不実記載・同行使」による罪のほうが重く、合わせて五年前後の実刑判決が出るのが一般的である。

[8]……魯娃等『悲劇性別——八十年代妾在中国』(中国新聞出版社　一九八八)四二～四三頁

[9]……最近の「典妻」の実態を伝えたものに、魯娃等『悲劇性別——八十年代妾在中国』(前掲注8)一七～一八頁、潘允康『変貌する中国の家族』(前掲注3)八八頁、張萍編『中国の社会病理』(亜紀書房　一九九七)一九九頁、秋山洋子編訳『中国女性』(東方書店　一九九一)二四六～二五〇頁などがある。

[10]……張萍編『中国の社会病理』(前掲注9)二〇四頁

[11]……戴晴・洛恪「女重婚犯」『性観念的躁動——性及婚恋報告文学集』(戴晴等　作家出版社　一九八八)二頁。邦訳には『性を語り始めた中国の女たち』(林郁編訳　徳間書店　一九八九)所収がある。

[12]……戴晴・洛恪「女重婚犯」(前掲注11)

[13]……孟暁雲「温州与温州人」《花城》一九八七年第二期

[14]……魯娃等『悲劇性別――八十年代妾在中国』（前掲注8）一七六〜一七七頁
[15]……「関於報告文学的対話」《花城》一九八八年第六期
[16]……ヴァージニア・ウルフ／村松加代子訳『私ひとりの部屋』（松香堂　一九八四）六〇頁
[17]……本書では、夫が妻以外の女性と性的関係をもち愛人あるいは妾としてその女性と同居を始めた時を、夫の妻に対する愛情は消失したものとして論を進めている。しかし、かりに一人の男性が同時に複数の女性を愛することができる、という考えに立てば、別の結論が導き出されるに違いない。だが、その場合には「愛」とはいったい何なのか、愛の概念規定にまで踏み込んだ議論が必要となってくるだろう。そしてもう一つ、これに関連することだが、本書では妾や愛人になっている女性たちを性の商品化として批判的にとらえている。だが、性＝快楽という性観念を持つ人からみれば、彼女たちが自らの自由意志で選択している以上、これは「性の解放」とみなされるであろうし、また、売春＝労働と捉えれば彼女たちの行動を非難することは間違いということになる。しかし筆者はかつて別のところで述べたことがあるのだが（「『蝕』三部作の女性像」）、性の問題に関しては、男女の間で社会的不平等が存在し続ける限り、たとえそれが女性自身の自己決定に基づくものであったとしても、金品が介在した「性の自由化」は結局は女性の不利益につながり、女性解放にはつながらない、と考えている。本書ではこのような考えに対して異論が出るだろうことは承知の上で、ひとまず、性＝人格、性＝愛という性観念に基づいて論を進めた。さらなる議論はまた別の機会に譲りたいと思う。
[18]……呉徳清『当代中国離婚現状及発展趨勢』（文物出版社　一九九九）三五〜三七頁
[19]……呉徳清『当代中国離婚現状及発展趨勢』（前掲注18）九四頁。なお、儒教は正確には宗教ではないが、呉徳清の説明によれば、儒教が仏教や道教にも影響を与え中国人の行動規範として広く受け入れられているため、一応これを宗教とみなす、とある。
[20]……関秀芳「衝破封建観念的潜網――改革時期婦女解放散論」《広東社会科学》一九八九年第三期、《復

印報刊　婦女研究》一九八九年第五期所収

[21]……阮新邦等『婚姻、性別与性』（八方文化企業公司　一九九八）一八七〜一八八頁

[22]……呉徳清『当代中国離婚現状及発展趨勢』（前掲注18）一四八頁。ただし、この数値に関しては、「アメリカのフェミニストのデータによれば、離婚後夫の生活水準は離婚前の七〇%上昇し、妻の生活水準は四〇%低下する、という結果が出ている」（上野千鶴子『家父長制と資本制』岩波書店　一九九〇、一〇〇頁）とするものもあり、数値が逆になっている。離婚後の妻の生活水準が男性とは反対に大幅に低下することを指摘している点は同じだが、数値に関しては詳しい出典が示されていないのでどちらが正しいか不明。

[23]……徐安琪「女性角色地位的変化与家庭的変遷」《西南民族学院報：哲社版》一九九〇年五期、《復印報刊　婦女研究》一九九一年第一期所収。山西省一〇〇〇分の一人口サンプル調査

[24]……劉世傑・劉亜林『離婚審判研究』（重慶大学出版社　一九九八）二〇四〜二一八頁。なお、現在、中国では住宅改革が進行中で、これまで職場が提供していた住宅を格安の値段で労働者が買い取る方法がとられている。そのため、離婚訴訟の際には、住宅の評価価格（買い取った時の値段か、それとも現在の相場によるのか）や、その資金の出所などをめぐって、新たな問題が生じている。

[25]……王玲「話説離婚訴訟中的婦女及其保護」《婦女研究論叢》一九九四年第四期

[26]……施永南『納妾縦横談』（前掲注1）二九八頁

[27]……鐘佩娟主編『婚姻法新釈与例解』「第四章　離婚」（同心出版社　二〇〇〇）、及び王玲「話説離婚訴訟中的婦女及其保護」（前掲注25）。なお、中国では目下婚姻法の改正が審議中である（二〇〇一年三月成立予定）。その草案によると、重婚禁止だけでなく一夫一婦制に反する行為の禁止が盛り込まれており（第一章総則第三条）、蓄妾・愛人禁止条項として話題になっている。そして離婚理由となる「感情の破綻」については具体的に、一方が重婚や一夫一婦制に反する行為をした場合、感情の不和により二年以上別居した場合、などが明記されている（第四章離婚第三十二条）。関連記事に

「中華人民共和国婚姻法（修正草案）」《人民日報》二〇〇一―一―一二、「中国、愛人禁止を法制化？」《朝日新聞》二〇〇一―一―一三など。また、離婚裁判の許可基準を夫婦の「感情の破綻」とするのは中国だけであり、日本を含む大多数の国が「夫婦関係の破綻」としている。

[28]……袁先行「營救」『上天自有安排』（今日中国出版社　一九九六）一四二～一四四頁

[29]……魯娃等『悲劇性別――八十年代妾在中国』（前掲注8）。文嫂の事例は同書九～一〇、一五～一六頁。

[30]……李銀河・馬憶南編『婚姻法修改論争』（光明日報出版社　一九九九）一七頁

[31]……曾毅主編『中国八〇年代離婚研究』（北京大学出版社　一九九五）二〇八頁。

[32]……沙吉才主編『中国婦女地位研究』『中国婦女地位研究』（中国人口出版社　一九九八）二四二～二四三頁。

[33]……橋本満・李小慧「山東省小高家村」（『現代中国の底流』行路社　一九九〇）二二四頁。

[34]……三谷孝編『中国農村変革と家族・村落・国家――華北農村調査の記録』（汲古書院　一九九九）四九二、五〇六、六〇一頁などの事例による。

[35]……朱暁平『桑樹坪紀事』第四話「六嬸子」《鐘山》一九八五―二。邦訳には杉本達夫訳『縛られた村』（早稲田大学出版部　一九九四）所収がある。

[36]……張弦「被愛情遺忘的角落」《上海文学》一九八〇―一。邦訳には上野廣生編訳『現代中国短編小説選』（亜紀書房　一九八三）所収や拙訳「愛情も届かない村」《早稲田文学》一九八三―七がある。

[37]……曾毅主編『中国八〇年代離婚研究』（前掲注31）九五、二〇八頁

[38]……賈魯生「性別悲劇――妾与文化的雑乱」『性別悲劇』（賈魯生等　今日中国出版社　一九九五）四七頁

[39]……張潔「方舟」《収穫》一九八二年第二期

[40]……李小江「公共空間的創造：中国婦女研究運動――一例個案的自我分析」『中国婦女研究運動――中国個案』（李小江編　Oxford University Press 1997）。邦訳には秋山洋子訳「公共空間の創造――

─中国女性研究運動にかかわる自己分析」『中国の女性学』(秋山洋子他編　勁草書房　一九九八)所収がある。

あとがき

まず、本書のタイトルに二〇世紀という「壮大な」言葉を選んだことについて、羊頭狗肉の誹りを受ける前に弁明させていただけるならば、それは中国女性の姿をできる限り広く総合的にとらえてみたいという私の願望の表現であり、いうまでもなく二〇世紀の中国女性についてすべてをカバーしたものではない。むしろ、各論の積み重ねによって少しずつ全体像に迫っていきたいと思う今後の長い道のりからいえば、本書はまずアウトラインを提示したその出発点にあたる。

女性の歴史は、独自のタイム・スパンを持ち、政治や体制の変化とは異なる次元でゆっくりと流れているように思われる。中国（大陸）では、一九四九年に中華人民共和国が成立し、近現代史ではここで一区切りとするのが一般的であるが、本書でもそうであるように、政治体制の変化にあわせて女性の歴史を二分する意味や必要性はあまりない。こう考えると、新たに迎えた二一世紀の中国女性の姿は、ますます二〇世紀の女性たちと地続きのものとしてとらえねばならないことになる。近代から現代へ、中国女性を取り巻く環境の変化を語る時、二〇世紀の中国社会の底流にあるものは想像以上に厚く重い。これも本書が二〇世紀という言葉にこだわった理由の一つである。

ところで、中国のことを紹介したり論じたりする書物の「あとがき」によく書かれることだが、本書が中国のいわゆる暗いイメージをことさら強調するものとして読まれるのではないかという危惧が私にもある。そもそもそこに何か問題があり、それを取り上げて論じるのであれば、おのずと視点は中国の厳しい現実に向かわざるを得ないが、それでもやはり中国女性の明るい姿や活躍ぶりを紹介できなかったのは残念に思っている。この一〇〇年間に、私たちに勇気を与えてくれた中国の女性たち、強烈な個性とスリリングな言動で私たちを魅了した中国の女性たちはたくさんいる。これを本書で紹介できなかった原因、特に都市部の女性への言及が少なかったのは、ただ単に私の準備不足と紙幅の都合によるものであり、中国女性のせいではない。

本書の構想が大枠でまとまったのは、三年前に文部省の内地研究員として東京大学東洋文化研究所に一〇ケ月間在職したころだった。当初の私の計画のうち、前半の半年間は「フェミニズムの視点による文学作品の再読」を目標に、とにかく手あたりしだい作品を読むことだった。有名な作家のものほど学部の学生時代に読んだきり、というのが多かったため、今回の再読作業では様々な新しい発見があった。近代作家では、巴金、柔石などこれまで私があまり関心を払ってこなかった作家の魅力を再認識し、また、魯迅や老舎などの作品は何度読んでも楽しかった。女性作家の作品も、最近出版された叢書類や作品集を中心に読み進め、なかでも蕭紅や張愛玲はすぐには離れ難くて、その全集にまで手を伸ばしてしまった。一日一冊をノルマに課し、まさに文字通り寝ても覚めても小説の世界に浸る毎日は幸せの一言につきたが、それでも読みきれる量は大河の一滴。だがこの時の読書体験はその後の論文執筆時のよりどころとなり、私のフェミニズム研究にいくつもの課題を残してくれた。やがてこの半年間もあっと言う間に過ぎてしまい、後半は資料収集に集中せざるを得なかったため、最近の文学作品については関心のある作家に限定して集中的に読むことになった。たとえば、竹林、陳染、林白、李昂などの文集や作品集はだいたい目を通すことができたが、他の作家のものは代表作に目を通すのでさえ充分にできなかった。以上のような理由で、本書で引用した文学作品は私の個人的な読書傾向の反映であり、とても中国の近現代文学全体を見据えた上での選択といえるものではない。もし作品理解において私の思い込みや誤読などがあれば、ぜひご批判、ご助言をいただきたいと願っている。

また、本書では私の専門である文学以外の資料を積極的に使ったため、あとがきを記している今でもこれらの資料の有効性について不安を感じている。文学関係のものは、少なくともその性格や限界を一応わかった上で使ったつもりだが、専門外の法律・歴史・社会学関連のものとなると、まずその資料にたどりつくまでにずいぶんと回り道をしてしまった。よそよそしい顔をした書物が並ぶ書架の前で、民法・婚姻・女性……と名の付くものならば片っ端から手に取りめくっていった日のことが昨日のことのようになつかしく思い出される。特に冬場の書庫は冷蔵庫の中にでもいるように寒くて、体の芯まで冷えながらようやく求めていた資料に出会った時の嬉しさは格別だった。しかし、それと同時に、もし自分の専門分野であればこれほど余計な時間と体力は使わずに済んだかもしれないと悔しい思いをし、さらにこうして私が手にした資料以外に、専門の方からみれば、当然触れるべきものが他に沢山あるのではないかという不安に常につきまとわれた。もちろん機会をみつけて、これらの分野に詳しい方にご教示を受けたこともあったが、近現代の寡婦や妾に関するまとまった研究書は少ないとのこと、つまり自分自身で丹念な資料収集が必要であることを痛感させられたのである。よって本書で使用した資料の中に不備な点があれば、それはもとより覚悟の上のことではあるが、この点も合わせてご助言等いただければ有り難いと思っている。

本書に収録した文章は、そのほとんどがすでに学会誌や大学・研究所の紀要に発表したものである。その段階で、祖父江昭二先生、丸尾常喜先生、合山究先生からは、手書きの長いお手紙を頂戴し、これらの論文に対する貴重なご助言や励ましをいただいた。最近ではメール交換が主流になり、手紙もワープロ書きが多い中、このような便箋に何枚も書かれたお手紙をいただいた時には、まるで宝物を手にしたように嬉しかった。これらのご助言が本書執筆にあたってどれだけ生かせたか心もとないが、まだ解決できていない部分は今後の課題とし、先生方のご好意を決して無にはしまいと思っている。この他にもお名前は挙げないが先輩・友人の方々からも貴重なご意見・感想を拝聴することができた。この場を借りて厚くお礼を申し上げる。

最後に、大学院在籍時の指導教官である丸山昇先生には、今日に至るまで変わらぬご指導を賜っている。私が近代作家茅盾の研究から女性学へと研究の方向を変えた時も、これまでと同じように温かい言葉をかけてくださり、それは私にとって何よりの励ましとなった。言葉に尽くせないほど感謝の気持ちでいっぱいである。

本書を丸山昇先生に捧げ、先生のご健康を心より祈りたい。

二〇〇一年　初春

白水紀子

◆参考文献

〔日本発行・著者五十音順〕
青木やよひ『母性とは何か』（金子書房　一九八六）
秋山洋子編訳『中国女性』（東方書店　一九九一）
秋山洋子他編訳『中国の女性学』（勁草書房　一九九八）
安西篤子・中野美代子・筧久美子『国をゆるがす女たち』（講談社　一九九八）
ロイド・E・イーストマン／上田信・深尾葉子訳『中国の社会』（平凡社　一九九四）
上野千鶴子『家父長制と資本制』（岩波書店　一九九〇）
ヴァージニア・ウルフ／村松加代子訳『私ひとりの部屋』（松香堂　一九八四）
江原由美子編『フェミニズム論争』（勁草書房　一九九〇）
大塚勝美『中国家族法論』（御茶の水書房　一九八五）
岡田英弘・小堀桂一郎編『家族――文学の中の親子関係』（ＰＨＰ研究所　一九八一）
小野和子『中国女性史』（平凡社　一九七八）
小野和子『五四時期家族論の背景』（同朋舎　一九九二）
加納美紀代編『女性と天皇制』（思想の科学　一九七九）
ジュリア・クリステヴァ／丸山静他訳『中国の女たち』（せりか書房　一九八八）
佐々木衛他『中国の家庭・郷村・階級』（文化書房博文社　一九九八）
澤村幸夫『支那現代婦人生活』（東亜研究会　一九三二）
滋賀秀三『中国家族法の原理』（創文社　一九六七）

下見隆雄『孝と母性のメカニズム』（研文出版　一九九七）
朱暁平／杉本達夫訳『縛られた村』（早稲田大学出版部　一九九四）
J・ステイシー／秋山洋子訳『フェミニズムは中国をどう見るか』（勁草書房　一九九〇）
瀬地山角『東アジアの家父長制』（勁草書房　一九九六）
竹内好編『中国現代文学選集　第七巻』（平凡社　一九六二）
張愛玲／池上貞子訳『傾城の恋』（平凡社　一九九五）
張萍『中国の結婚問題』（新評論　一九九四）
張萍編『中国の社会病理』（亜紀書房　一九九七）
東亜研究所第六調査委員会編『中国農村慣行調査』第一巻～第六巻（岩波書店　一九七七～八三）
ナンシー・チョドロウ／大塚光子・大内菅子訳『母親業の再生産』（新曜社　一九八一）
仁井田陞「支那近世の戯曲小説に見えたる私法」『中田先生還暦祝賀法制史論集』（岩波書店　一九三七）
仁井田陞『中国法制史』（岩波書店　一九五二）
仁井田陞『中国の農村家族』（東京大学東洋文化研究所　一九五二）
マリアンヌ・ハーシュ／寺沢みづほ訳『母と娘の物語』（紀伊国屋書店　一九九二）
橋本萬太郎編『漢民族と中国社会』（山川出版社　一九八三）
橋本満・深尾葉子編訳『現代中国の底流』（行路社　一九九〇）
林玲子・柳田節子監修『アジア女性史――比較史の試み』（明石書店　一九九七）
早瀬保子編『中国の人口変動』（アジア経済研究所　一九九二）
潘允康／園田茂人監訳『変貌する中国の家族』（岩波書店　一九九四）
費孝通／横山廣子訳『生育制度――中国の家族と制度』（東京大学出版会　一九八五）
W・ヒントン／加藤祐三他訳『翻身』Ⅱ（平凡社　一九七二）
丸山昇監修・芦田肇主編『中国現代文学珠玉選　小説1』（二玄社　二〇〇〇）

丸山昇監修・白水紀子主編『中国現代文学珠玉選　小説3〈女性作家集〉』（二玄社　二〇〇一）
溝口雄三他『中国という視座』（平凡社　一九九五）
三谷孝編『中国農村変革と家族・村落・国家——華北農村調査の記録』（汲古書院　一九九九）
南満州鉄道株式会社庶務部調査課編『支那に於ける家族制度』（満鉄調査資料第七三編　一九二八）
南満州鉄道株式会社東亜経済調査局編『支那の社会組織』（経済資料第一二巻第三号　一九二六）
宮崎孝治郎編『新比較婚姻法』（勁草書房　一九六〇）
柳田節子先生古稀記念編集委員会『中国の伝統社会と家族』（汲古書院　一九九三）
山下悦子『マザコン文学論　呪縛としての〈母〉』（新曜社　一九九一）
山下威士・山下泰子監訳『中国の女性——社会的地位の報告書』（尚学社　一九九五）
オルガ・ラング／小川修訳『中国の家族と社会』Ⅰ（岩波書店　一九五四）
脇田晴子編『母性を問う　上・下』（人文書院　一九八五）
渡辺和子『フェミニズム小説論』（拓殖書房　一九九三）

［中国発行・著者アルファベット順］
白舒栄『十位女作家』（群衆出版社　一九八六）
鮑暁蘭主編『西方女性主義研究評介』（三聯書店　一九九五）
陳達『現代中国人口』（天津人民出版社　一九八一）
戴晴等編『性観念的躁動——性及婚恋報告文学集』（作家出版社　一九八八）
費孝通『郷土中国　生育制度』（北京大学出版社　一九九八）
費孝通／戴可景訳『江村経済』（江蘇人民出版社　一九八六）
胡運芳主編『中国婦女問題調査報告与論文選集』（中国社会出版社　一九九六）
黄英『現代中国女作家』（北新書局　一九三一）

賈魯生等『性別悲劇』（今日中国出版社　一九九五）
江西省婦女聯合会・江西省檔案館編『江西蘇区婦女運動史料選編』（江西人民出版社　一九八二）
李小江他編『性別与中国』（三聯書店　一九九四）
林純業・張春生『中国的寡婦』（国際文化出版公司　一九九三）
劉世傑・劉亜林『離婚審判研究』（重慶大学出版社　一九九八）
劉思謙『「娜拉」言説――中国現代女作家心路紀程』（上海文芸出版社　一九九三）
魯娃等『悲劇性別――八十年代妾在中国』（中国新聞出版社　一九八八）
孟悦・戴錦華『浮出歴史地表』（河南人民出版社　一九八九）
『民商事習慣調査録』（司法行政部編・出版　一九三〇）
閔家胤主編『陽剛与陰柔的変奏』（中国社会科学出版社　一九九五）
潘光旦『中国家庭問題』（新月書店　一九二八）、『潘光旦文集』第一巻（北京大学出版社　一九九三）
瞿同祖『中国法律与中国社会』（商務印書館　一九四七）
阮新邦等『婚姻、性別与性』（八方文化企業公司　一九九八）
沙吉才主編『中国婦女地位研究』（中国人口出版社　一九九八）
盛英『二十世紀中国女性文学史　上・下』（天津人民出版社　一九九五）
盛英『中国女性文学新探』（中国文聯出版社　一九九九）
施永南『納妾縦横談』（中国世界語出版社　一九九八）
蘇冰・魏林『中国婚姻史』（文津出版社　一九九四）
王招璽『小妾史』（上海文芸出版社　一九九五）
呉徳清『当代中国離婚現状及発展趨勢』（文物出版社　一九九九）
閻純徳『作者的足跡』〔正〕〔続〕（知識出版社　一九八三、八八）
趙鳳喈『中国婦女在法律上之地位』（上海商務印書館　一九二八）

鄭暁瑛主編『中国女性人口問題与発展』（北京人民出版社　一九九三）
鄭永福・呂美頤『近代中国婦女生活』（河南人民出版社　一九九三）
鐘佩娟主編『婚姻法新釈与例解』（同心出版社　二〇〇〇）
『中国民事習慣大全』（広益書局　一九二四）
『中国性別統計資料　一九九〇―一九九五』（中国統計出版社　一九九八）
『中華全国風俗志』（広益書局　一九二三―六、大達図書供應社　一九三六）

〔その他〕

D. H. Kulp『Country Life in South China : The Sociology of Familism』(Bureu of Publications Teachers College, Columbia University, 1925)
Margery Wolf『Women and the Family in Rural Taiwan』(Stanford University Press, 1972)
Wargery Wolf and Roxanne Witke『Women and Chinese Society』(Stanford University Press, 1975)

◆初出一覧

各章に対応する初出論文の題目及び掲載誌は以下のとおりである。本書収録にあたり加筆・修正を行った。

序　章　（書き下ろし・一部を第三章初出論文より分割）

第一章　中国の家父長制――民国時期の「母の権威」について『中国――社会と文化』第一四号（一九九九―六）

第二章　民国時期の旧式結婚にみる母の権威について『現代中国』第七三号（一九九九―一〇）

第三章　近現代中国文学にみる寡婦の形象――権力者としての寡婦『横浜国立大学教育人間科学部紀要Ⅱ』第三号（二〇〇〇―一〇）

第四章　近現代中国における寡婦の地位――守節と再婚をめぐって『東京大学東洋文化研究所紀要』第一四〇冊（二〇〇〇―一二）

第五章　中国現代文学にみる民国時期の蓄妾制『日本中国学会報』第五一集（一九九九―一〇）

第六章　（書き下ろし）

〈著者紹介〉

白水　紀子（しろうず・のりこ）

1953年福岡県生まれ。東京大学大学院博士課程修了。専門は、中国近現代文学および女性学。主要論文・訳書に、「《婦女雑誌》における新性道徳論」『横浜国立大学人文紀要第二類』、「『蝕』三部作の女性像」『転形期における中国知識人』（汲古書院）、『藻を刈る男』（共訳・JICC出版局）、『チャイナ・オデッセイ』（共訳・岩波書店）など。現在、横浜国立大学教育人間科学部教授。

中国女性の20世紀
——近現代家父長制研究

2001年4月1日　第1刷発行

著者　白水紀子
発行者　石井昭男
発行所　株式会社　明石書店
〒113-0034　東京都文京区湯島2-14-11
電話　03（5818）1171
FAX　03（5818）1174
振替　00100-7-24505
http://www.akashi.co.jp

組版／印刷　美研プリンティング株式会社
製本　株式会社難波製本

（定価はカバーに表示してあります）

中国女性の20世紀 【オンデマンド版】
——近現代家父長制研究

2008年6月30日 発行

著 者 白 水 紀 子
発行者 石 井 昭 男
発行所 株式会社 明石書店
〒101-0021 東京都千代田区外神田6-9-5
電 話 03 (5818) 1171
ＦＡＸ 03 (5818) 1174
振 替 00100-7-24505
http://www.akashi.co.jp
印刷／製本 株式会社 友 美 社

（定価はカバーに表示してあります） ISBN978-4-7503-9038-3